THE QUICKEST
WAY TO BECOME
A QUALIFIED UNIVERSITY
COUNSELOR

A THEORETICAL APPROACH
AND WORKABLE SOLUTION

做好辅导员
很简单

专业化必修
八课

袁蕾 —— 著

浙江大学出版社
ZHEJIANG UNIVERSITY PRESS

· 杭州

图书在版编目（CIP）数据

做好辅导员很简单：专业化必修八课 / 袁蕾著．—

杭州：浙江大学出版社，2022.6

ISBN 978-7-308-22836-7

Ⅰ．①做… Ⅱ．①袁… Ⅲ．①高等学校－辅导员－工

作－研究 Ⅳ．① G645.1

中国版本图书馆 CIP 数据核字（2022）第 124308 号

做好辅导员很简单——专业化必修八课

袁蕾　著

策划编辑	吴伟伟	
责任编辑	马一萍	
责任校对	陈逸行	
封面设计	米　兰	
出版发行	浙江大学出版社	
	（杭州市天目山路148号　　邮政编码　310007）	
	（网址：http://www.zjupress.com）	
排　　版	杭州林智广告有限公司	
印　　刷	杭州高腾印务有限公司	
开　　本	787mm×1092mm　1/16	
印　　张	15.5	
字　　数	290千	
版 印 次	2022年6月第1版　2022年6月第1次印刷	
书　　号	ISBN 978-7-308-22836-7	
定　　价	78.00元	

序 一
ORDER

　　思想政治教育的核心问题是培养什么人、怎样培养人以及为谁培养人。当前思想政治教育的工作状况和所面临的形势更具复杂性、综合性，在经济全球化、文化多样化、利益分化日趋拉大的时代背景下开展思想政治教育工作，需要高校学生思想政治工作者以更宽广的学科视野去研究，去探索，从而为学生提供更有效的指导。

　　在多学科视角下研究和解决思想政治教育问题，既是时代发展的要求，也是思想政治教育学科本身发展的要求。打破学科壁垒、促进学科整合，已成为学科发展的潮流。学科的交叉融合也已成为社会科技发展的新生长点。当前，高校人才培养所面临的情况更为复杂，学科专业优化调整的力度在不断加大，人才培养模式的改革在积极推进，作为人才培养重要组成部分的思想政治教育必须积极应对。也只有这样，其有效性才能得到更充分的显现，其重要性才能得到更充分的体现。同时，思想政治教育学科本身的发展也需要多学科交叉。实现多学科知识在思想政治教育研究实践中的交叉融合，有利于德育学科丰富学科内涵、增强学科自信。以多学科视野研究思想政治教育问题必将给思想政治教育学科带来更广阔的研究视角，催生新的研究成果；引入相关学科的思维框架、理论观点、解题路径、操作方式，更能增加学科的理论深度，扩大理论含量，提高实践能力。

　　要推进思想政治教育的科学发展，辅导员队伍的专业化建设是关键，辅导员自身要具备多学科的视野和研究思路。但是由于辅导员队伍较为年轻，学科背景较为多元，事务性工作较为繁杂，辅导员开展研究的能力还有待加强。因此，特别需要一些理论与实践相结合的针对性著作来指导年轻辅导员。

　　该书从教育学、管理学、传播学、法学、心理学、伦理学、社会学等学科领域出发，介绍相关学科领域的经典理论；分析相关学科与思想政治教育的关系；阐述这些学科与思想政治教育学科交叉领域的前沿热点问题；介绍运用相关学科理论知识开展思想政治教育工作的经典案例。

与作者相识是在两年前。当时她拿着一份落选的国家社科基金申报书求教于我。一直以来，有不少同行、学生、后辈请我指导课题申报书，但落选后再来请我指导的，我倒是第一次遇到。她说："申报前不好意思请教，一怕唐突，二怕功利。落选后再求教，目的只有一个，就是为了学习提高。"当下觉得很是有意思，再加上课题的选题比较有意义，我便觉得这是一个爱学习、求上进的人，于是就留下了较为深刻的印象。如今细读此书，从中也可以看出一线学工队伍教师的探索、思考和努力。期待此书能够有助于广大辅导员们更好地了解大学生思想政治教育的相关学科理论，帮助他们学会用正确的方式开展科学研究，学会用理论指导工作，从而更好地提升自身的政治素养和理论水平，更好地助力高校学生思想政治工作提质增效。

是为序。

冯刚

北京师范大学思想政治工作研究院院长

2022 年 4 月

序 二

ORDER

今年年初，袁蕾组织了一个长三角艺术类高校辅导员工作论坛，邀请我在论坛上为辅导员作报告。在论坛上我了解到，浙江传媒学院在辅导员队伍建设上花了很多心思，目的是强化辅导员的初心意识，夯实辅导员的理论功底，提升辅导员的育人能力。我认为这很重要，也很必要。辅导员要走上职业化、专业化的道路，就应该不断学习，这样才能提高自身本领，做好的辅导员。

我一直说辅导员工作意义重大，要做有"大文化"的人。什么叫"大文化"？《大学》开宗明义就讲："大学之道，在明明德，在亲民，在止于至善。""大文化"即是一种使命和担当，表现出对民族、对国家勇于负责的精神。因此，从宏观上讲，从事辅导员工作本身就是"大文化"的体现。从微观上讲，辅导员要懂理论，尤其是思想政治教育理论。思想政治教育理论是辅导员从事大学生思想政治教育的重要理论基础，在运用这些理论的过程中辅导员会有这样的感觉：把大学生教育引导好需要综合运用其他相关学科的知识，辅导员更多地掌握这些知识，对自己的工作是有所帮助的。

比如，教育学是研究教育现象及其规律的科学，是整个教育科学体系中的基础学科。从这个意义上讲，思想政治教育也必须遵循教育学的一般规律和要求，如教育学中的教育目的问题。任何教育都是为一定的阶级、一定的社会服务的，辅导员应当从战略意义上认识做好大学生思想政治教育工作的意义。知识体系本身往往是中性的，但是掌握知识的人却面临为谁服务、怎样服务的问题。有的大学生把学习单纯看成是个人的事情，这与我们的教育目的和大学生思想政治教育所要落实的立德树人根本是不一致的。

再如，社会学是研究社会和社会问题的一门学科。从学科属性上看，它与教育学分别隶属不同的学科，但是它们所要研究的一些问题却有本质上的一致性，如人的社会化问题。大学是人的社会化的关键时期，大学教育不是只管四年就没事了，它培养的人的规格，在其品德方面必须符合社会化的要求。辅导员教育和引导大学生树立远大理想、培养高尚的道德、明确自己的社会职责和行为规范的过程，就是人的社会化的过程。

我们有的辅导员觉得自己不是学理论出身的，对理论学习没有信心，这种担心大可不必。其实许多理论"大家"在本科学习阶段，甚至硕士学习阶段，都不是学理论的。"不积跬步，无以至千里。"许多"大家"也都是由"小家"成长起来的。关键要有问题意识，有理论学习的热情。辅导员要耐得住"寂寞"，扎扎实实地一点一点地学，把学生头脑中存在的一个一个问题搞通了，也就成"大家"了。

袁蕾的这本《做好辅导员很简单——专业化必修八课》，立足于教育学、管理学等学科视角及其与思想政治教育学科的交叉领域，既有理论、又有方法，还有对当前热点问题的探讨。从这本书中可以看出作者多年辅导员工作的经验积累和作为学工部部长对辅导员队伍建设的战略视野。最值得肯定的是，这本书每一章讲完理论后，都有一个用理论来指导实践的工作案例，我认为这是很好的导向。我们学理论不仅仅是为了写论文、评职称，更重要的是把理论用在实际工作中。理论最终是要指导实践的，最终的目的是更好地育人。

相信该书的出版对广大辅导员提升自己的理论水平和提高解决实际问题的能力有参考和启迪，对辅导员队伍素质能力的提高有一定的裨益和价值。

曲建武
大连海事大学马克思主义学院
2022 年 4 月

目　录
CONTENTS

CHAPTER 1
第一章

做好辅导员的第一课
——懂点思想政治教育的方法

做一名好的辅导员，除了要会"做事"，也要会"做研究"，只有这样，才能深刻了解育人的深层逻辑，走上专业化的道路。理论与方法是开展研究的基石与必备工具，辅导员要将思想政治教育研究做深做实，首先要掌握基本的研究方法。

第一节　辅导员开展思想政治教育研究的基本属性

在了解高校思想政治教育的研究方法前，有必要先对高校思想政治教育的基本属性做基础性探讨。

一、高校思想政治教育研究及方法的基本概念

思想政治教育和思想政治教育研究之间是一种主客体关系，要开展思想政治教育研究，首先要梳理什么是思想政治教育研究，该领域的研究方法是什么以及思想政治教育研究方法的发展脉络。

（一）思想政治研究的基本概念

思想政治教育研究是对大学生思想政治教育进行观察、总结、分析，掌握其本质，预测其未来发展趋势，并对部分不利趋势进行干预，最终提高思想政治教育的实效。

（二）思想政治教育研究方法的发展

思想政治教育研究方法首次以体系化形式出现是在 1992 年国家教委思想政治工作司主编的《思想政治教育方法论》一书中。书中提到：思想政治教育学科作为一门学科，确立时间不长，综合该项工作的系统性和复杂性，为了提升学科建设水平，建立健全学科的体系，应该从发展思想政治教育研究着手，而重中之重就是要尽快选择和发展科学的研究方法。[1] 2010 年，郑永廷在他主编的《思想政治教育方法论》一书中对思想政治教育研究的方法做了基本界定："研究者采用合适的路径、程序和手段，从而能够准确地观察、认识、总结开展思想政治教育的规律，为教育实践活动和理论研究提供有所助益的指导和预测。研究方法也是需要因题而选、因对象而定，研究方法的选择没有绝对的标准和模板。"[2] 同年，陈华洲在其著作《思想政治教育方法论》中也提出：思想政治教育研究方法，是研究者为实现研究目的，在开展研究的过程中所采取全部手段，包含开展研究应该遵循的基本程序和规范，也包括在每个研究阶段所采用的具体手段、方法。[3] 对思想政治教育研究方法的探讨一直持续到 2016 年，司忠华在《思想政治教育研究方法研究述评》一文中认为：思想政治教育研究方法有比较清晰的研究对象，是思想政治教育方法论的一个子集，具有科学性、多样性、灵活性等特点。[4]

二、高校思想政治教育研究的政治属性和价值意义

思想政治教育在中国具有社会主义属性，从根本上把握其政治属性能够更好地认识其研究价值与实践意义。

（一）思想政治教育及其研究的政治属性

"思想政治教育，是指一定的阶级、政党、社会群体遵循人们思想品德形成发展规律，用一定的思想观念、政治观念、道德规范，对其成员施加有目的、有计划、有组织的影响，使他们形成符合一定社会、一定阶级所需要的思想品德的社会实践活动。"[5] 这个定义全面地阐述了思想政治教育的内涵与实质，给实践者提供可

[1] 国家教委思想政治工作司.思想政治教育方法论 [M].北京：高等教育出版社，1992：386-403.

[2] 郑永廷.思想政治教育方法论 [M].北京：高等教育出版社，2010：301-308.

[3] 陈华洲.思想政治教育方法论 [M].武汉：华中师范大学出版社，2010：229-238.

[4] 司忠华.思想政治教育研究方法研究述评 [J].思想政治教育研究，2017（3）：11-123.

[5] 张耀灿，郑永廷，等.现代思想政治教育学 [M].北京：人民出版社，2006：5.

操作性指导，被较为广泛地认可。

回顾思想政治教育的发展历史，可以发现马克思、恩格斯的经典原著里已有思想政治教育闪耀的星光。列宁、斯大林等苏联理论家的文稿中，思想政治教育、政治教育等概念均已经有所涉及。在中国，思想政治教育具有较强的意识形态属性。根据中国共产党党内文献史料，刘少奇同志在《党在宣传战线上的任务》中首次提及"思想政治教育"，但在其语境下思想政治教育统指"宣传工作"与"政治工作"，类似于宣教的概念。[1] 毛泽东同志在《关于正确处理人民内部矛盾的问题》一文中，赋予"思想政治教育"明确的概念和特定的内涵，他认为"思想政治教育是一种理论和方法，更是一种治党治国的科学"，[2] 思想政治教育被放在了国家治理的高度。

从我国早期有关思想政治教育概念的发展来看，思想政治教育这一概念从诞生之日起，在中国就有了鲜明的马克思主义政党的政治属性。改革开放以来，特别是党的十八大以后，思想政治教育完成了从依托经验向科学研究发展的飞跃，在高等教育体系中逐渐形成了贯穿本科、硕士和博士教育的完整体系，也成为独立的学科。

针对思想政治教育开展科学研究，要准确把握其服务于马克思主义政党的政治属性，充分认识到思想政治教育自身就是一个体现意识形态要求的价值活动，研究者应自觉地将研究目标、内容和方向与马克思主义政党的价值导向保持一致。偏离这些原则，思想政治教育的研究就毫无意义甚至会产生严重偏差与倒退。

（二）高校思想政治教育研究的理论价值

一是掌握高校思想政治教育内在规律。科学研究是人类社会获取知识最常见、最可靠的方法之一。郑永廷对从研究对象处获取的经验和认知进行更进一步的描述、梳理、解释，以此探寻其内在机理、规律，最终实现总结、判断和预测研究对象的目的。借助科学研究的方法对高校思想政治教育的各种现象、各个要素和各类方法进行研究，能够实现探寻高校思想政治教育规律、预测教育现象、干预教育过程的目的。开展高校思想政治教育的研究是由现象分析到要素分析，再到预测探究，最终能够指导实践、预测实践、干预实践。要实现这个目的，可以通过科学研究的方法，剖析思想政治教育的内在机理。

---

[1]　中央宣传部办公厅.党的宣传工作会议概括和文献（1951—1992年）[M].北京：中共中央党校出版社，1994.

[2]　毛泽东.关于正确处理人民内部矛盾的问题之（三）[N].人民时报.1957-06-19（3）.

二是凝练高校思想政治教育的理论内涵。高校思想政治教育作为一门新兴学科，在社会主义的中国有其天然的政治属性，但是其理论内涵还未达到成熟完善的地步。经过近百年的发展，尤其是在新时代背景下，高校思想政治教育面临互联网、大数据、人工智能等社会进步要素的影响，其研究对象也呈现出与以往不同的特征。这些新问题、新现象，是否能够利用已有的研究方法进行检验，需要从事思想政治教育的一线工作者和理论研究专家进行进一步论证，从而不断地丰富其理论内涵。

三是预测高校思想政治教育未来发展趋势。思想政治教育是中国共产党 100 多年来经过丰富实践取得的宝贵经验，善于变革、善抓机遇是思想政治教育一直以来的优良传统。对思想政治教育研究来说，关注新问题，聚焦新变化，切准新需求，能够有效解决各种现实问题。研究要紧盯学术前沿和现实需求变化，既要从理论中发现问题，更要善于从实践中发现和提炼新问题。对于思想政治教育一线从业者来说，传统的纯理论研究已经不能满足现实需求。这要求思想政治教育工作者不仅要成为思想政治教育现象的观察者与思考者，更要成为富有创新素养的研究者。

（三）高校思想政治教育研究的实践意义

科学研究的客观性要求多角度剖析各种要素的客观规律，然而研究过程往往会被人为地加上主观意识。因此，对于不同的研究对象，研究方法的选择要适切，从而保证科学研究的客观性。

一方面，科学研究的创造性要求多维度丰富各种操作方式。思想政治工作参与者学科背景多元，研究者在研究中可采取的研究方法也呈现出多元化趋势。以问题为导向，对多种研究方法进行综合运用，不仅可以达到学科聚类融合的目的，也能够促进学科知识的创新。例如，在教育学的科学化背景下，思想政治教育的研究会对数据资料进行收集、分析，并确保可还原，可证实，可检验。思想政治教育的研究方法要在坚持传统思想政治教育研究方法的同时，以开放的姿态吸收最新的研究方法。

另一方面，科学研究的实证性要求多效度检验各种方法的实践成果。科学研究源于工作实践，高于工作实践，最终要服务于工作实践。探究思想政治教育研究方法也要基于这一科学研究的一般性逻辑，借助最恰当的研究方法对教育实践各要素、各现象、各环节开展科学探究，最终提升思想政治教育的科学性和实效性。

三、辅导员的研究角色定位及目标方向

辅导员作为高校思想政治教育的参与者和主要践行者，在思想政治教育研究体系中举足轻重，了解和准确定位辅导员的研究角色，有助于辅导员更好地把握研究方向。

（一）辅导员开展研究的必要性

2014 年，教育部颁布《高等学校辅导员职业能力标准（暂行）》，对辅导员职业能力做出如下规定："具备较强的组织管理能力和语言、文字表达能力，以及教育引导能力、调查研究能力等。"[1] 其中调查研究能力是辅导员应具备的重要能力。同时，该文件也将理论和实践研究能力作为九大职业能力之一作了细致的要求与划分。由此可见，辅导员不仅是一种职业身份，同时也肩负着开展高校思想政治教育研究的职业重任。

思想政治教育要向专业化、职业化方向发展，要求辅导员要审时度势，跟上发展要求，改变过去"什么都懂一点、什么都不精"的研究状况，要求辅导员借助思想政治教育研究，向自身素质的专业化、辅导员工作的职业化升级。

在社会化分工越来越细致、边界越来越分明的背景下，思想政治教育研究与实践工作紧密相连的状况在近年来也逐渐发生了改变。思想政治学科理论研究的四梁八柱经过几十年的发展已经日渐成熟。但是社会始终处于动态变革中，思想政治教育领域内新问题也在不断涌现，这就造成传统理论研究者无法很快抓住发展的新趋势，没有经过研究方法训练的新手辅导员则缺乏开展高质量研究的能力。因此，辅导员要能够适应时代的变化所带来的研究对象的变化，既了解理论前沿，又把握实践变化，进而推动思想政治教育的整体性发展。

（二）辅导员在研究中的角色属性

正如镜子有两面，辅导员在大学生思想政治研究教育中所扮演的角色应该是双重甚至多重的。既可以是研究者，也可以是被研究者，有时候还可以是旁观者、验证者。

辅导员作为研究者有得天独厚的优势。首先，其可以更直接地获取有价值的思想政治教育研究成果和信息。其次，其可以通过研究不断地提升工作能力，更加充

---

[1] 教育部 . 高等学校辅导员职业能力标准（暂行）[A/OL] . http://www.moe.gov.cn/srcsite/A12/s7060/201403/t20140327_167113.html.

分地认识自我价值。最后，其可以通过研究主动去掌握工作服务对象的所思所想，开展前瞻性的工作。作为思想政治教育的具体实施者，把辅导员作为被研究对象的研究也是该领域的一个热点，可以通过共性和个性化的剖析，为辅导员开展工作、提升自我、实现价值提供具有现实意义的指导。当然，对于有一些研究，辅导员会成为旁观者，一时的旁观，反而为辅导员提供了一个全新的视角，使其有机会认清研究对象的内在规律和现实情况。无论是哪一种角色，辅导员都要充分发挥主观能动性，如苏霍姆林斯基所说："如果你想让教师的劳动能够给教师带来乐趣，使天天上课不至于变成一种单调乏味的义务，那你就应该引导每一位教师走上从事研究的这条幸福的道路上来。"[1]

（三）辅导员的研究取向

研究并非高不可攀，思想政治工作者在实际工作中其实已经进行了无意识的研究，如在工作中积累丰富的经验，在日常学习过程中收集资料等。这些研究并非发表在正式期刊上，而是被直接应用于实际工作中。要使这些初级研究得到系统的整理和理论的提升，还需要系统地学习科学研究的一些基本方法和要求。

美国学者乔伊斯·P.高尔在《教育研究方法使用指南》一书中针对教育研究归纳了十个方面的区别和联系：（1）研究者不需要专门培训；（2）研究目的是获得直接运用于本地情况的知识；（3）研究方法往往与自己工作的目标和实效紧密相关；（4）研究者只需要对研究领域和文献有个简单的了解即可；（5）研究的参与者往往是工作中接触的其他人；（6）无需特别周到的研究设计，可以随时进行调整；（7）常常使用比较方便的数据收集方法和现成的测量方法；（8）对研究资料分析步骤较为简单，主要关注的是实际显著性，研究者本人的主观看法占比较大；（9）研究结果主要为了说明如何影响自己实际工作，也可以使人获得一些专业实践方面的启发；（10）一般通过网络发布的方式介绍给同事。[2]

---

[1] 苏霍姆林斯基.给教师的建议[M].杜殿坤，编译.北京：北京教育科学出版社，1984：494.

[2] 乔伊斯·P.高尔.教育研究方法：实用指南[M].屈书杰，等，译.北京：北京大学出版社，2007：473-475.

第二节　辅导员开展思想政治教育研究的基本范式

一、思想政治教育研究的范式及其分类

范式是科学研究的世界观和方法论，反映了研究者的基本价值取向和思维方式。范式这一术语最早是由美国学者托马斯·库恩提出的，主要是指科学家共同体在社会和认知方面的整合。科学家共同体内部都认同该共同体的要求，并接受过相关专业的学术训练。[1] 因此，凡是在某一科学领域内，大多数研究者所共同形成的基本观点和科学共识，都可以作为这门科学发展的范式。从这个意义上来看，如同牛顿的力学、爱因斯坦的相对论、达尔文的进化论等，任何一门科学都是在一定范式的指导下扩展研究的过程。不过，库恩也认为，当范式的缺陷随着时间推移而变得越来越明显时，一个新的范式会出现并取代旧的范式。[2]

不同的学者对范式理论进行了丰富和完善。范式在社会科学研究中，往往会被看作研究过程的一套概念工具。不同的工具可以用来解决不同的研究问题。在国内社会科学研究领域中，较为流行的研究范式有三种，分别是：实证研究、诠释社会科学和批判社会科学。

科学史的发展表明，每一门科学的发展和进步都离不开其特有的研究范式。对于从事社会科学研究领域的思想政治教育的研究者而言，研究范式了解掌握得越多，对开展研究越有益。在思想政治教育研究中范式也可以是某一类认识、发现问题的方式和思考、研究问题方式的集合体，即运用一定的概念和逻辑方法，对研究对象进行概括和运用。经过多年的发展，我国高校思想政治教育研究的范式也可以分为三类：一是以理论研究、经验总结、哲学思辨、历史研究、文献研究、比较研究等方法为主的思辨研究范式；二是以问卷调查、实验法等方法为主的量化研究范式；三是以行动研究、叙事研究、扎根研究等方法为主的质性研究范式。[3]

二、量的研究范式和质的研究范式

量化研究范式是实证研究的一种，它的研究对象是客观独立存在的，不因研究者不同而有所差异。教育现象本身有其固有特点与规律，可以用量化指标对研究对

---

[1] 托马斯·库恩，伊安·哈金.科学革命的结构 [M].金吾伦，胡新和，译.北京：北京大学出版社，2012：29.

[2] 艾尔·巴比.社会研究方法基础 [M].邱泽奇，译.北京：华夏出版社，2002：31.

[3] 司忠华.思想政治教育研究方法研究述评 [J].思想政治教育研究，2017（6）：118-123.

象进行客观描述和分析。因此，量化研究是用自然科学的研究方法来研究思想政治教育，它是基于研究对象的客观存在，既可以研究对象的行为与活动，也可以研究它们之间存在的逻辑关系。在量化研究过程中，研究者要保证过程的客观性，克服人本因素对研究的影响，通过客观真实的量化数据开展研究。

与量化研究追求通过数量或者数学关系解释因果内在联系不同，质性研究更看重对现象的理解，对研究对象进行生动的观察与访谈，拉近研究中各角色之间的关系与联系。虽然质性研究范式所代表的实证研究有较为悠久的历史，但是学者在开展研究时，由于人的主观性，无法避免个人因素对研究内容、过程与结果产生的影响。也有一些研究需要研究者作为研究的一部分，参与部分或者全部环节，这既是质性研究范式难以回避的缺陷，也是质性研究中研究者全身心投入，捕捉敏感信息的优势所在。此研究方法更看重研究过程中主体与客体之间的互动与联系，研究者在开展质性研究时自己也会被当作研究工具，这有利于研究者全面收集和整理研究资料，从整体进行分析。[1] 同时，在质性研究中，对研究对象的描述可以采取更丰富的维度，更看重研究过程中研究者和研究对象之间的联系，研究与生活更加接近。

三、高校思想政治教育研究范式的发展趋势

2017 年 1 月召开的全国教育实证研究联席会议通过《加强教育实证研究，促进研究范式转型的华东师大行动宣言》（以下简称《行动宣言》），指出要加强教育实证研究，促进研究范式转型。[2] 虽然《行动宣言》倡导实证研究范式的主流化，但使用单一的研究范式，并不能解决所有的研究问题。多数研究者，包括实证研究倡导者，也并未将实证研究范式作为唯一的研究方法来使用。[3]《教育的科学研究》一书承认，科学的进步不是靠哪一种研究方法的推广和使用实现的，科学的历史告诉我们，这需要汇聚研究者多元的力量。[4] 因此，《行动宣言》的部分参与者也认为：教育研究和其他科学研究一样，具有复杂性，单纯依靠一种方法来认识所有教育现象是无法做到的，多种方法的共同使用才可以提升研究结果的科学性。实证研究与其

[1] 毛晖. 关于高校思想政治教育研究视域的拓展——以质性研究为例 [J]. 黑龙江高教研究，2017（2）: 113–115.

[2] 加强教育实证研究，促进研究范式转型的华东师范大学行动宣言 [J]. 华东师范大学学报（教育科学版），2017（3）: 1–3.

[3] 马凤岐. 教育知识的基础与教育研究范式分类 [J]. 教育研究，2020（5）: 135–148.

[4] 理查德·沙沃森，丽萨·汤. 教育的科学研究 [M]. 刘丽萍，译. 北京：教育科学出版社，2006.

他的研究方法并不是零和关系，而应该是互相补充，互相助益的。所以既要加强实证研究，提高水平，也需要综合运用各种研究方法，从而起到"五味调和百味香"的奇特功效。[1] 教育问题具有复杂性，研究对象具有多样性，研究者学术背景具有多元性，因此，所采取的研究方法也应该丰富多彩。[2]

高校思想政治教育研究作为教育研究的一部分，质性研究范式为我们提供了全新视角和丰富经验。从质性研究视角出发，重视高校思想政治教育现象的客观性，针对相同的研究现象，鼓励研究者采取不同的研究方法，如个案调查法、比较个案研究法、生活史研究法以及民族志研究法等。选择不同的研究视角，研究者结合亲身体验以及同具体的研究现象在特定的研究环境中互动交流，通过认识、观察、分析和总结对研究内容进行阐述并得出结论。[3] 最终得到更加全面的研究成果，既符合科学研究的意义，又契合高校思想政治教育研究的实际。因此，质性研究作为研究过程中重要的研究范式，需要予以重视。[4]

在思想政治教育研究中，基于质性研究和量化实证研究的范式、方法各有利弊。量化研究为追求研究结论的精度对数据的客观性有着极为严格的要求。与量化研究的大数据样本分析不同，质性研究更倾向于对现象的解释以及对现象背后本质的揭示。将二者结合起来，采用混合研究的方式，可以弥补单一研究方法的不足与缺陷，实现不同研究方法之间的取长补短。

第三节　辅导员开展思想政治教育研究的主要方法

高校思想政治教育的研究方法是研究者认识思想政治教育客观现象，分析其内在发展规律，总结剖析其逻辑关系，从而开展学术研究，形成理论成果，指导具体实践时所采用的办法。研究者要针对不同研究对象、研究目的、研究背景和环境，采取与研究目标相契合的研究方法。研究方法的选择，可以是一种，也可以是多种。

从研究内容和方式上看，历史研究偏重理论；比较研究偏重理论；案例研究偏

---

[1] 加强教育实证研究，提高教育科研水平——"第二届全国教育实证研究专题论坛"暨"全国教育实证研究联席会议"成果览要 [J]. 华东师范大学学报（教育科学版），2017（3）：18-36.

[2] 马凤岐. 教育知识的基础与教育研究范式分类 [J]. 教育研究，2020（5）：135-148.

[3] 李英. 试论加强高校思想政治课教学的有效性与针对性 [J]. 教育与职业，2016（16）：135-148.

[4] 毛晖. 关于高校思想政治教育研究视域的拓展——以质性研究为例 [J]. 黑龙江高教研究，2017（2）：113-115.

重实践反思；行动研究偏重实践反思；话语分析研究偏重数据分析；调查研究偏重实证；叙事研究偏重理论与事实相结合；扎根研究偏重理论与事实相结合；实验研究偏重实证。

一、历史研究

教育历史研究法顾名思义是以历史研究法来研究教育科学。运用历史研究方法出于两方面的需要。一是教育实践的需要：教育领域的历史研究可以为当今的教育实践提供经验和教训。二是理论创新的需求：确定创新的参照物，寻找新的理论生长点。历史研究可以开展横向研究，也可以开展纵向研究。横向研究也叫横断研究，是指通过在特定时间内比较不同对象来研究发展倾向的一种方法。纵向研究也叫追踪研究，是指在一段相对长的时间内对同一个或同一批被试对象进行重复的研究。

历史研究的基本方法是文献研究法和内容分析法，一般分为三个步骤。一是搜集史料。按是否为文字记载可分为文字史料和非文字史料两大类；按其加工程度、内容性质、实用价值可分为第一手材料、第二手材料；按史料的表现形式可分为文献史料、实物史料和口述史料三大类。二是对史料进行鉴别、评价，如对文献/实物/口述，图画/文字/音像，神话/民间故事/新闻/文学艺术/史家的论述进行鉴别、评价。三是对史料进行分析、解释，如历史分析法，逻辑分析法，阶级分析法。

在进行历史研究的时候，要学会梳理历史发展的脉络，根据历史发展的纵向或者横向的特点进行划分。在把握时期特点的时候，我们又可以依据文件的发布、组织的成立以及制度的建立的不同来把握。在分析历史发展的时候，我们不仅要了解史实和把握发展的规律，也要学会从历史中找问题，并且利用历史来解决现在的问题。

二、比较研究

比较研究是对两个或两个以上事件之间的行为或发展进行比较分析。作为一种思维方法，比较研究贯穿于教育研究的全过程。无论在科学实验的过程中，或是在理论研究中，比较研究都是不可或缺的基本方法。《牛津高级英汉双解辞典》解释说：比较研究法就是对物与物之间和人与人之间的相似性或相异程度的研究与判断的方法。其按照类型可以划分为地域比较、教育制度比较、历史比较、文化比较、价值观比较、教育成绩比较、教育政策比较、课程比较、教育组织比较、学习方法比较、教学创新比较，按照地域可以划分为国家间的比较（国家间的整体比较）、国家间的案例比较（国家内部的比较：空间单位、族体单位、意识形态单位、类属单位）、超国家比较（地理单位、文化单位、经济单位、政治单位）。

比较研究的模式按照贝雷迪的比较研究法可分为四步：描述，解释，并列，比较。"描述"指对研究对象的教育理论和实践进行描述。这主要包括两方面工作，即收集各种文献资料和对学校进行实地访问。为了便于随后的比较研究，要求不能随意收集教育事实，必须在汇编数据之前建立一定的分类标准。"解释"主要采用其他社会科学的方法对相关教育资料进行分析。"并列"首要的问题是建立共同的比较框架以便于进行分析，在这个框架下对每个国家的资料予以呈现。"比较"来自假设，更是为了证实假设。上述即为贝雷迪比较四步法的基本过程和内容。从现在的眼光来审视，可以发现其中存在着明显的问题与不足，在现实中很难严格按照这些步骤来操作。但是，时至今日的比较教育研究，不管我们承认与否，并没有完全超脱比较四步法，许多研究者仍在有意无意地采用着这一方法论的某些程序或概念来开展研究。

三、案例研究

案例研究是实证研究的重要研究形式之一，它对研究者的能力要求较高，一般是通过专门的研究设计、资料收集和资料分析等程序，对选定的某一案例进行针对性较强的描述、分析、阐述。案例研究的主要目的可以是描述性的，通过对特定的案例的深入研究可以提供解释性的见解；也可以是寻求对某个案例的独特理解，以此形成更一般的通用式理论基础。

案例研究可以分为个案研究和扩展的个案方法两种类型。个案研究是对某个社会现象的例子进行深度检验；扩展的个案方法是由波罗威及其同事所发展出来的一种个案研究方法，它是用来发现现有社会理论缺陷并发展现有理论的。两者最大的区别在于，扩展到个案的方法认为在进入具体的实地研究之前，需要对已有理论进行全面的理解，而且试图发现跟已有理论相冲突的地方以修正这些理论；而个案研究试图不带预设地进入研究场景，避免知道他人的结论可能会给自己的观察和理论带来前见性。

思想政治教育研究过程中案例研究方法的基本流程主要有几个方面。（1）确定研究问题。这是研究的核心也是第一步。研究者要明确研究的问题，对问题做出准确的描述，还要分析研究的问题是否合适进行案例研究。（2）提出理论假设。这对案例选择、资料收集和分析等研究的全部过程具有引导作用，也有助于研究者保持正确的研究方向。（3）确定研究类型。对单个案例可以用批驳或检验性的研究，对于多个案例可以用对比性、比较性的研究。（4）明确资料收集方法。研究者要思考清楚要收集哪些资料，如何收集资料，为什么收集这些资料等。（5）考虑资料与结论之间的联系。案例研究的基本工作程序包括拟订草案—选取案例—收集资料—分析资料—形成个案报告五环节。

案例研究作为一种研究方法有其自身的短板，由于只关注某现象的一个方面而缺乏归纳性。如果多个个案被深度研究，即进行比较性的个案研究，会在一定程度上弥补这种缺陷。

四、行动研究

英国学者艾略特将行动取向研究定义为行动研究。行动研究是从改善社会情境中行动质量的角度来进行研究的一种研究取向。行动研究被定义为社会情境（教育情景）的参与者为提高对所从事的社会或教育实践的理性认识，为加深对实践活动及其依赖的背景的理解所进行的反思研究。[1] 在行动研究中，研究者扮演的只是一个媒介的角色，帮助参与者确认和定义研究的问题，对需要分析和解决的问题提供自己的思考角度。传统意义上的科学研究通常由研究者个人根据自己的兴趣或者知识储备自主进行研究内容和方向的选取，有时会出现研究内容与社会实际脱离的情况。行动研究较之传统的研究方法而言，更加倡导研究者与实践者身份的有机结合，即通过具体的研究手段来对实践进行系统、严谨的探究，从而做出判断，然后采取相应的行动来改善自己所处的实践环境。因此，行动研究的理论意义在于：研究不应该仅仅局限于追求逻辑上的真，而更应该关怀道德时间的善和生活取向的美。理性必须返回真实生活才能获得源头活水，研究就是为了指导人们立身处世的生活实践。

行动研究的分类有很多种，其中按照研究侧重点来分可以分为三种。（1）行动者将自己作为研究对象，对自己的行动进行研究。如辅导员在工作中，为了检验自己的某一项工作成效，从而进行行动研究。这种类型需要强调定量科学研究方法来

---

[1] 陈向明．什么是"行动研究"[J]教育研究与实验，1999（2）：60-67.

验证相关的理论假设，可以是一种小规模的实验研究。（2）行动者为解决在实践中遇到的具体问题进行研究。如辅导员需要研究在资助工作中的某一项资助方法而进行的研究，这种类型不仅要使用定量的科学研究方法，还需要加入质性研究的一些常用工具，如日记、访谈等。研究的目的更侧重于解决实际问题，不倾向于理论的构建。（3）对自己的实践进行反思和批判。如辅导员对学生某类价值行为开展思想政治教育后，有针对性地反思工作的目的和意义。这类研究强调利用相关的理论和规范等来触发或者改进行动。

行动研究需要视每个具体的课题情况而定，一般来讲，可以是量化研究和质性研究方法的结合，以规划确定主题—开展具体实践—充分考察（观察）—系统反思（总结）四个步骤进行研究。首先是确定研究主题，这个主题是研究者和研究对象共同关心的问题或需要解决的问题，可以从生活实践出发。其次是要进行资料的收集和整理，可以通过对话、资料查阅、访谈、观察、实物收集、录音录像以及调查问卷等形式进行收集和分析。再次是执行或实验环节，是按照研究方案和计划，对设定的一些步骤进行验证，比如针对某个具体要研究的工作措施，去了解该项措施是否有用，能持续多久，有何利弊。对于不合适的措施或者需要调整的措施，研究者可以及时调整，并重复执行，以达到想要的效果。最后是总结分析，得出结论。对于一项行动前面几个环节，实践者的行动已经被检验或者批判，研究者和实践者可以对结果进行总结和归纳，从而得到想要的研究结果。

基于上述行动研究的特点，衡量开展行动研究的质量标准可以从这几个角度来看。（1）研究对社会现实的发展和改善程度，能够解决实际问题或者为解决问题提供有效帮助。（2）研究提高了实践者自己从事研究的自信心，可以使其在宽松自由的环境下开展实践和研究，从而实现解放实践者的目的。（3）研究方案设计和资料收集的方法与实践的要求相互之间的匹配度和科学性。（4）对研究实践者提升专业知识是否有帮助。（5）在伦理道德方面，同时要与法律法规要求以及社会公序良俗相符合。[1]

五、话语分析研究

话语分析方法最早运用在语言学中。在逐步发展中，其融合了心理学、社会学和教育学的理论成果，进而开始被运用到教学领域。话语分析法主要有以下几个步

---

[1] 陈向明.什么是"行动研究"[J]教育研究与实验，1999（2）：60-67.

骤：一是发现话语，主要是指研究者通过对教育现象、教育问题和社会现象的观察和思考，形成对某一或者某一类问题的基本认识；二是明确主题，主要是在发现问题的基础上通过对资料的搜集，针对该话语进行主题分析与提炼，最终形成需要深入研究的问题；三是对话语的形成和作用机制进行分析，对其所属的更大的话语系统和话语背景进一步地进行研究，探究其生成与作用策略，了解背后的构成规则和机制。

如何对话语类型进行编码是话语分析的基础。话语分析虽然是一种质的研究方法，但是通过对语料资料进行编码，研究者也可以进行量的统计和分析，也可以使得整个研究过程更为科学、深入和合理。同时，通过话语分析，我们可以了解到整个研究过程的动态进程并进行追因分析。这有助于在教育教学领域开展针对性修正，同时案例也为探究整个教育规律提供了实证依据。

语料库技术和文本细读就是话语研究比较典型的定量和定性分析方法。语料库技术可以进行词频、主题词、搭配、索引和话语韵的分析。文本细读强调以文本为中心，重视语境对语义分析的影响，重点解读文本内部的组织结构。文本细读可以与框架理论结合起来使用，用以揭示文本背后的主观思想。费尔克拉夫在批判性地继承了前人各种话语分析方法的基础上沿着批判性话语分析的路径对话语研究范式进行了完善和发展，创建了以文本、话语实践和社会实践为向度的三维话语框架理论，可以很好地揭示语言与权力之间的关系，阐明语言与社会的内在联系，非常适用于思想政治教育的文本研究。

作为一种研究方法，话语分析也免不了有其局限性，最为明显的在于忽略了人作为主体的主动性，以及话语背后的意识形态的动态性。其优势在于定性的话语分析与定量的内容分析相结合，可以增强研究的客观性，因此话语分析具有理论和方法的双重性质。

六、调查研究

（一）问卷调查法

研究者可以通过多种调查方式来收集资料，如问卷调查、面对面访谈、在线调查等，而问卷调查法在社会研究中的多种观察方式中都会用到。一般来说，如果研究对象的群体太大，以至于无法直接观察，那么问卷调查可以作为较为适合的研究方法。研究者合理地设置问卷，科学地进行抽样，才能保证样本的覆盖面和科学性，因为科学合理的样本也能较为准确地反映出研究对象群体的基本特征。因此，问卷调查法需要遵循严格的标准方法，保证从采样对象群体中获得形式相同的科学数据。

问卷调查法与其他方法一样，有其优缺点。标准化的问卷调查使得问卷的选项只能无限靠近共性结论，缺乏弹性。另外，它也会受到一些人为因素的影响。与实地研究相比，问卷调查法的人为影响因素会造成效度不佳的问题，而通过对所有研究对象予以同样的标准化刺激，可以避免研究者自身观察中信度不足的问题。

问卷调查是高校思想政治教育研究工作的基本方法之一，使用此种方法不仅可以借助问卷调查法了解大学生思想政治教育现状，还可以通过对问卷的统计分析，进一步概括思想政治教育规律，分析思想政治教育研究的发展趋势。

问卷调查法根据研究选题的不同，在维度上可以分两类。一是横向研究（范围较大、调查对象较多），即在相对固定的时间范围内，针对研究的对象收集问卷数据。譬如，要想准确了解当前人们树立社会主义核心价值观的现状，需要选择一个固定的时间段，设计一个覆盖大量地区、职业、年龄等多个维度的基础量表，针对大量对象进行问卷调查，对海量的样本数据进行统计分析，以准确判定人们树立社会主义核心价值观的现状与成效。二是纵向研究（目标较为集中，调查规模一定），即在相对确定的空间或者研究对象范围内，在不同时间段对研究样本进行问卷调查。如想深入了解党史学习教育活动后基层群众对中国共产党党史的认知水平显著提高的程度，可以运用专门设计的问卷量表在学习教育开展前、后对随机选定的固定参与人群进行追踪式问卷调查，根据问卷数据所反映出来的人们对党史知识等方面的认知水平变化来对党史学习教育的实际效果进行客观评估。

当然，在思想政治教育实证研究过程中，采用问卷调查法的关键在于问卷的科学性和合理性。[1] 一般来讲，问卷设计大致要经过以下几个步骤：（1）总体构思所调查的问题，根据研究的目的和调查的要求，对调查范围进行圈定，明确需要调查的对象，对与研究相关的资料信息做基本的梳理，尝试初步搭建调查问卷的基础框架。针对不同对象以及采用不同的数据处理方法，所对应的问卷设计也不同。（2）确定问卷的基本结构，通常包含标题、卷首语、填写说明、问题和可供选择的答案、编码以及其他资料等几个部分。（3）初步拟定问卷题目。为了使问卷调查顺利进行，题目的数量应该在一个合理的范围。（4）预先测试问卷。问卷设计一般很

---

[1] 黄再胜. 实证分析在思想政治教育研究中的合理运用 [J] 思想政治教育研究，2010（1）: 39-41.

难一步到位，可以先在小范围内进行测试填写，对测试结果进行分析，对存在的问题进行调整优化，最终形成一个信度和效度均较高的问卷。

正式问卷设计完成后，对于问卷的发放、回收以及数据的处理分析，需要注意以下几个方面：（1）科学划定问卷的样本范围，合理选择问卷调查的对象。可以用抽样的方法选择，也可以圈定特定的研究范围（如一个特定职业，一所学校、年级、专业等）的全部成员作为调查对象。确定调查对象数量的公式为：调查对象＝研究对象／（回收量 × 有效量）。（2）问卷的发放和回收可以通过个别发送、集中填答、邮寄问卷、网络问卷等方式进行。问卷回收应注意问卷编号、发放和回收时间、调查地点及其他的问题。随着时代进步，问卷星等小程序可以极大方便问卷调查的开展，研究者可以根据实际情况进行选择。研究测试显示，成功的问卷回收率应达到70%以上，如果回收率达不到一半，该次问卷调查基本是失败的。（3）数据的分析处理。研究者需要按照规范的要求对回收的问卷进行统一编码，就是对问卷问题以及问题的答案，进行一一编码，给它们提供唯一的代码，从而能够利用专业的统计分析软件，如 SPSS、SAS、STATA 等进行问卷数据分析。

（二）访谈法

访谈是生活中人们获取有效信息的一个常用方法，在科学研究过程中也是研究者对被研究者进行寻访、访问、交谈的一种活动方式。访谈是双方共同作用，共同营造访谈的"氛围"和"情境"，共同构建"事实"和"行为"的过程。

访谈法是收集资料的另一种方法。访问者通过有效的口头话语交流和肢体表达等方式能够较为直接地了解到受访者在访谈时关于所研究的问题在思想动机、认知态度、个性特征和价值观念等方面的信息，从而达到收集研究对象第一手资料的目的。访问者在访问开始前应该做好充足的准备，熟悉访谈问题，访谈才能顺利、自然地进行。访谈本质上是由访问者确定问题的方向，再针对受访者的回答加以追问，是对信息进行重复收集的过程，包括分析、筛选和验证。在访谈调查研究方法的实际应用中，提问和记录是一项重要技能。最初的问题引发的答案可能是后续问题的来源。在这种情境下，条目式地提问并记录答案相对来说所能获取的信息量较少。在访谈过程中，应发问并抓住答案，理解它对研究主题的意义，然后再进一步深入地挖掘深层次含义并继续建构另一个问题。如果谈话已偏离了方向，则需要重新把控并调转方向，将与访谈对象的谈话拉回到与研究主题相关的议题上。简而言之，这是一个同时聆听、思考与谈话的过程。

访谈法作为一种研究方法同样有其优缺点。优点是较问卷调查法而言其更具有个性化、深入性、专门性等特点，但是因为时间成本等方面的原因，访谈法无法用于有效度的大样本量研究，这是它不可避免的缺点。纵然如此，访谈法有其不可替代的意义，访问者可以根据受访者选择提问的方式、语气和用词，特别是在面对开放性的问题时。同时，在这种面对面的情境下，访问者可以把研究的目的要求和问题阐述得更加清楚，受访者也更容易倾向于打开心扉，全心全意地回答问题，并且访问者还可以对模棱两可或者表面化的答案进行追问，答案也就更加精准。

访谈是一门艺术，掌握科学的访谈方法和技巧，是访谈者能够通过访谈法实现科学研究目的的重要前提。它与问卷调查法的实施程序基本一致，确定问题和形成假设的过程相同，抽样过程也相同，只是访谈的样本量较小。根据研究经验，访谈法的实施程序可以分为十个基本步骤。（1）确定主题，根据前期研究提出合理假设。需要研究者在发现问题的基础上，对需要研究的问题进行合理的研究假设。（2）论证访谈的必要性。研究者要论证判断实施访谈是否能够验证某种假设对解决某个理论或实践问题有意义，而且在这个过程中，访谈方法的使用是必不可少的，同时也是利于验证假设的。（3）确定受访者。选择的范围应该与问题的范围一致，在与问题的范围一致的前提下，受访者是可以随机选择的，但最终要获得受访者的同意，并且所选择的受访者应能够为访问者提供所需要的信息。（4）确定访谈提纲。根据访谈中需要了解哪些方面的问题，事先设计访谈时的问题提纲。（5）确定访谈的时间、地点，既要满足研究目的的需要，也要以受访者方便为原则。（6）确定访谈的记录方式。记录方式通常包括手工记录和机器（录音、录像）记录两种。（7）制订访谈计划。事先制订好访谈计划并充分熟悉访谈计划的内容，在访谈过程中，提前制定访谈的策略，以确保访谈过程能够紧紧围绕主题。（8）实施访谈，包括实地访谈、记录资料、控制监测、复查交叉求证。（9）整理和分析访谈结果。第一时间整理访谈结果，并按照一定的标准进行归类和分析。（10）撰写访谈报告。内容包括对计划的回顾，对过程的描述，对结果的分析和陈述。

访问者应掌握一定的访谈技巧以确保访谈取得预期的效果。这主要包括与受访者联系、交流、提问、倾听、记录、回应、结束等方面的技巧。其中最重要的还是沟通的技巧。访问者需要事先接受一定时间的培训才能胜任。在正式提出第一个问题以前，要有一段开场白，访问者可以借此来解释此次访谈研究的目的及访谈内容的保密情况。在谈话过程中，提问要通俗易懂，言简意赅，倾听时要集中精力，注意引导受访者把话题转移到谈话的主题上。如果受访者的回答不完全或者回答不上来时，访问者可以从另一个角度进行追问或者更换问题。同时在访谈过程中要切记访谈的目的是了解而不是表达，不能诱导受访者，访谈者不能对受访者进行价值判断，不能有皱眉头、烦躁等表情，这些都是与访谈的初衷相悖的。

七、叙事研究

教育叙事研究作为一种系统的研究方法，旨在理解和阐释个人的教育生活经历。以一个教育主题为线索，以讲教育故事的方式来呈现生活中的人、物、事，以开放分析框架来阐述教育事实本身的研究方式，就是教育叙事或教育叙事研究。教育叙事是个别的、具体的、诗性的智慧。教育叙事与教育叙事研究没有明显的边界，叙事前的框架与叙事后的分析、显性的框架与隐性的框架，主要体现为主题是否明确，是否能让读者体验到这个主题并理解主题。教育叙事是质性研究，但不排除量的呈现，只是没有那么复杂的量化过程。对于自我叙事而言，根本特征在于反思，对于旁观叙事而言，根本特征在于理解与体悟。

教育叙事研究有三种类型。一是自我叙事。这是由研究者本人叙述在自己的研究过程中所经历的一系列教育事件，研究者通常是教师自身。这类教育叙事研究是研究主体与叙事主体相同一的研究。二是旁观叙事，指研究主体与叙事主体不同的研究。三是交融叙事。

教育叙事研究报告主要包括以下六个方面的内容：一是引言，包括基本概念、研究报告的框架；二是研究目的或主题，包括想让读者了解什么、研究的目的、研究目的在过程中是否有改变、为何改变、报告中每部分与目的的关联等；三是研究方法或策略，包括研究场所与研究对象的关系、资料收集的过程、研究者的心境；四是资料分析，可以运用归类法，也可以是浸入情境法；五是讨论和解释，可以结合各种理论对相关叙事进行学理分析；六是结论和意义，包括回顾整个研究过程，揭示研究的主要意义，对其他研究者的建议等。教育叙事着重强调结合理论分析故事，对所有故事进行适当的归纳总结。

八、扎根研究

扎根理论（grounded theory）是由美国学者格拉斯（Barney Glaser）和施特劳斯（Anselm Strauss）在1967年出版的合著《扎根理论的发现》（*Discovery of Grounded Theory*）中首次提出的。扎根理论可以定义为：通过对来自观察资料的模式、主题和一般分类进行分析进而得出理论的一种方法。扎根理论也可以被描述为在定性研究中试图通过比较观察来总结出理论，归根结底是一种研究社会生活的归纳方法。研究结果是通过系统的资料收集和分析程序而被发现的，这是跟假设检验不一样的地方。[1]

扎根理论方法的研究有下面几个步骤。（1）同步开展资料收集、资料分析和理论生成等工作。（2）从经验资料中形成研究目标。（3）对事件与概念以及概念与概念的关系不断提问、比较。（4）为了理论生成的目的进行抽样，抽样的单位是概念，和调查问卷法的抽样对象有所不同。（5）所收集资料的覆盖面需要属性、要素基本齐全。（6）研究开始尽量不要先入为主，在形成独立的结论之前，不要阅读本研究领域的理论文献，以免受到干扰。（7）通过编码、写备忘录和画图表来完善类属和类属之间的关系，形成初步假设，最后进行理论整合。

施特劳斯和科宾认为，扎根理论需要遵循以下准则：比较性思考（比较多次事件可以避免出现偏差）、获取多种观点（不同的观察技术可以提供很多观点）、时不时地进行反思（对照解释检查资料非常重要）、保持怀疑的态度（理论解释需要接受新的观察的检验）、遵循研究程序（三种最重要的技术是比较、问问题和抽样）。扎根理论强调研究程序，系统的编码对于资料分析的效度和信度尤为重要。

扎根理论此后演变成一种方法，除了在资料的基础上进行归纳外，扎根理论方法还使用持续比较法。根据格拉斯和施特劳斯最初的表述，扎根理论方法包括了四个阶段：将适用的事件和每个范畴进行比较、合并分类及其特性、划定理论的界线、组织理论。

九、实验研究

实验源于自然科学。教育学领域中运用的实验方法是各种研究方法中对控制变量要求最为严格的方法。实验法是帮助研究者探索因果关系的方法，也是一种科学观察方法，研究结果需要通过反复实验而习得，比如做饭、走路、骑自行车、学习游泳，等等。通俗地说，实验法更适合于解释，而不适合于描述，用实验法研究小群体互动也很合适。

实验中一般会涉及自变量与因变量、前测与后测、实验组与控制组等。首先，实验是考察自变量对因变量的影响，自变量是指由研究者安排与设定，能够按照预

[1] 陈向明.扎根理论在中国教育研究中的运用探索[J].北京大学教育评论，2011（1）：2-15.

期引发特定变化和现象的变量。自变量通常是实验中的刺激因素，因变量是指因自变量变化而相应地发生变化的变量。实验研究是研究者在控制研究过程中的非主观因素，减少这些因素对研究实验的影响和干扰前提下，通过操纵研究中设定的自变量，分析自变量的变化对因变量产生的影响，进而确定研究中自变量与因变量之间关系的一种研究方法。自变量和因变量都要根据实验目的设定，某个变量在此项实验中可能是自变量，在彼项实验中则可能是因变量。实验开始前，必须对自变量和因变量进行操作化定义。前测与后测是指受试者首先作为因变量接受测量，然后受到自变量的刺激，作为因变量再接受测量的过程。因变量前后测之间的差异，是自变量产生的影响力。最后，消除实验本身影响的首要方法是控制变量，设置控制组，通过对比控制组，发现实验本身的影响，排除实验过程中外在事件的影响。

受试者与具有代表性的样本选择需要注意以下几点。首先，概率抽样是把所有的研究对象作为抽样框，从中抽取两组样本。对于基数较大的样本，实验法很少采用概率抽样，但是在分配受试者时，研究者还是可以利用随机抽样的逻辑。其次，随机化抽样即随机地把受试者分派到实验组或控制组。把所有受试者按序编号，然后利用随机表来选取号码是常见的抽样方法。最后，配对是为了使实验组和控制组具有可比性。在总结受试者诸多特征时，每当发现一对相似的受试者，就随机把一人分派到实验组，把另一人分派到控制组，这样实验组的整体评价特征与控制组就基本相同。

实验研究方法的主要特点是程序严格，可利用确定的数据对研究行为进行详细具体的操作定义。长期以来，自然科学研究中实验研究方法使用较多，且此研究方法也较为成熟。实验法在人文社科领域的使用，是近年伴随着交叉学科的发展兴起的。实验法与其他研究方法一样，也拥有其独有的优势和劣势。实验法最大的优势是可以把实验变量与其影响分开，并且实验效率也较高，但是实验研究的不足之处在于人为痕迹过于明显。

在学术研究中使用实验法，要遵循研究的可重复性、实验的随机化与实验对象的区组性等原则。如在思想政治课的教学效果的研究中，可以设定自变量为思想政治课程教育的具体方法，因变量为学生的学习效果。实验方法中可以设置两组不同的自变量"教学方法"，研究相同因变量"学生学习效果"的差异，进而分析教学效果。实验法也可以设定两组相同自变量"教学方法"，将"学生的学习效果"看作同一组研究对象的因变量，通过对因变量的分析，研究思想政治课的教学效果。

以两种自变量同时对应两种因变量来进行实验数据分析目前尚未实现。因此，在高校思想政治教育研究中，对于自变量和因变量的选择和确定，要从具体实践的需求出发，也要从研究者熟悉、便利的实验观察方式来考虑。同时还要兼顾研究者所采用的基础理论和所具备的其他实验条件，从而保证两个变量测试的效度和信度的一致性，以及整个实验方法的准确性、可行性。

实验法中实验方案的设计是否合理是研究成功与否的关键，许多学者都有较为成熟的研究，这里介绍其中最为经典的"七步论"实验法。（1）确定并表述需要研究的问题。在这一步，研究者根据实际需要、理论需要和个人生活经验等确定研究问题。（2）选择自变量、因变量，根据研究情况考虑变量选取范围、影响力水平等因素。（3）选择因变量，选择容易观察、容易量化、经济可行的因变量来进行研究，这也是给因变量赋予抽象定义和操作定义的过程。（4）选择实验设计。（5）实验的实施，即操作实验处理并测量因变量的反应及收集数据的过程。（6）对数据进行分析统计。（7）得出结论并对将来进一步研究提出建议。

当前，在思想政治教育的研究和实践中，使用实验研究法的频率较高，如现在较为流行的模拟式、体验式教学实际上就是实验研究方法的一种具体表现。研究者设定一个心理危机事件处置"情景"，模拟思想政治教育教学实践。在实践过程中，被试对象置身其中，结合自身工作的实践与经验，研究制定处置心理危机事件的应急预案，然后根据预案进行演练、交流、分析、评判，从而达到提高被试对象应对心理危机事件处置能力的目的。因此，具体研究中，研究者需要着重在科学性和适切性上对实验方案进行合理设计，引导被试对象（因变量）参与其中，进而得到所需要的实验数据与实验结果，得出研究结论。

随着科学研究方法的不断丰富和发展，混合多个类别的研究方法来开展研究的形式被越来越多的研究者采用。混合研究方法是指研究者在具体的某一研究中，围绕研究目标混合使用思辨研究、质性研究和实证（定量）研究等方法，规范开展科学研究的手段。

在新时代的社会背景下，我国大学生思想政治教育研究的发展迎来了最好的时代。特别是中国共产党第十八次全国代表大会召开以来，制度和政策的顶层设计、学科发展和专业建设的科学规划、人才队伍和研究力量的培养成长等多方面取得了历史性的提升，大学生思想政治教育研究工作越来越被重视，投身于该事业的一线辅导员数量逐渐壮大，相关的研究成果也呈现出百花齐放的景象。

CHAPTER 2
第二章

做好辅导员的第二课
——懂点教育学的方法

教育学通过对现实生活中的教育对象、教育现象、教育活动、教育问题等的研究，揭示人类生活的教育规律。思想政治教育是一种在社会中运行的教育实践活动，因而具有一定的社会制约性。教育学在思想政治教育中以其理论和现实解释力扮演着解决思想政治教育问题的"捍卫者"身份。因此，教育学可以为思想政治教育提供重要的理论价值、诊断价值与实践价值。

第一节　教育学经典理论概述

教育学是随着社会发展和学科发展，各个学科相互联系、共同进步而形成的一门学科。教育学在发展的同时又和管理学、心理学等学科有着千丝万缕的联系。因此，教育学是一个综合类的大学科，和社会科学、人文科学互有联系，既属于社会学科又属于人文学科。哲学思想、教育理论、课程理论、社会学理论等是教育学中的经典理论。本节将从教育学和高校思想政治教育研究的适切性出发，简要概述人本主义教育、结构主义教育、终身教育、人的全面发展理论的理论渊源和主要观点。

一、人本主义教育

20 世纪 50 年代，"以学生为主，促进学生自然地、和谐地发展"的人本主义教育理论开始在美国兴起，并逐渐成为引人注目的教育思潮，代表人物有马斯洛、罗杰斯等。人本主义教育是以人的价值为核心，强调学生的主体地位与尊严，追求个性解放和全面发展的教育理论思潮。

（一）主要观点

人本主义教育是源远流长的人文精神在教育中的呈现，其在历史进程中不断得到发展。人本主义总能围绕"人性的关怀和人文主义的情愫"这个宗旨不断取得进步。当代人本主义教育理论强调以学生为主体，促进学生个性发展、人格发展等观点，这些对我们当下的思想政治教育有诸多启示。

1. 教育的目的在于培养身心和谐发展的新人

一个不可否认的事实是，传统学校教育过于重视认知领域的教学，过于看重学习理念的培养，从而忽视了学习者品德的培养和人格的完善，导致学习者身心片面发展，影响学习者综合素养的提高。因此，人本主义教育家强调，必须大力纠正传统教育中过于注重智能培养，忽视学生人格陶冶的弊端，要让学习者在获取知识技能的过程中领悟知识的伦理价值，逐步形成良好的社会责任感和高尚的品德，成为身心和谐发展和文明幸福的人。

罗杰斯对身心和谐发展的新人提出了自己的标准，他认为这种人在发展中具有自我发展和自我实现的特征。其富有才华、充满智慧，能够创造性地利用周遭环境迅速建立起属于个人的气场，并达到一种平衡的氛围。此外，其也能够产生出创造性的成果，即一种最高层次的个人需要。这种观点反映了现代社会对人才的新要求，也代表了未来社会培养人才的发展方向。人本主义教育思潮倡导的新人就是具有自主精神和自律精神的、身心和谐的、全面发展的人。

2. 要用人本主义精神统帅课程与教材内容

人本主义教育家强调要提高学校教育培养人才的质量，就要加大对传统学校课程与教材内容的改革力度，要根据社会变革的需要和青少年身心发展的实际去考虑课程与教材的内容，适度加大社会科学和人文学科的比例，用多元、宽容、理解、爱心等人文主义精神统帅课程与教材内容，让学生在接触人类传统优秀文化遗产的过程中身心受到多方面的启迪，促使他们形成多方面的兴趣和爱好，具备良好的社会责任感，具有自主精神，敢于为自己的行为负责，成为能够自我实现的人。

人本主义强调教育者要充分尊重和信任学生，引导学生积极主动地参与到教育教学过程中去。如人本主义教育家罗杰斯说："教师首先需要对人予以深信。如果我们不相信人，那么，我们就一定会唯恐学生误入歧途，因而填鸭式地把所选择的知识灌输给学生。如果我们相信每个人都有发展他自己潜力的能力，那么，我们就会允许他有选择自己学习方式的机会。"[1]

3. 教育过程是教师指导下的学生的自主发展过程

在人本主义者看来，环境和教育只是学生身心发展的外因，是他们获得知识和学习方法的途径。据此，教师应当创造良好的学习氛围，方便学生进行自主学习。"教师是一个真诚的人。他承认他的感情是他自己的。因此，他不必把自己的情感强加给学生……要尊重他们，珍视他们，与他们在感情上和思想上产生共鸣。"[2]罗杰斯也指出："教予他人的任何东西，在我看来相对地似乎是无意义的，对行为只产生些微小或根本不产生有效的影响……我终于感到，唯一能对行为产生深远影响的学习是自己发现并把它内化为已有的知识。"[3]

4. 教师是学生学习和生活的指导者、引导者和顾问

教师只是学生学习和生活中遭遇的一个外部因素而已，学生的学习必须由学生本人负责。在人本主义者看来，学生的学习过程是他们调动自身因素积极进行的自主学习。因此，人本主义者强调教育者必须认识到自己在学生学习过程中的职责。一方面，需要为学生创设良好的学习环境，让他们积极主动地参与到学习过程中去；另一方面，需要为他们的学习提供必要的指导性建议。正如罗杰斯所认为："教师与学生之间是辅助者和主人（学习的）之间的关系，没有任何权威或长官意志。"[4]教师除了拥有渊博的知识和广泛的才能之外，同时要尊重和信任学生，能与学生友善地相处，能设身处地为学生着想，能为学生及时提出建设性的指导意见。

（二）人本主义教育的影响和评价

人本主义心理学家、教育家在广泛继承人类已有文化遗产，深入批判传统教育学说弊端的基础上，依据人本主义哲学、人本主义心理学等的基本观点和主要方法，对学校教育目标、教育过程、课程与教学内容、师生关系等重大问题进行了较为全面深入的探究，并提出了改进学校教育工作的一系列建议，形成了颇具创新意识的人本主义教育理论体系。这极大地丰富和发展了现代教育理论，加快了当代

---

[1] 罗杰斯. 自由学习 [M]. 伍新春，管琳，贾容芳，译. 北京：北京师范大学出版社，2006：56.

[2] 张艺. 人本主义教育思想在高中思想政治课中的运用 [J]. 重庆：重庆师范大学，2014：23.

[3] 罗杰斯. 自由学习 [M]. 伍新春，等，译. 北京：北京师范大学出版社，2006：151.

[4] 方展画. 罗杰斯"学生为中心"教育理论述评 [M]. 北京：教育科学出版社，1990：120.

教育理论科学化、现代化的步伐，促使各级学校教育朝着人性化、多元化的方向发展。

但是，人本主义教育思想也存在一定的局限性。其不仅忽视了系统科学文化知识在学生成长中的作用及教育者对学生学习的指导作用，也忽视了学习者在学习中的责任和义务，且过于夸大了学习者的自由和主体作用，这都对该理论的说服力产生了负面影响。

人本主义教育家主张以人为本和自主学习。该理念在当时颇具创新意义，且符合时代精神，因而受到了教育界和广大民众的欢迎和支持。在 20 世纪 60 年代后，人本主义教育思想在世界各国广泛传播，至今已经成为世界上许多国家教育教学改革的重要指导思想之一。

人本主义精神在给学习者提供了更多自由和权利的同时，也给予了学习者更多的人性关切，多方面满足了学生的需要。这不仅改进了学校的人才培养工作，为社会培养了更多身心和谐健康的人才，也推进了现代社会的民主化、多元化改革进程。但人本主义教育思潮的传播，也使以"学习者为中心"的教育观念在一些地方滥用，助长了极端个人主义思想的形成。

二、结构主义教育

结构主义教育是 20 世纪 50 年代后兴起的对现代欧美教育改革产生重大影响的一种教育思潮，其理论基础为结构主义哲学和结构主义心理学。该流派的代表人物有瑞士著名心理学家、教育学家皮亚杰和美国著名心理学家、教育家杰布鲁纳等。结构主义者认为，既然"知识是我们构造起来的一种模式，它使得经验里的规律性具有了意义和结构"[1]，"每一个认识活动都含有一定的认识结构"[2]，因而其主张教育者在教育教学活动中要围绕着学科的结构来组织。

（一）主要观点

结构主义认为个体的认知过程就是认识主体通过各种活动使其自身的认知结构产生和发展的过程。由此可知，认识是一个过程而不仅仅是一件产品。因而需要强调教育者的引导作用，通过教育者的引导使学习者积极主动地参与到知识的生产与发展过程中，而不是让学生消极被动地接受现成的知识。要让学生在主动探究认识

[1]　王承绪 . 现代西方教育思想流派论著选 [M]. 北京：人民教育出版社，1980：373.
[2]　王承绪 . 现代西方教育思想流派论著选 [M]. 北京：人民教育出版社，1980：360.

对象结构的过程中不断提高认知能力，养成主动探究知识的习惯。

1. 教育和教学要注重促进学生智力的发展

结构主义者认为智力是一个人从事一切活动的基本前提，它决定着个体工作的质量和效率，因此他们极力强调教育者要把对学习者智力的培养放在教育教学的核心地位，即在教育教学过程中，教育者在引导学生掌握系统知识技能的同时，也要注重对学生智力的培养。正如布鲁纳所说："除了关注每一个学生的成绩之外，更要促使学生的智力发展与进步。"[1]

2. 教育者要提高课程与教材内容的现代化、理论化水平

结构主义者认为任何事物都具有一定的结构，把握了解事物的结构也就能够全面深入地了解和认识事物。因此，他们认为教育者想要在教育教学过程中有效地发展学生的智力，就要基于结构主义的观点对教材内容进行处理，全力提升课程与教材内容的现代化、理论化水平，并引导学生掌握学科的基本结构。结构主义者强调教育者要按照结构主义的观点编排教材内容，切实提高课程与教材内容的现代化、理论化水平，并把学科基本结构作为课程与教材的重点和核心。

3. 教育教学应当及时开始

儿童心理学家皮亚杰通过分析儿童认知的发展、智力的发展、思维的发展、心理的发展，提出了著名的"认识发生论"。教育心理学家、认知心理学家布鲁纳基于此提了"教学趁早"的观点。他认为，幼儿期的教育是一个人学习教育的初始，奠定了一个人未来成长成才的基础，因而在儿童的成长过程中，如果没有恰如其分地掌握火候，便是对其学习潜能的浪费。"在观察学习主体思维结构、认识结构、智力结构、心理结构的显性变化的基础上，配套好良好的教育环境、教育人员、教育方式，让儿童在关键期充分发挥其潜力，那么这样的早期教育便是成功的。"[2]

4. 教育者在教学中要大胆地引导学生采用发现法进行学习

布鲁纳认为传统学校的教学过程中，教师讲授教材内容，并督促学生把老师讲授内容的要点记住的教学方式难以培养学生的智能，多数情况下只能培养善于呆读死记的人。教师想要在教学中有效地发展学生的智力，最主要的方式就是调动学生的积极性、主动性。只有学生愿意主动学习、主动探究才能够真正让自己的智慧得到升华。他说："通晓某一学术领域的基本概念，不但包括掌握一般原理，而且还包

括培养对待学习和调查研究的以及对待独立解决难题的态度。"[1] 因此，布鲁纳建议教育者在教学中不能一讲到底，要让"学生自己去发现它"。基于此，他还提出了"发现学习法"[2]，该学习法极力主张教师在教学中应当以引导儿童自己去发现教学的目标，让学生不断强化个人的好奇心，形成个人的行动力量，塑造个人的自信心，提高个人的认知力。

（二）结构主义教育的影响及其评价

结构主义者依据结构主义哲学和皮亚杰的认识发生论，在广泛继承杜威实用主义教育学说、要素教育理论等教育遗产的基础上，对教育的目标、课程与教学内容、教学方式等进行了较为全面系统的探究，构建了注重学科建构和学生探究能力培养的结构主义教育思潮，多方面丰富和发展了现代教育理论宝库，对 20 世纪 50 年代末到 60 年代初美国基础教育改革产生了重大的推动作用。

20 世纪 60 年代，后结构主义教育思潮在欧美广泛传播，也成为 20 世纪 50 年代末美国基础教育改革的指导思想，结构主义教育思潮也被誉为 50 年代后最重要的三大课程与教学流派之一。

但结构主义教育思潮的理论基础尚有需要完善之处。它夸大了学习者的主观能动性，轻视了教师的主导作用；过于重视课程与教材内容的理论化、结构化，忽视了教材的逻辑体系和讲授方法等教学方式的运用；过于重视让学习者通过发现法来探究学习，忽视了学习者的学习兴趣和需要。这些弊端不仅导致学生学习欲望下降，也使得结构主义教育理论的科学价值大打折扣。

尽管如此，结构主义教育所倡导的注重学生智能的培养，提高课程与教材内容的理论化、结构化水平，引导学生参与知识的生产与发展过程及让学生运用发现法进行学习等观点确实是值得肯定的。据此可知，在当今思想政治教育研究直面结构教育的情况下，两者之间必定也能够碰撞出不一样的火花。

三、终身教育

新时代，思想政治教育的挑战与机遇并存。思想政治教育工作者需要认识到面临的阻碍，意识到向终身教育转化的必要性，找到迈向终身教育的可能性路径。思想政治教育工作要与时俱进，最终成为国家终身教育体系的重要组成部分。

---

[1] 布鲁纳.教育过程 [M].邵瑞珍，译.北京：文化教育出版社，1982：30.
[2] 布鲁纳.布鲁纳教育文化观 [M].宋文里，黄小鹏，译.北京：首都师范大学出版社，2011：123.

（一）主要观点

1.终身教育产生于经济发展和社会变革的需要

在信息技术时代，人的收入不断增加，劳动和工作强度大幅度降低，闲暇时间大量增加，人的健康水平不断改善，学习环境不断改善，这都为个体继续学习创造了良好的条件。如果在信息技术时代依然固守传统教育观念，不按照终身教育理念对传统教育进行改革，那么学校教育所培养的人才势必会出现知识贫乏、学习能力低下、综合素质不高等问题，这样的人也必然难以适应信息技术时代的要求。因此，学校必须按照终身教育理念对传统教育进行较为全面的改革。"人永远不会变成一个成人，人的成长是一个永无止境的完善过程和学习过程……为了追求生存和追求发展，他不得不继续学习。"[1]终身教育是贯穿人一生的全面的、持续的教育过程，是一个人从摇篮到坟墓这一过程所受到的各种教养、教育和训练的总和。终身教育是经济发展和社会变革的需要，它一方面强调教育所要适应的进步和变革，主要指改变过于重视学校教育阶段的教育，另一方面强调教育不应该在学校教育结束时就结束，而应该贯穿于人的整个一生，是一个人活到老、学到老的过程。

2.终身教育的目的在于为社会培养善于学习、勇于适应变革的人

传统教育过于重视学生的智能训练，因而忽视了学生人格的养成，导致学生身心发展不均衡，这对学生的可持续发展和未来的幸福生活造成了较为严重的消极影响。因此，要对传统教育进行全面且深刻的反思，按照现代社会发展变革的要求和青少年身心发展的规律，为社会培养身心和谐发展的新人。所谓身心和谐发展的新人就是指具有良好的道德品质，具备基本的文化知识素养和良好的智能素质、身体素质和心理素质的全人。

正如《学会生存》一书中所指出的："把一个人在体力、智力、情绪、伦理各方面因素结合起来，使他成为一个完善的人。"[2]每一个学习者都是具体的人，因此强调教育必须考虑到每个学习者的特点，尽可能地使教育适应每一个学习者的特点，从而为社会培养具有鲜明个性的人才。"每一个学习者的确是一个非常具体的人……当我们决定教育的最终目的、内容和方法时，我们又如何能够不考虑这点呢？"[3]教育为未来社会培养的人才必须是善于终身学习的人。事实上，每一个人都

---

[1] 外国教育丛书编写组.业余教育的制度和措施 [M].北京：人民教育出版社，1979：138.

[2] 联合国教科文组织.学会生存——教育世界的今天与明天 [M].北京：教育科学出版社，1996：195.

[1] 联合国教科文组织.学会生存——教育世界的今天与明天 [M].北京：教育科学出版社，1996：195.

需要从所处的生存环境中不断汲取属于个人的成长资本与生存力量，否则终将被淘汰。因此，为了基本的生存需求，不得不学习，不得不进步。当然，在学习过程中学习者不应局限于学习基础知识，更要学会如何去感知和理解世界，形成自己对个人与世界的整体认识。另外，在儿童阶段，尤其要注意兴趣爱好的培养，让一个人从儿童阶段到成人阶段，都能够一直受益于自己的爱好。因此，终身教育的目的是为社会培养善于学习、勇于适应变革的、身心和谐发展的人。

（二）终身教育的影响和评价

终身教育的倡导者在全面深刻地批判传统教育过于重视学校教育和阶段教育中学习者主体精神的发挥，忽视学生学习能力培养弊端的基础上，大力借鉴人本主义教育、结构主义教育思潮和科学教育思潮等教育遗产，创造性地提出了教育应作用到人的一生，要构建终身教育体系，让每个人都能在终身教育中获取自身需要的知识信息，并运用所获得的知识信息促进社会的发展进步和个人工作生活质量改善等观点，最终形成了体系较为完整的终身教育理论体系。

终身教育极大地丰富和发展了现代教育理论宝库，对当代各国教育改革与发展产生了重大影响。但终身教育夸大了教育在经济发展和社会变革中的作用，忽略了教育在国家政治、经济中的制约作用，认为只要发展终身教育就能改变本国社会发展与变革的现实进程。许多教育者也在教育实践中发现，终身教育倡导者提出的构建终身教育体系和建设学习化社会的主张虽然看起来很有创新价值，但要实现这一乌托邦式的宏大理想，则需要花费难以预料的时间和精力。此外，虽然终身教育理论还不完善，但终身教育所倡导的教育民主化、教育个性化、教育的主体化、教育的终身化等观点不仅符合现代教育改革的要求，也代表了现代教育发展改革的方向和趋势。当代许多国家的教育工作者和政府官员已对此达成了较为一致的认识，终身教育成为许多国家教育改革与发展的重要指导思想。因而，终身教育所包含的思想理念必将推进各国教育朝着教育民主化、教育个性化、教育全民化和教育终身化方向发展。

四、人的全面发展

人的全面发展理论，指要创新思想政治教育的途径、方法、模式，推动新时代思想政治教育目标及任务有效实现，提升思想政治教育的实效性，推动社会主义的和谐化发展，并最终实现对人的全面发展的引导。

（一）主要观点

1. 全面发展是劳动的全面发展

人能够生存与发展的基础和动力是劳动。正如马克思所指出的那样，在改造客观世界的同时，个人自我的发展也得以实现。在社会生产之中，人本身也在生产"个体"与"自己"，即生产个人品格、个人价值观、个人需要等促使个体全面发展的相关要素，造就更新个人的力量和概念，生产新的表征与符号。从历史维度观看，人类的发展历史就是人不断自我更新的过程，劳动的发展就是人类的发展。因此，马克思所说的人的全面发展，主要是指人类劳动能力的全面发展。

2. 全面发展是社会关系的全面发展

人的本质并不是个人固有的抽象概念，而是所有社会关系的总和。在社会关系中，个人通过与他人的交互作用得以生存和发展。只有在未来的共产主义社会，人才能拥有更高水平的生产力，才能摆脱对于外界事物和人的依存，才能为真真正正的自然世界的主人。这是因为当社会关系发展到一定程度后，社会中的每一个人都能够运用社会关系充分发挥自己的全部能力。因此，人的全面发展的程度往往依赖于社会关系，社会关系的发展也决定了人的全面发展的程度。

3. 全面发展是人的能力的全面发展

人的能力的发展是人类全面发展的核心。人在全面发展的过程中，最关键的就是去发展自己的一切能力，这是每个人的任务和使命。当然，人的一切能力包括很多，主要涉及自然力量、社会力量、个人潜力、身体力量和脑智慧等。马克思认为，受到资本主义私有制的影响，人的生产方式出现了分工，分工意味着身体力量（体力）、精神力量（智力）发展的限制，这些限制导致人的体力和智力分离，两者无法协同发展，即无法达到全面发展的目标。因此，只有消除资本主义私有制和旧社会劳动分工，才能将身体劳动和精神劳动结合起来，才能以此来适应不同的工作要求，适应不同的社会任务。

（二）人的全面发展理论的影响和评价

教育是事关国家发展、民族未来、个人成长成才的千秋基业。在我国的教育指导思想与教育实践中，人的全面发展理论占据了重要的地位。其中，我国教育目的的理论基础便是人的全面发展学说。教育的最终目标就是全面发展教育事业，全面发展教育的目标便是人的全面发展。因此，人的全面发展学说是我国构建教育高质量发展的重要保障，是实现人的全面发展的重要内涵。

根据目前我国的教育基本国情，要实现人的全面发展这个总目标，现阶段的目标是要实现人的现代化与教育的现代化。实现教育现代化的过程就是实现人的现代化的过程，也即促进人的全面发展的过程。这一过程凝聚了教育界全面建设社会主义现代化的磅礴力量，是我国社会主义现代化的重要组成部分。人的全面发展理论作为引领教育发展的新理念，正引领着我国高等教育走出现代性危机，走向有内涵且不唯增长的教育改革与发展道路。

诚然，我国在进行全面发展教育的过程中，确实出现了一些问题和偏差。例如片面追求智育教育，忽视德育教育的情况普遍存在，甚至许多高校教育者和大学生本身也没有对思想政治工作的价值予以充分的认识和肯定。为了改变和纠正传统的应试教育倾向，促进学生全面发展，发展素质教育、思想政治教育、劳动教育等多层次的"教育样态"便应运而生。

第二节　教育学与思想政治教育的关系

教育学作为社会科学的基础学科之一，对其他社会科学产生了重大影响。思想政治教育作为一门综合性很强的社会学科，同时也是一种社会实践教育活动。因此，思想政治教育与教育资源、教育活动、教育现象、教育对象等教育学要素之间存在着密切联系。

一、思想政治教育是普遍存在的教育实践活动

理论来源于实践，实践产出真知，思想政治教育在历史长河中同样也形成了其价值意蕴和实践维度。从理论维度看，思想政治教育是一门学科。20 世纪 70 年代末期，我国就已经提出了思想政治教育科学化、学术化的建设目标；到了 80 年代初期，思想政治教育开始成为一门科学；自 21 世纪以来，中央〔2004〕16 号文件、教社科〔2008〕5 号文件、2020 年教育部令第 46 号等涉及思想政治教育的政策陆续颁布，成了思想政治教育茁壮成长的"金钟罩"。相关博士学科专业的设立，以及马克思主义学院的建设等，则成了思想政治教育发展巩固的"铁布衫"，这都促使思想政治教育学科快速、健康地发展起来。

从实践维度审视，思想政治教育就是一系列实践教育活动的总和。在具体的实践中，指将思想政治教育的目的、价值、结构等理论维度融入实际操练的各个环节，主要包括活动载体、实践方法、操作环境等，并产生实践效果的过程。

思想政治教育包含于教育之中，与教育一样具有社会制约性，故思想政治教育的目标、内容、方法、结构等要素无一不受到一定社会某一历史阶段存在的政治经济制度、生产力发展水平、科学文化水平等各种因素的影响和制约。思想政治教育所具有的社会制约性使其显现出政治性、时代性、思想性、教育性和实践性等基本特点。进一步讲，上述基本特点的存在使思想政治教育拥有实践属性和学科属性等不同属性。这是由思想政治教育的对象、性质、方法、场所、内容等来决定的，因而思想政治教育在实施过程中具有不同的表征特点。

基于上述分析，可以发现思想政治教育普遍存在于教育实践活动中。

第一，思想政治教育是一次以马克思列宁主义、毛泽东思想、邓小平理论、"三个代表"重要思想、科学发展观以及习近平新时代中国特色社会主义思想为指导的学习活动。

第二，思想政治教育是一次基于大学生成长规律与思想特性的有目的、有计划、有组织的教育实践活动。

第三，思想政治教育是一场以共产主义世界观、人生观、价值观教育为关键，以理想信念教育为核心，以社会主义道德为要义的教育洗礼活动。

第四，思想政治教育是一场随着社会的发展和时代进步而常做常新的特色实践活动。

二、教育学指引思想政治教育活动不断提升

教育学是思想政治教育的生命力源泉。从狭义教育学角度上看，教育就是培养人的社会实践活动，教育学研究始终聚焦"为谁培养人""培养什么样的人""如何培养人"等几个根本性问题。在"培养什么样的人"的价值取向问题上，历史早已证明。中国古代教育家孔子主张对人民"道之以德，齐之以理"；古希腊先贤苏格拉底认为"真正的是宇宙理性的神"；美国著名的哲学家、教育家杜威主张以"道德的教育"培养"道德的人"……从古至今，历史一再强调了教育学研究的重要价值取向——立德树人。

从时间长河中去审视思想政治教育，我们可以发现其与哲学、政治、宗教以及文学等融合发展的历史。随着社会形态和社会结构的变化，思想政治教育的形态与结构也在不断呈现出整合—重组—重生的状态，并在此过程中与其他学科及其分支相辅相成，共同发展。其中，思想政治教育与人文社会科学的"亲缘性"最高，它

不断地从人文社会科学中汲取养分并不断壮大。在这个过程中，教育学为其提供着维持其最强生命力的重要源泉——教育的价值取向。在教育学的理论核心中，无法避开的便是道德教育。道德教育的核心内容是对知识与理论、道德与实践之间关系的关注。

思想政治教育对教育活动具有价值引领作用，能够指导教育活动的根本方向，促进人的道德意识、政治意识的成熟，而这也正体现了教育学的价值。

三、教育学与思想政治教育交叉融合凸显价值

新时代，思想政治教育的施教者与受教者的年龄、知识、能力等都发生了变化。教育样态的改变，促使思想政治教育角色的定位也同样具有鲜明的时代性。在教育学学科视域下对我国的思想政治教育进行自我审视与发展路径研究，有助于思想政治教育研究的纵深拓展。

（一）思想政治教育拓展了教育研究的广度和深度

从历史发展的角度来看，教育学科的发展，不仅仅是和其他学科存在交叉的物理现象，更像是一场融合渗透的化学反应。在这个过程中，催化出大量的交叉学科。有趣的是，这些新生学科恰巧又成了反应过程中的"催化剂"，成为教育理论新的生长点。例如，教育管理学是基于教育学与管理学所产生的新兴交叉学科。这种新兴学科在出现的同时，也产生了一种教育的持久力，即通过对评价教育效果的要素分析，形成一套以提升教育成效为目的，包含供应、调配、协同和控制等过程的管理体系；教育经济学虽然不等同于思想政治教育，也比不上经济学学科中饱满的理性逻辑，但却能够将经济学的理论或方法应用到教育研究之中，并利用相互渗透和相互补充的原则，使学生在受教育的同时体验到一种理性思维。

据此，我们不可否认思想政治教育赠予了教育研究"新蓝海"的事实。在教育生态环境之中，思想政治教育中教育关系、教育结构、教育方式等的改变将赋予教育学这个母体新的研究思路。与此同时，如何借助发展的教育学去推动思想政治教育活动，强化思想政治教育与教育学和谐统一的共生共鸣关系，将为我们推进思想政治教育研究提供路径。

（二）教育学深化思想政治教育的学理深度

在思想政治教育的发展过程中，教育学贡献了充沛的理论养分，但思想政治教育也不应当仅止于"教育学"。思想政治教育活动是一种兼具人文、艺术鲜明特征

的社会实践活动，贴附于社会，制约于社会，因而其突出特点表现为政治性和思想性。经过近四十年的发展，思想政治教育建设取得了较为显著的成效。在这个以建设教育高质量发展体系为重要要求的新时代，将教育学理论和方法作为开展思想政治教育活动的一个重要切入口，所产生的实践应用需要持续深入地探讨。

第三节　教育学视角下高校思想政治理论研究的热点问题

进入 21 世纪，学科跨界融合与交叉研究成为新的研究热点。教育现象不再局限于某一个特定时间或特定场景，而是受到现实问题、前沿问题和热点问题等的影响，呈现出复杂多样性。通过教育学的视角去洞察思想政治教育，并借鉴教育学的基本理论和方法体系来分析研究思想政治教育中的热点问题，可以成为一种研究思想政治教育的新思路。

一、资助育人工作融入思想政治教育研究

为了促进我国高等教育迅速建立完善的多形式共存的资助育人体系，国务院在 2007 年颁布了有关建立健全普通本科高校、高等职业学校和中等职业学校家庭经济困难学生资助政策体系的具体文件及配套实施办法，该资助政策体系涵盖了包括奖学金、助学金、助学贷款及勤工助学等在内的子项目。2020 年 5 月，教育部发布的 2019 年学生资助报告显示："资助普通高校学生 4817.59 万人次，资助金额为 1316.89 亿元，比上年增加 166.59 亿元，增幅 14.48%。"[1] 但消除学生的贫困只是国家资助政策的初级目标，借资助之手促进学生全面发展，助力学生成才是国家资助政策的终极目标，这也是思想政治教育在学生资助领域的延伸与拓展。

（一）人本主义框架下高等教育阶段资助体系的显性功能

以人为本一直是人本主义教育理念所强调的重要内容。人本主义教育思想的核心内容主要包括：在以人为本的基础上尊重个人价值，给予个人尊严，通过人文关怀激发学生的潜力，从而实现学生个人价值的最大化。当前我国高等教育资助政策的目标群体是来自贫困家庭的学生。这些学生需要生存，需要被尊重，需要实现自己的人生价值。在人本主义框架下，高等教育资助体系的显性功能主要体现在三个方面：经济援助、能力提升和道德教育。

---

[1]　全国学生资助管理中心 .2019 年中国学生资助发展报告 [N]. 人民日报 2020-05-21（7）.

1. 精准定位经济需求，实施"输血式"帮扶工程

个人生存和发展的原动力是自身的需求缺乏。美国心理学家马斯洛认为一个人的需要是存在优先等级的，首先需要满足的是诸如温饱问题等最基本的生理需要、安全需要，在最基本的生存需求满足之后，个体才能拥有更高的自尊心，才具有追求实现自我价值的可能性。当前，受高等教育费用分担机制的影响，不断有高校提高大学学费标准，大学生一年的学费大约是 5000 元。但因专业类型和学校类型的区别，有些高校的学费有可能达到每年 5 万元甚至更高。再加上生活费，对于学生来说也是一笔不小的数目。因此，为预防大学生因贫辍学现象的产生，我国提供了助学奖学金，包括奖学金、助学金、学习补贴、学费减免、学生贷款等在内的各种"直接输血"式帮扶措施。实施"输血式"帮扶工程，不仅保证了贫困大学生的基本需求，也满足了大学生能够完成学业的基本需求。

2. 强化构筑能力支撑，构建"造血式"帮扶工程

人本主义的理念强调以人为本，因而教师需要在尊重学生个性的基础上，促进个体的自我实现。受成长环境和家庭背景的影响，资助对象大多会表现出以下特征：自尊心强、心理负担大、人际关系差、学习能力低下等。不良的生活和学习环境将对资助对象的成长成才带来较大的负面影响，因此高校的资助育人系统除了向资助对象提供物质经济层面的"输血式"帮助外，也需要构建有利于资助对象素质能力提升的良好环境，即构建"造血式"帮扶工程。目前的做法主要有：设置勤工助学岗位，开设发展性资助专项（创新创业计划、社会实践）等。通过这些做法带来的积极影响，弥补资助对象在专业知识和实践技能上的缺憾，正向激励促进资助对象提升勤奋、责任感等素质。

3. 探索创新资助机制，创设"献血式"育人工程

人本主义心理学主张人性本善论，即人性是善良的，在人的进化过程中，人会显现出友爱、合作和创造等潜能。人性本善论认为，通过教育的调试可以提升个体高层次的需要，可以提高个人能力水平，满足个人内心需求，促进个人精神需要的自我实现。当前我国的资助育人体系中，资助是一方面，更深的意蕴在于实现"育人"。"育人"主要是指帮助个人形成积极的人生价值观，赋予资助对象优秀的人格特性，而资助对象也能够对社会做出贡献。诚然，现在高校资助育人体系的构建，已经在"输血式""造血式"单向传递的基础上，增加了"献血式"的反向传递，使资助对象"饮水思源""点滴回报"的道德意识不断被唤醒。这不仅是大学育人的逻

辑起点，也是其最终点。

（二）基于人本主义的高校资助育人能效提升策略

高校资助育人体系是高校实现立德树人目的的重要内容，是高校思想政治教育的重要部分。高校应在资助工作中贯彻落实人本主义理念，以实现个人价值，促进学生整体发展为目标，以蕴含"人本主义"的指导思想指导高校资助育人工作，从而实现效益的最大化。

1.优化资助结构，探索资助项目

设置合理化的资助结构是充分发挥资助作用，践行育人之实的关键。第一，适当地削减无偿性资助的比重，创设个性化的激励性资助和多样化的发展性资助。例如，实施激励性资助项目化运行机制，设置专业实践项目、学科竞赛项目、创新创业项目、志愿服务项目等不仅能够激励学生积极主动参与专业研究，也能够充分挖掘学生的潜能。第二，充实勤工助学等工作岗位的类型。例如，以个人专业技能提升为抓手，设置专业学习助学岗位（专业实验管理、学科秘书等），以此提高学生的专业实践能力，拓宽学生的知识视野。此外，还可以以社会服务为切入点，设置社会实践岗位，建立学生能力开发平台，培养学生的社会服务意识，帮助资助对象建立"受助者自助"的价值观念，强化其自强自立意识，提升其社会责任感和使命感。

2.创新资助理念，改善资助体系

理论指导实践，理念促进行动。资助育人的出发点决定着资助育人的行为方式，并且影响资助的效果，所以拥有合适的理论内核是提高资助育人效用的应有之义。在人本主义的指导下，资助工作应该更注重"人的价值"，而不是"物的价值"，资助方式应当是"物质资助——能力资助——精神资助"层层递进的过程，最终目的是培养满足时代发展需求的应有人才。如何保证资助真正达到"育人"的成效，制度层面的顶层设计显得至关重要。第一，从社会层面看，应当建立资助育人的法律法规，清晰政府、学校、银行、社会组织、捐助者、资助对象之间的职责边界，促进资助工作的规范化、制度化、标准化管理，为高校资助育人体系的顺畅运行提供法律依据。第二，从高校角度看，应当根据高校办学性质、区域情况、专业情况等，因地制宜建立符合本校校情的规章制度。例如，资助工作者的职责权限制度、勤工助学岗位的定岗明责制度、资助对象管理监控制度等。通过"建章立制"提高资助工作者、资助对象的管理水平，夯基垒石以促资助工作的长效发展。

3. 构建资助团队，提升育人成效

在高校，无论是专业教师还是行政人员，都是思想政治教育中的重要"执行者"和"创造者"，故资助育人效果的达标需要高校内部各部门、各团队协同配合。第一，建立一支具有专业意识、专业水平的核心资助管理队伍。资助工作者应当具备优秀的政策解释、宣传和实施能力。同时还必须具备强大的思想政治专业素质、人本主义沟通技巧，以及精神扶志能力。同时，要重视对资助工作者的培训和管理，提高团队的专业性。第二，构建多支共同参与资助工作的协同资助管理队伍。学校应该以学生资助管理部门为主体，积极构建包含学生处、团委、创业学院、宣传部、组织部、心理健康中心、后勤集团等在内的一体化资助队伍，形成共同育人的合力。例如，就业部门可为资助对象制定职业规划，帮助其确立适合的职业前景，有助于提高其就业竞争力。学校团委可组建资助对象志愿者组织，可在组织志愿服务实践活动的过程中为其提供有关社会认知的启发式教育。

二、结构主义视域下大学生思想政治教育形态创新

人类的认知过程是内部机体与外部环境内化互动的过程，人类会主动适应外界环境，并且善于调整主客体之间的关系。现实世界是丰富多彩，动态变化的，因此思想政治教育同样也呈现出不平衡—平衡—不平衡—平衡的状态。在这个过程中，思想政治教育的内容不断得到系统性的建构，即有机整合思想政治教育的理论基础、思想体系、评价标准、行为实践，最终和谐发展。此外，教师、学生等教育主体的认知也都得到了完善和发展。从结构主义学习理论的视角出发，解读思想政治教育结构的本质及逻辑意蕴，有助于提升思想政治教育形态的创新，有助于深化思想政治教育研究的价值。

（一）结构主义赋予高校思想政治教育新向度

事物之间的相关性和依赖性是结构主义最重要的基本点。美国学者帕森斯认为，社会结构是包括指令执行、目标达成、环境适应、要素整合、模型维持等一系列功能的集合系统。德国哲学家马克思认为社会结构是各种社会关系的总和。法国社会学家孔德认为社会是由多种因素构成的结构，稳定的社会是一种平衡的构造形态，社会动荡则表明内在要素结构不平衡，故而他认为社会治理需要关注每一个结构中的要素。进步主义教育之父——美国著名教育家杜威告诉我们"教育即生活""学校即社会"。

由此，高校思想政治教育也可以看作是某种结构。教育的主体（教师）、教育的客体（学生）、教育的内容（教材）、教育的方法（教具）等多个要素的排列组合构成了"子结构"。这些"子结构"的互相作用，构建了高校思想政治教育的整体结构，并且发挥着"1+1>2"的功效。

另外，结构主义更是一种关于学习的描述，一系列的学习方法和学习原则衍生于结构主义。第一，学习是结构化的学习。学生在学习的过程中需要学会"有意义的学习"，也就是需要形成一种"结构化"的学习方式，需要将原有的概念、知识打破成为"组件"，然后重组成新的知识结构。第二，学习不是个体成熟的结果。学习不是一种自发式的生命规律，学习是一种自我探究的过程，学习是一种自我组织的过程，学习是自己提出假设再验证假设的过程，学习是出现困难解决困难的过程。教师是学习过程中的"组织者""评判者""设计者"。第三，不平衡的状态促使学生学习。知识是在学生的积极创造中形成的，因而在学生遇到困境时，教师要允许学生进行假设、试错探究。此外，教师需要协助学生去找到"不平衡—平衡"的办法，建构属于学生自己的知识结构。第四，合作是学习的重要途径。在学习过程中要学会协作，要善于借助"教室""社会"中其他人群的力量，去验证自己的假设，证明自己的观点。

（二）基于结构主义的高校思想政治教育的革新路径

在全球化背景下，思想政治教育的改革成为一种"倒逼"式的改革，新时代、新社会、新教育、新教师、新学生都呼唤着"新的"思想政治教育。思想政治教育的改革必然需要吸收先进的教育理念、实践经验、技术方法，才能真真正正地达到"立德树人"效果。

1. 学会主动自发式地"发现学习"

思想政治教育的知识也是一种结构，需要学生自发地、积极地通过实践去形成自己的学习经验与认知结构。因此，思想政治教育的学习应当是富有探索精神的，青年学子不仅仅应在课堂和书本中接受思想政治教育，还要深入社会基层，深入区域村委，在山村海岛、田野乡间向人民群众学习，通过调查社会和人民的生活，了解群众关心的热点问题。所以，高校要改善教育实践结构，建立与社会企业、政府机关相联系的思想政治教育实践平台，通过双方的创造性活动来完成思想政治教育发现学习的目标。

2. 创设符合思想政治教育的环境

思想政治教育的知识结构复杂，与自然科学知识相比，主观属性、精神属性给思想政治教育披上了神秘的外衣。自然科学知识学习者可以通过经验获得，但是社会知识往往需要学习者在和人的互动交流的环境中才能够获得。面对当前全球化、信息化的时代特征，教育环境的更新也可有所作为。第一，在网络化的社会背景下，"网络思想政治环境"可以成为一大抓手。借助网络构建双向互动的教育环境，使教师和学生能够就思想政治教育热点进行沟通和讨论。第二，创设互动环境，思想政治教育需要采取田野调查、走访调研等教育研究方法，让学生通过"做中学""学中做"的学习方式，去学习、感悟、体会思想政治教育。这样的教育方式不仅大大提高了学生的学习热情，还提高了学生的学习能力。

3. 更新思想政治教育主体的角色定位

学习是学生自发主动的行为，因此教师是帮助学生主动构建知识的促进者。教师是思想政治教育中的教育主体。故此，高校要重视教育主体结构的引进、培养，从而建立一支以高质量专职思想政治师资为主，党政工团学教师协同教育的思想政治教育师资队伍。第一，改善教育主体的外部结构。高校要多措并举，在人才招聘、提升培训、薪资待遇、社会福利等各个方面提供必要的保障。第二，定期检测教育主体的内部组件。教育主体要树立"立德树人"的教育理念，对照新时代思想政治教育的新要求、新形势、新向度，更新教育模式，学会利用情境、协作、会话等学习环境要素革新教育环境，确保思想政治教育落地生效。

4. 改善思想政治教育情境

思想政治教育，本质上是一种主观的意识形态教育，改善思想政治教育情境有助于学生社会主义核心价值观的树立。第一，更新思想政治教育的内容。教育内容主体需要保持与时俱进状态，相关的内容载体、平台应当及时更新、修订，向学习者呈现最新的学习内容。第二，教育内容要关注社会热点，关注时事政治。积极激励学生分析相关的经济、政治、社会热点，培养学生的政治素养、政治智慧，时刻激活学生的知识结构。第三，充分发挥主体主观能动性的思想政治教育实践活动作用，学会外化于行（分析、对比、假设、合作等），在主动探索的状态下寻求解决问题的对策。

三、思想政治教育融入终身教育的全过程

立德树人的理念是思想政治教育的核心要义，贯穿于大、中，小各级教育类体系中。因此，从历史的维度来看，立德树人应融入社会教育和个人终身教育的全过程。

（一）终身教育视角下的高校思想政治教育的应然价值

1.思想政治教育是社会发展与进步的支持者

终身教育的价值在于培养具有各种社会能力的人。人无德不立，育人的根本在于育德，因此思想政治教育是提升社会道德品格必不可少的途径。在坚持思想政治教育建设的同时，我们要根据时代特征，着力解决主要问题，强调教育方法，坚持价值取向。

2.思想政治教育是民族复兴的精神力量

思想政治教育的本质是帮助学生建立核心价值观。我国从国家、社会、个人三个层面建立了社会主义核心价值观，这是思想政治教育追求的教育"终极奥义"。无论是外塑还是内塑，只有建立终身学习型思想政治教育体系，才能实现社会的可持续发展，实现个人的全面发展，为中华民族伟大复兴的梦想提供智力支持。

（二）终身教育视角下思想政治教育的实施路径

1.形成思想政治教育的终身教育意识

认知是基础，意识是关键。高校要将可持续教育、终身教育的理念深深融入思想政治教育的全过程。思想政治工作者要将可持续教育贯穿于个体学习、生活的每一个阶段，引导大学生认识当前的主流价值观，为思想政治教育的终身化巩固基础。

2.提升思想政治工作者的育人质量

现阶段，青年学生的价值观尚未成型，正处于思想价值观即将正式确立的重要阶段。思想政治工作者是高校开展思想政治教育终身化的主要推动者，是构建青年学生信仰的主体力量。因此高校应该着重提升思想政治工作者的育人水平，不断提升思想政治教师队伍的素质和能力，为青年一代思想政治教育终身化夯实基础。另外，外在的制度保障、物质保障是加强和改进思想政治教育的关键，高校思想政治工作部门应当在终身教育的师资力量建设、课程建设、经费等方面给予一定的保障。此外，秉承终身教育的精神，应将可持续教育引入"立德树人"的教育过程中。

3.建立多渠道的教育方法

终身教育中的价值不应仅仅反映在国家、社会、学校和家庭的教育模式中，个体本身的可持续学习也需要重点关注。因此，在思想政治教育终身化的过程中，思想政治工作者需要建立多渠道的教育方法，创新思想政治教育的方法。例如，将思想政治教育融入"就业指导""创业基础""心理健康教育"等课程来帮助学生掌握外部信息，学会与他人合作，从而学习和获得自主权。

总的来说，思想政治教育全过程需要融入终身教育，融合个性和共性，以开放的眼光分析历史、当下与未来，才能真正拥有培育时代新人的能力，完成立德树人的根本任务。

第四节　案例：新生思想政治教育的"新"样态与"心"样态

随着"00后"步入大学校园，思想政治教育变得更具有"00后"味道。在大学阶段初期，大学新生适应问题作为高校思想政治教育工作中的关键，不可避免地受到了大家的重视。新生能否更快更好地适应新环境，对其未来的大学生涯有着重要的影响。本节通过大学新生的心理危机案例，帮助辅导员解锁新生思想政治教育的"新"样态与"心"样态。

一、案例背景

"00后"大学新生面对的是信息化的时代，其生活与学习的节奏相较于"90后"愈发现代。初入大学，新生的心理特征具有不稳定性，常常处于摇摆状态，同时又遭遇着"陌生同伴适应""学习环境适应""生活环境适应"等适应性问题，因而新生往往会短暂表现出无所适从、迷茫紧张的状态。如果大学生未在这个关键期处理好个人的适应问题，往往会引发心理问题，甚至爆发心理危机事件。本案例中的张同学，在新生军训期间多次旷训，辅导员老师发现该情况第一时间采取了措施。首先，收集该生资料；其次，在基本了解该生情况的基础上对其进行访谈评估；最后，将收集到的资料及时反馈给学校心理中心。

（一）案例基本情况

张同学，女，18岁，来自上海，家庭条件优越，从小父母溺爱，不善言语，独来独往。上大学后，大一第一个月突然旷课严重，经常私自外出，不与同学交流，辅导员多次找她谈话她都回避不见。经多方了解，该生高三期间父亲意外去世，军训期间与男友分手，从未有过住集体宿舍的经历，以上原因导致其情绪失控，性格变得越发孤僻，加之学习能力不佳，有自暴自弃的趋势。在内在心理层面，该生表现出典型的心理问题：严重自卑，过度自我封闭，过分自尊和敏感，患上了睡眠障碍以及焦虑症；在外在行为表现上，该生与班级同学关系疏离，对学业态度不自信，选择性逃避现实，甚至表露出自杀的想法，时常在朋友圈发布悲观言论。辅导员第一时间上报学院相关领导及上级部门，家、校、医三方联动针对该学生开展工作。

（二）案例定性分析

该案例反映的是"00后"大一新生入校后对大学环境的不适应问题，上述问题导致该生心理健康状态不容乐观，主要表现为：学习动力消退，日常情绪不稳定，思维行为紊乱，甚至出现了自杀意念，进入了危急状态。基于上述情况，结合该生的表现特征，从教育学的角度分析原因。

1. 家庭环境影响致其性格缺陷

该生家庭条件优渥，是典型的"六个大人一个孩子"的独生子女家庭，无微不至的关心，毫无取舍的爱护，导致该生的个体认知价值观存在缺陷。生活状态突然从高中阶段的个体生活转变到大学阶段的集体生活，但是该生个人的认知和行为模式尚未改变。她不顾来自他者性和边缘性的影响，这种在少年发展阶段形成的人格特质致使该生没有形成稳定的自我边界和认知框架，导致人际关系不佳，这成了该生出现适应障碍的主要因素。另外，该生在成长过程中产生一系列心理方面的问题，造成她性格上的诸多缺陷，主要表现为：寡言少语，孤僻沉闷，过多依赖母亲，缺乏独立生活的能力。

2. 生活环境骤变致其内心失衡

该生从上海来到大学的分校区（县域办学）求学，地域变化、语言变化、饮食变化都是第一次遇见，致使该生出现了消极思想，主要表现为紧张、焦虑、害怕、伤心，甚至绝望等不良情绪。另外，该生从小以个人为中心的性格致使其没有朋友陪伴，加之与亲人分离，负面情绪愈发严重，陷入危机难以自拔。从父母百般宠爱的"千金小姐"到现在集体宿舍的"失宠儿"，生活状态的改变给该生造成了内心的巨大冲击。一方面该生渴望周围人提供帮助，另一方面又对外界持有抵触的心理，过高的自尊心与自卑感令该生心绪不佳。

3. 突发境遇变故致其心理危机

"00后"大学生生活环境优越，家长对其宠爱过度，自我抗挫能力、独立生活能力、独立学习能力都比较差。该生的心理问题始于家庭变故，高三暑假期间便已出现思维和行为紊乱的现象，这是第一次主要的境遇性变化结果。后来加之新生军训期间与男友分手失恋，情感受挫出现了认知功能的障碍（表现：军训期间站军姿莫名流泪哭泣），这是第二次主要的境遇性变化。两次突发性的变故让该生在入校之初便已经承受了内部的焦虑与冲突。因此，从目前的实际情况看，需要对该生开展思想政治教育，帮助其调整认知，建立心理的平衡状态。

二、案例中涉及的人本主义理论

只有将理论和实践结合起来，理论才能在现实中闪耀。在教育学广阔的宇宙里，理论总是闪耀着光辉。人本主义学家罗杰斯认为，教育的目的在于关注学生个体的成长成才，促使其形成健全的人格，知识与技能的传授是次要的。这与我国当前提出的"立德树人"教育根本任务不谋而合。辅导员作为思想政治教育工作中的主力军，人本主义教育的理念是其从事实践工作的指导思想。

1. 人具有真善美

人本主义学者持性善论，认为人生来具有真实、善良、美好等固有品质，具有普遍认同的价值观和道德准则。因而人本主义认为给予适当的教育，人的真善美的品质就会被激发，甚至会显示出更多的美化特性和精神特质。本案例中，该生由于家庭变故、入学适应难、失恋等问题，出现了偏执的言论和行为。因此辅导员在思想政治教育的过程中，要贯彻"以人为本"的工作理念，从学生的切身利益出发，换位思考，传递真情，传达人性的"真、善、美"，使学生在深刻感受到这一点的同时除去防御面具，产生"自立的确立"等行为进程。此外，辅导员也要表现出内心的善意，达到润物无声的教育效果。

2. 人具有潜能

人本主义认为每个人都具有潜能，充满了无限可能性。教育应该遵循非指导性的原则，摸索合作关系的形成以及关系的重建，提倡"点拨"与"更新"，展开"反思"和"行动"，让学生能够积极合理、独立自主地选择。在这个过程中，学生的潜力被激发，其认识问题、解决问题的能力被唤醒，规范意识得到树立。在本案例中，针对学生情绪失控、人际交往等问题，辅导员可采取非指导性原则，让学生

"看"自己或"听"自己,审视自己"对立""叛逆""顽固"的表现,激发出其内心的想法,并在学生认清自己的真实状态后,采取积极的行动。

3.人本主义是教育核心

人本主义是教育理念的核心,"以人为本"是科学发展观的核心,"以生为本"是学校教育的核心,教育的初心和本分就是让学生更好地成长,让学生学会热爱生命,关爱生命,敬畏生命。学校不同于培训机构、社会组织,体现在学校拥有教育中正统性价值的要素理念——人本主义。在本案例中,辅导员需要将"以人为本"的理念贯穿于教育始终,摆出倾听、接受、尊重的态度,营造温暖、安全、信任的空间,做出关怀、理解、支援的行为。这样的教育过程始终保持着人本主义的理念,把"困难的状况"转变为"情感的合作",在为学生解决问题的同时,还可以使其自我启发。

三、案例的处理思路及效果

心理危机的解决过程不是一蹴而就,需要在事前、事中、事后都采取合宜的方式方法去正确引导学生。当然,学生心理危机的解决仅靠一个辅导员是肯定不够的,这是需要社会、学校、家庭、学生个体共同配合完成的长期工作。

(一)处理思路

面对出现心理问题的学生,必须要有耐心、信心、关心,要在合适的时间段,合适的场所,采取合适的方式方法进行引导,逐渐建立起一套有效的心理危机系统。

1.多方发现问题,聚焦研判分析

根据观察和谈话了解到,该生遭遇的心理问题有明显的现实事件作为刺激源(进入大学之后学习、生活方式发生转变,新生军训期间失恋),情绪体验于近期发生(未超过 3 个月),情绪反应基本保持在理智控制之下,并对社会功能造成影响(学习效率降低,并未完全停滞不前),初步诊断该生遭遇适应障碍和学业压力。

2.把握方式方法,做好积极沟通

了解、接纳和支持该生。辅导员初次发现问题后,联合班主任、班委对其主动关心了解。在交流过程中,适时表达同理心,站在该生的立场去达到最大化"共情"效果,设身处地地去理解该生的认知和行为模式。得到该生的信任后,引导该生客观地认识自己,化解内心潜藏的矛盾和对抗。后期,通过寝室走访、家访、课后交

流等方式，时刻与该生保持联系，让该生化解"举目无亲"的感受，提升个人情绪的调控能力。此外，积极发动社团社友、学生干部、寝室舍友、宿管阿姨等该生周围的社交网络，建立网格化沟通体系，帮助其融入集体生活。

3. 运用专业方法，提高处理效果

第一，强化心理健康教育。不论在日常的课程教育中，还是在平常的学校生活中，都应融入心理健康教育，帮助学生认识到自己和其他同学在学业理想和生活困惑中相互碰撞，为实现各自心中的目标而展开良性竞争，帮助其正确地看待个人、他人和社会之间的关系。第二，开展价值观教育。用认知行为疗法明确指出她在这方面的失当之处，帮助其正确认识和对待与同学、老师、家长之间的关系，帮助学生建立适当合理的认知结构和思维模式，纠正学生不合理的信条，帮助其树立良好的群体意识和正确的价值观。

4. 抓住主要矛盾，突出主攻方向

针对性格上的缺陷，积极鼓励她在完善性格上下功夫。为其提供相关人际沟通、情商方面的书籍，并基于身边的优秀学生案例，提出有关性格优化的具体建议和方法。第一，开始实践教育。引导该生走出寝室，走出家庭，通过各种各样的实践体会大学生活的丰富多彩，提升其环境适应能力。第二，开展感恩教育。该生以自我为中心的人格缺陷亟须修正，通过感恩教育让该生学会自我疏导，体会家长的含辛茹苦，以此培养健全之人格。

5. 多方联动聚力，引领学生成长

除了辅导员之外，还要积极发挥班主任、专业课教师的作用。辅导员、任课老师应将该生列入重点关注人群库，时刻关注其学业状态，并适当给予学业指导和生活帮助。除了教师层面的帮助之外，学生层面的帮助也不可或缺，通过朋辈的帮助，消除该生对大学集体生活的误解和隔阂。在人际交流方面，基于人本主义的理念，运用行为疗法帮助她提升自我。

（二）处理效果

按照上述方式，对该生进行了为期两个月的帮助，效果显著。首先，该生精神状态迅速恢复。其次，她不再惧怕人际交流，开始主动与班级同学交流，开始在微信朋友圈为同学点赞评论，逐渐融入大群体。第三，以个人自身为核心形成自律性自我。该生开始正确面对成败得失，能够独自应对期间遇到的矛盾和挫折。第四，学习专心，效率较高，并建立了学习计划和目标。

CHAPTER 3

第三章

做好辅导员的第三课

——懂点管理学的方法

在人类历史上，自从有了组织的活动，就有了管理，但是将管理学作为一门学科进行研究是直至 18 世纪中期产业革命中企业和企业管理产生以后才开始的。1911年，弗雷德里克·泰勒发表著作《科学管理原理》，标志着古典管理理论的诞生，也即现代管理学的开端，泰勒本人因此被西方管理界誉为"科学管理之父"。历经百年发展，管理学理论与实践在诸多领域取得进展，并产生了丰富的跨学科研究成果。通过管理学视角研究高校思想政治教育，是思想政治教育管理理论与实践发展的必然路径，有利于推动思想政治教育学科科学化、制度化和规范化。

第一节　管理学经典理论概述

自 1911 年现代管理学开创以来，管理学学科发展已逾百年，已产生诸多经典理论，历经实践检验，一些已经成为各领域、行业管理工作的共通性原理。根据高校思想政治教育工作的特点，现选取可供借鉴参考的四类理论概述如下。

一、人性假设理论

所谓人性假设，是指组织管理者对被管理者的基本看法和观点，有人称之为"管理的假定"。目前关于人性的假设概括起来主要有四类。

（一）"经济人"假设

"经济人"假设又称"理性—经济人"假设，该假设认为人的一切行为都是为了最大限度地满足自己的利益，工作的动机就是为了获得经济报酬。美国管理学家道格拉斯·麦格雷戈提出了 X 理论与 Y 理论两种对立的人性假设。其中的 X 理论就是对"经济人"假设的概括。

X 理论的基本观点是：人天生好逸恶劳，他们总是想方设法逃避工作，逃避责任，安于现状，缺乏创造性；他们不喜欢工作，组织要想实现组织目标往往只能通过强迫的方式，对他们采取强制措施或惩罚办法；多数人将谋求最大的经济效益作为其工作的动机。

根据"经济人"假设，管理者应以权力和制度体系来保障组织运行，以工作效率提升为目标，以经济报酬为重点管理和激励员工。"经济人"假设是从经济的角度寻求调动员工工作积极性的途径、方法和措施。"经济人"假设也存在一定的不足，它把人看成是简单的"自然人"，完全忽视了人的社会属性。在"经济人"假设背景下的组织管理工作，对于员工积极性调动较为有限，难以激发他们持久的工作热情。

（二）"社会人"假设

"社会人"假设认为人是具有社交属性和社交需求的，不单纯是追求经济利益的功利的人。人们在长期的社会实践中发现，只有在群体利益得到保障时，个人利益才能得到保障，除"工资""奖金"等经济报酬外，社会的、心理的需求都对人的工作积极性产生影响。因而，满足人的社会性需求，通常可以更大程度激发员工的积极性。

"社会人"假设的提出与梅奥的霍桑实验有着密切关系，梅奥教授认为，管理中的人不是"经济人"，而是"社会人"，决定员工工作积极性的不是物质利益，而是人际关系。与根据"经济人"假设的管理方式完全不同，基于"社会人"假设的管理方式具有的特点是：管理者不能以任务为导向而忽略人的需要，不能只关注监督而忽略团队氛围，导致员工关系紧张，团队意识丧失；在落实奖励制度时，不应该只注意个人奖励，而更应该提倡集体奖励制度；管理者要起到桥梁的作用，反映员工需求，传达领导要求。

"社会人"假设相较于"经济人"假设是一大进步，它不再把人简单地、孤立地视为一种经济动物、一种被动的管理接受者，而是进一步地认识到人还有被尊重的需要、社交的需要等多方面的社会性需要。概言之，"社会人"假设对人的激励从物质激励转到关注个人需求，这种认识更体现了关注人的价值取向。

（三）"自我实现人"假设

"自我实现人"假设是美国管理学家、心理学家亚伯拉罕·马斯洛提出来的。"自我实现"指的是人们有一种想充分发挥自己的潜能、实现自我价值的欲望，人只有在充分发挥聪明才智时才会感到最大的满足。也就是说，除了社会需求，人还有一种想充分应用自己的能力，发挥自己潜力的愿望。

麦格雷戈总结并归纳了马斯洛的思想后提出的 Y 理论就是对"自我实现人"假设的高度概括。其观点是，人并不是天生厌恶工作，逃避责任的，如果环境条件有利，他们看待工作就像休息、娱乐一般自然。大多数人在解决组织的困难问题时，都会尽力发挥出自己的聪明才智和创造力。有自我实现需要的人往往以达到组织目标作为自己的最大报酬。

麦格雷戈认为，对人的激励可分为两大类：一类是诸如通过升职加薪等形式的外在激励；还有一类是内在激励，通过员工自身知识技能的增长，发挥个体潜能，满足心理、情感上的需求。麦格雷戈认为，只有内在激励才能满足人的自尊和自我实现需要。所以，在"自我实现人"假设下，管理重点就在于要为员工创造一种适宜的工作环境、工作条件，在此基础上充分挖掘个体潜力，发挥聪明才智，在工作中使其获得最大的"内在激励"。

（四）"复杂人"假设

不论是哪种理论，都是从某一个侧面来认识被管理者的属性，具有一定的适用情境。"复杂人"假设则认为，人类的需要和动机是复杂多变的，会伴随着不同的情境、不同的年龄而有所差别，这种差别不仅体现在个体之间的差异，即使是同一个个体在面对不同情境和处于不同的时间阶段也会有变化，所以该假设认为前面的几种假设都存在一定的局限性。"复杂人"假设的提出，则是整合"经济人"假设、"社会人"假设和"自我实现人"假设基础上的新假设，其核心观点便是要根据不同的对象和情境对管理方式进行适当调整，综合运用不同的方式进行激励。

二、系统管理理论

系统存在于一切组织之中，所谓的组织管理其实是对系统的管理。系统管理理论是对管理本质和管理方法的全新认识，并且具有极强的推广意义。可以说，系统管理理论在宏观管理体系中起着统率作用。

（一）系统的概念

系统是指由不同要素组成的、在一定环境中具有特定功能的有机整体。不管是自然界还是人类社会，都有系统的存在。例如，人的消化系统，自然界的生态系统，电器的电路系统等，还有社会层面的行政系统、医疗卫生系统等。按组成要素性质可分为自然系统和人造系统。自然系统是自然存在的，如生态系统；人造系统是人为建立的，如生产系统。

（二）系统的特征

系统的特征主要包括三个方面，即集合性、层次性和相关性。

1. 集合性

集合性是系统最基本的特征。系统是由若干子系统构成的，这些子系统可以称作系统中的要素，系统就是要素的集合。例如，在高校思想政治教育系统中，既包括以思想政治课为主的教育教学系统，也包括党建、宣传、共青团等组织所构成的宣传实践系统。

2. 层次性

系统的构成除了横向的要素整合，还有纵向的层次结构。系统中不同的结构层级承担着不同的作用，包括宏观、中观和微观系统。就高校而言，有处于宏观管理地位的，负责全校思想政治教育总体部署的学校党委，也有中观层级的承担落实职责的学校党委学工部、二级学院党委组织，还有微观层面的一线思想政治辅导员。

3. 相关性

系统的相关性指系统内各要素之间相互依存、相互制约的关系。系统的相关性表现在两个方面：第一，系统和子系统的关系是整体和部分的关系，系统的存在依托于子系统的作用发挥，子系统作用的发挥也会制约系统的整体功能；第二，系统内部的各要素之间存在相互关联的影响，某个要素发生变化会联动引起其他要素的变化，子系统或各要素之间相互协调、相互作用，对整个系统产生影响。

三、激励理论

人的需要的特点及实现过程，以及因需要类别和特点的差异而对行为产生的不同影响是激励理论研究的主要内容。相关的激励理论种类颇多，现介绍几个代表性理论。

（一）需要层次理论

在组织管理中，激励的前提是准确辨识员工的需要。行为科学认为，员工因为存在需要而产生动机，并最终体现在具体行为中。为了实现需要而确定自己的行为目标，在目标实现、需要满足时，又会产生新的需要，确立新的目标，这是一个周而复始的行为过程，也是员工在职业理想、生活水平、个人发展等方面螺旋式上升的过程，其中，需要是这个过程的起点，也是终点。动机如何激发，需要如何被满足，这是组织管理中需要重点考虑的内容，早先的一些管理者或管理学研究者认为，员工参与社会活动主要追求经济上的回报，因此金钱是激励员工的重要手段。心理学家虽然也认同金钱是激励的一种重要手段，但是员工的需要不仅仅是单层次的经济需要，而应该是多方面、多层次的，但是需要的层次划分乃至需要之间的关系仍是众说纷纭。

美国心理学家马斯洛认为，人都有五个层次的需要，由低到高依次是生理需要、安全需要、社会需要、尊重需要和自我实现需要。该理论有以下两个基本论点。第一，人的需要基础在于其所有，目标在于其未有，激励作用仅存在于未满足的需要。第二，需要层次性的划分也意味着低层次需要得到满足后才会产生和激发高层次需要。当五个层次需要都未得到满足的情况下，基本的需要和低级层次的需要比满足其他需要更迫切。了解员工需要层次，才更能起到激励的作用。该理论即为马斯洛需要层次理论。

（二）期望理论

维克多·弗鲁姆的期望理论认为：人的行为是有预期的，个人采取特定行为的前提是预期该行为会带来所期望的结果。根据这一理论，人们对以下三种联系的判断会直接影响对待工作的态度：第一是努力和绩效的联系，通过对努力和绩效的关联性程度评估来确定行为；第二是绩效和奖赏的联系，即对个人达到绩效水平后对奖赏程度的预估；第三是奖赏与个人目标的联系，指奖赏与个人目标的匹配度或者是奖赏所反映的个人目标完成的衡量值。

期望理论的立足点是员工以自我利益实现为理论基础，其目标是实现自我满足，但期望是双向的，管理者期望被管理者的积极行为，被管理者期望管理者的奖赏，但是该理论的有效性来源于管理者对被管理者期望值的洞悉和评估。

期望理论中，被管理者对工作奖赏的评估是基于个人的期待，这种期待与实际情况并不一定相关，也不需要相关，而是来源于自己对努力程度和绩效的评估。目前，国内外企业对高层管理人员实行的期权激励就建立在这种理论基础之上。

（三）公平理论

公平理论由美国心理学家亚当斯于 20 世纪 60 年代首先提出，主要讨论工作报酬与工作积极性的关系问题，在公平理论看来，报酬的公平性不是体现于与其付出的对等性比较，而是将自己的报酬与其他人的报酬（横向）及与自己过去的报酬（纵向）相比较，来判断其所获报酬的公平性。

1. 横向比较

所谓横向比较，就是将自己的报酬与其他人报酬相比较去判断公平性，并以此作出对应的行为改变，如公式所示：

$$Q_p/I_p=Q_x/I_x$$

其中，Q_p 代表自己对所获报酬的感觉；Q_x 代表自己对别人所获报酬的感觉；I_p 代表自己对所投入量的感觉；I_x 代表自己对别人所投入量的感觉。

如果 $Q_p/I_p=Q_x/I_x$，个人会觉得付出与回报是成正比的，也极有可能会因此而保持持续的工作动力。如果 $Q_p/I_p>Q_x/I_x$，则代表此人获得了比自己付出更多的报酬，从而产生更多的工作动力，往往会在后续工作中更加努力，但是这种付出持续性不强，直至其认为自身投入与该报酬是平衡的，其工作动力逐渐减弱至原来水平，不再产生激励效果。如果 $Q_p/I_p<Q_x/I_x$，则此人会产生心理落差，认为付出回报不平衡，往往通过要求增加报酬或自身减少投入，以实现心理平衡，甚至产生离职行为。

2. 纵向比较

纵向比较是指在时间跨度上的衡量，将自己的现在的报酬与过去的报酬进行纵向比较。如以 Q_{pp} 代表自己目前所获的报酬，Q_{pi} 代表自己过去所获的报酬，I_{pp} 代表自己目前的投入量，I_{pi} 代表自己过去的投入量，当 $Q_{pp}/I_{pp}=Q_{pi}/I_{pi}$ 时，此人感觉工作绩效考核较公平，会保持原有的对工作的投入程度；当 $Q_{pp}/I_{pp}>Q_{pi}/I_{pi}$，此时，人们往往把报酬高归因于自己能力素质的提升，不会觉得所获报酬过高，其工作积极性不会有太大变化；当 $Q_{pp}/I_{pp}<Q_{pi}/I_{pi}$，会让人觉得当前的报酬不合理，挫伤工作积极性，在这种情况下，需要通过增加报酬才能让其感受到公平。

从管理实践来看，公平理论的影响普遍存在，但是管理者很难精准把握和灵活运用该理论进行管理，因为公平理论的核心是个人对于报酬的主观估量，而在现实中，员工往往会倾向于过高估计自己的投入量，但对自己报酬水平的估计却普遍偏低，而在对他人工作量和工作报酬进行估计时则相反。因此管理者应更多关注工作报酬与工作绩效的匹配度，关注员工的心理感受，营造公平的氛围。

（四）强化理论

强化理论既是管理学理论，也是心理学的经典理论，由美国心理学家斯金纳首先提出。其核心观点是人的行为与其所获刺激存在密切的相关关系。强化理论认为，行为重复出现或是减弱消失取决于刺激对个人是否有利。因此，管理要保证人的行为与组织目标相一致，才更可能达到强化的效果。强化分为以下两种类型。

1. 正强化

正强化，是指通过对符合组织目标的行为进行奖励，使个人的行为能够重复发生，加强对个人行为与组织目标之间的联结。正强化的形式按照刺激物的不同可以分为物质奖励和精神奖励。但是强化方式需要根据实际情况进行调整，综合运用不同的刺激物和强化方法，使管理达到预期效果。第一是运用连续的、固定的强化方式，及时进行刺激，对每一次行为都予以强化。该方式有立竿见影的效果，但缺点也同样明显，人们会认为该强化是理所应当的，并且会提出越来越高的期望。第二是间断的强化方式，管理者根据工作实际进行不定期的强化，每一次都能起到刺激的效果，但是也会存在因为强化不及时或刺激程度不够导致群体懈怠等情况。

2. 负强化

简单来说，如果正强化是奖励，负强化则代表惩罚，及时限制不符合组织目标的行为，直至行为减少、消失，保证组织目标沿着既定方向前进。需要指出，负强化不单只是惩罚，中断原本根据组织目标而进行的正强化也可以实现负强化的效果。在具体的管理过程中，负强化包括但不限于减少奖励、批评、降级等行为。负强化的有效实施需要保持持续性，例如高校在思想政治教育过程中对学生违纪违规的处理，需要对每一次违纪违规的行为都进行及时、有效的处理，通过持续的负强化，不让学生抱有侥幸心理，从而减少学生违纪违规的频率。

四、权变理论

权变理论是领导理论的一个重要类型，又称情境理论。其核心观点认为领导有效性是领导者、被领导者和情境条件相互作用的结果，是由三个变量形成的函数。

（一）费德勒模型

美国组织心理学家弗雷德·费德勒经过长达 15 年的研究，于 20 世纪 60 年代提出了有效领导的权变理论，通常被称为费德勒模型。费德勒认为，领导效果的好坏，不仅受到领导个人风格的影响，而且与环境因素有关。

在费德勒看来，领导环境包括职位权力、任务结构和上下级关系三个方面。所谓职位权力是指该领导职位的权威性表现，如法定权、强制权、奖励权等，职位权力和领导环境存在正相关关系。任务结构指工作任务的明确程度和员工的负责程度。工作任务越明晰，员工越尽责，领导环境也就越好。上下级关系是指员工对于领导的认可和忠诚程度。下级对上级越尊重，对上级的能力水平和人格魅力认可度越高，则上下级关系越好，领导环境就越好。

为了测量领导者的领导风格差异，费德勒设计了一种问卷（least preferred co-morker，LPC）。该问卷由 16 组对立的形容词组成，要求领导者描述他最难以共事的那个同事的某些特征。若评价中负面、敌意词语多，代表领导者更关注工作内容本身，为低 LPC 型，又称工作任务型的领导方式；若评价多用善意、正向词语，说明领导者在与工作无关的其他方面仍能接纳他并给予较高的评价，代表其更关注与员工形成良好的人际关系，为高 LPC 型，又称人际关系型领导方式。

环境因素对领导的目标有重大影响。低 LPC 型领导在工作任务能够按计划完成的前提下才会将目标定位为处理好人际关系。高 LPC 型领导则是在首先关注人际关系的前提下再将完成工作任务作为重要目标。

（二）路径—目标理论

路径—目标理论是由加拿大多伦多大学教授伊凡斯于 1986 年提出的，并由其同事罗伯特·豪斯做了进一步的补充和发展。这一理论以期望理论和领导四分图理论为基础，指出有效的领导能够帮助下属在达成企业目标的同时，也达成个人目标，包括报酬目标和成就目标，即在完成工作任务的同时，得到满足和激励。

路径—目标理论认为，领导者的工作就是为员工在实现目标的过程中提供必要的指导和支持，并保证员工的目标与组织目标相一致。这也意味着，管理者既为员工明确工作目标，也帮助员工提供实现目标的路径，通过内在激励使员工实现个人目标，同时也可以有效地实现组织目标，从而提高领导效能。

路径—目标理论中，领导行为有以下四种。

1. 指导型

领导者表现出较高的结构导向。当下属需要权威领导，受外源控制，而且能力较低时，指导型领导是适宜的。当任务是复杂的或不明确的，权威性较强，而且工作内容能提供工作满意感时，指导型领导也是适宜的。

2. 支持型

领导者提供较多的关心（即领导者致力于培养下属的信任和尊重）。当下属不希望权威领导，受内源控制而且能力较强时，支持型的领导风格是适宜的。另外，当任务简单，权威性较弱，工作内容不能提供工作满意感时，支持型领导也是适宜的。

3. 参与型

领导让员工参与决策。当下属愿意参加决策，受内源控制且能力较强时，参与型的领导风格是适宜的。另外，当任务是复杂的，权威性或强或弱，内容能提供的工作满意感或高或低时，参与型领导风格也是适宜的。

4. 成就导向型

领导者指定了有一定难度但又可实现的目标，希望下属表现出最高绩效水平，并对此予以奖励。实质上是领导者提供了明确的工作结构和高的关心导向。当下属对专制型领导风格是宽容的，受外源控制而且能力较强时，成就导向型的领导风格比较适宜。当环境任务是简单的，权威性较强，内容能提供的工作满意感或高或低时，成就导向型领导风格也是适宜的。

该理论认为，同一领导者可以根据不同情况切换领导风格，是一种目标导向型的领导模式，以权变的方法保障领导行为的有效性。

第二节　管理学与思想政治教育的关系

思想政治教育本身起源和服务于政治需要，"是一种社会实践活动，思想政治教育的各个环节都离不开管理。管理中的决策、组织、领导、控制、创新等职能是否有效发挥，以及思想政治教育工作者和管理制度都对思想政治教育有效性产生影响"[1]。管理学与思想政治教育融合发展，关系密切。

一、管理蕴含于思想政治教育的各个环节

作为一种组织行为，思想政治教育离不开管理，尤其是高校思想政治教育工作以培养德智体美劳全面发展的社会主义建设者和接班人为目标导向，需要通过领导、组织和管理协调各方力量达成目标。

---

[1]　周三多，等.管理学：原理与方法（第七版）[M].上海：复旦大学出版社，2018：9.

（一）思想政治教育目标管理

"目标是根据组织宗旨而提出的在一定时期内通过努力争取达到的理想状态或期望获得的成果。"[1]1954 年，美国管理学家彼得·德鲁克指出："目标管理是一种程序，使一个组织中的上下各级管理人员会同起来制定共同的目标，确定彼此的成果责任，并以此项责任来作为指导业务和衡量各自的贡献的准则。"[2]从性质来看，目标管理是动态的过程，在继承发展以往管理思想的基础上形成。这种管理方法于改革开放后正式引进我国，目前被国内企事业单位广泛采用，并收到较好效果。在高等学校中，一般以目标管理、绩效考核作为部门、个人评优评先的依据。

思想政治教育目标，准确而言是一个系统化的目标体系。按层次、对象、期限可进行不同维度划分，根本目标和具体目标体现在层次差异中，"其根本目标是促进人的全面发展"[3]。对全体公民的核心价值观培养要求等则属于具体目标，具体目标因教育对象的范围不同而有所区别。社会目标、群体目标和个体目标是按照思想政治教育对象差异而进行的维度划分，按期限维度可分为长期、中期和短期目标。为实现思想政治教育的目标，国家出台各类政策，在人、财、物、制度等各个方面进行管理保障，体现目标导向。思想政治教育目标管理是"各系统（部门、单位）依据党和国家的方针政策，以及各系统（部门、单位）外部条件和内部条件，确定本系统（部门、单位）在一定时期内预期达到的思想政治教育成效，制定出具体目标，并为实现目标而进行的组织、激励、控制、检查等工作的管理方法和制度"[4]。从当前实践来看，思想政治教育领域也在探索目标管理，但是因目标未来性、自主性、整体性、综合性等特征，较难进行分解和量化，尚未形成系统的理论和可供推广的成功经验，需要进一步深化研究。

（二）思想政治教育队伍管理

队伍管理决定着思想政治教育的目标能否实现，内容能否有效实施。在思想政治教育管理中，组织设计是框架，人员配备、队伍管理才是核心。从高校思想政治教育队伍内涵来说，既包括各级党组织，也包括工会、共青团等人民团体；既包括专门从事思想政治教育的专业课教师、思想政治辅导员等，也包括从事学校教育、

---

[1] 赵志军，等.思想政治教育管理学 [M].北京：中国社会科学出版社，2009：81.

[2] 周三多，等.管理学：原理与方法（第七版）[M].上海：复旦大学出版社，2018：178.

[3] 《思想政治教育学原理》编写组.思想政治教育学原理 [M].北京：高等教育出版社，201：176.

[4] 赵志军，等.思想政治教育管理学 [M].北京：中国社会科学出版社，2009：84.

意识形态管理、社会科学研究等工作的相关部门人员；既有各级、各个社会组织的领导者、管理者，也有参与教育活动，承担一定教育任务的一般群众。当前，我国思想政治教育"已经基本形成党委统一领导、党政共同负责、党政工团齐抓共管，以专兼职思想政治教育队伍为骨干，人民群众广泛参与为特色的大教育格局"[1]。

思想政治教育队伍管理融入于选拔、培养、激励、指导、协调、评价过程中，是实现思想政治教育目标的重要保证。

（三）思想政治教育制度管理

为实现管理目标而采取的方案、措施统称为管理方法，制度管理是管理方法的一种类型，是一种相对规范的、科学的、常见的管理方法。管理方法一般有法律方法、行政方法、经济方法、教育方法和技术方法。[2]思想政治教育中的制度管理，一般是指管理的法律方法和行政方法。管理的法律方法包括法律、法令等由国家制定或认可，以国家强制力保证实施的行为规则，管理的行政方法则主要是指命令、规定、指示、条例等依靠组织强制力进行规范的方法。

制度管理是依靠政策导向的作用，由管理主体通过制定各项政策向有关人员表明对思想政治教育的重视，并通过措施加强和改进思想政治教育工作。如 2017 年中共中央、国务院印发《关于加强和改进新形势下高校思想政治工作的意见》，从重要意义和总体要求、强化思想理论教育和价值引领等七个方面提出了新形势下改进高校思想政治工作的具体原则和要求，通过政策导向和制度作用的发挥明确高校立德树人的根本任务。

二、管理学为思想政治理论研究提供新的视角

思想政治教育的各个环节均植入了"管理基因"，其实践对管理学理论也有借鉴和参考价值，作为两个学科体系的交叉领域，新的知识体系正在形成，显现出融合发展的态势。

（一）管理学为思想政治教育贡献理论框架

自古至今，人类的一切社会活动，都具有目的性、依存性和知识性特征，这是管理实践产生的重要依据和条件。虽然管理学作为一门学科还很年轻，但其发展迅速，对人类社会影响巨大。当代管理学理论重点围绕管理的决策、组织、领导、控

---

[1] 《思想政治教育学原理》编写组.思想政治教育学原理 [M].北京：高等教育出版社，2016：367.

[2] 周三多，等.管理学：原理与方法（第七版）[M].上海：复旦大学出版社，2018：121.

制、创新这五大职能而展开，对于新兴的思想政治教育学科而言，管理学为该学科的研究提供了具体的理论框架以及相对明晰的逻辑体系。

在思想政治教育研究中，多元分析与管理的五大职能相契合。第一，管理的第一职能是决策[1]，通过对思想政治教育本质和特征的探究，确定教育的目标、内容和任务，这也是决策职能的体现。第二，组织职能即"根据工作的要求与人员的特点设计岗位，通过授权和分工，将合适的人员安排在适当的岗位上，用制度规定成员的职责和相互关系，使整个组织协调地运转"[2]。在思想政治教育中，目标任务确定后必须通过组织职能保障推动工作的落实执行，如根据专业化要求组建思想政治教育工作队伍，并通过制度进行保障。第三，领导职能即通过分工等形式、沟通等环节、激励等方法，保障组织目标的实现。在思想政治教育领域则集中体现在对思想政治教育管理者和管理方法的研究。第四，控制职能的主要内涵是使实践活动符合计划，在思想政治教育中体现为对教育目标、教育环境、教育对象的管理和评估，以动态调整的形式使思想政治教育沿着正确的方向行进。第五，创新是永恒不变的主题，在思想政治教育中，因为国家和社会发展进程的影响，技术和环境不断变化，对于思想政治教育也提出了创新的要求。技术创新、制度创新、方法创新、环境创新等是永无止境、常做常新的研究领域和内容，也是思想政治教育能够永久焕发生机的动力源泉。

（二）管理学为思想政治教育提供方法指南

管理学科的方法包括法律方法、经济方法、教育方法等，此外也可以按照管理对象的范围分为宏观、中观和微观管理方法，或是按照管理对象的差异分为人事、财务、信息等管理方法。这些管理方法在诸多学科研究中都被采纳借鉴，形成较为系统的方法体系。

思想政治教育理论研究的实质也是探究开展管理实践方法的过程。思想政治教育是为政治服务的，是党和国家凝聚发展共识，推动社会治理的原则要求，符合人民的共同利益。因为不直接产生经济价值，所以思想政治教育管理多采用法律方法、行政方法、教育方法和技术方法，由国家强制力及行政组织权威来保障思想政

---

[1]　还有一些学者认为管理的第一项基本职能是计划，即"制定目标并为确定达成这些目标所必需的行动"，本研究采纳周三多等人的观点，即计划与决策密不可分，但计划终究是为决策服务的，是实施决策的工具和保证。

[2]　周三多，等.管理学：原理与方法（第七版）[M].上海：复旦大学出版社，2018：10.

治教育的有效开展。行政方法在思想政治教育中的运用则多体现在履行思想政治教育职责的组织、机构、部门的管理之中，上级部门通过财务预算、绩效划拨等形式，对下级单位的思想政治教育环节、内容进行导向性要求，激励并督促其实现既定的教育目标。教育方法主要通过强制性、示范性、自主性改变教育对象的思想认识、知识结构，从而改变人的行为，使之向有利于实现组织目标的方向发展，如对思想政治教育队伍进行的专业训练、岗位培训均属于此类方法。管理的技术方法实质是把技术融入管理中，通过最新的技术辅助提升工作效能，如互联网时代网络思想政治教育的方法与形式创新等，为思想政治教育开辟了新的渠道，拓展了新的空间。

（三）管理学为思想政治教育创新实践路径

管理学理论具有极强的应用性、实践性特点，在理论推广应用中拓宽了思想政治教育的创新实践，优化思想政治教育的理论体系。

人的全面发展是思想政治教育的永恒目标，但在科技日益发展、社会加速变革的大背景下，思想政治教育的内容、形式、方法等也需要不断创新，因时而新。当前，中国特色社会主义进入新时代。国家现代化的根本是实现人的现代化。加强和改进思想政治教育也符合建设人的现代化的需要。思想政治教育需要运用现代化管理学理论：围绕短期、中期、长期目标，进行目标管理，保障计划实施；借鉴领导理论、激励理论等，优化思想政治教育队伍建设和人力资源配置，并通过新技术运用、新形式实践，提升管理效能；通过思想政治教育资源的有效配置，环境的不断优化，营造良好的组织文化。

三、思想政治教育管理是一门应用性学科

伴随着思想政治教育对象增多，难度增大，以及人们对思想政治教育有效性要求日益突出，思想政治教育管理由此产生。与其他学科产生过程类似，从自发到自觉，从经验到科学，最终形成思想政治教育管理学学科。

（一）思想政治教育管理的内涵

"思想政治教育管理是指思想政治教育领导部门、主管机构及其人员，运用计划、组织、指挥、协调和控制等管理手段，对思想政治教育资源进行有效整合，以

达到思想政治教育目的，完成思想政治教育任务的创造性活动过程。"[1]对本概念进行解读，必须从其构成要素、基本特征和本质属性展开。

1. 构成要素

思想政治教育管理的构成要素主要包括主体、客体、目的、环境和信息五个方面，直接对管理行为及效果产生影响。思想政治教育管理主体指这一活动的组织及管理者，承担管理目标的确定、计划的制定和执行、内容和方法的选择等职能，在各要素中起主导作用。思想政治教育客体则是指资源体系，含人、财、物等各类资源。思想政治教育管理的目的决定着思想政治教育组织管理者的努力方向，贯穿于管理全过程，居于各组成要素的核心。思想政治教育管理过程是一个对环境，即自然环境和社会环境动态适应的过程。思想政治教育管理信息是各要素中的"神经系统"，承担传递和交流载体的作用。

2. 基本特征

思想政治教育管理的基本特征是区别于其他管理的特殊之处，主要包括四个方面：一是政治方向性，这是思想政治教育管理的本质特征，要时刻把握正确的政治方向；二是互动协调性，管理对象之间互动调适，促进功能发挥最优化；三是系统交融性，思想政治教育管理各要素既各司其职，又交融互通，形成整体的规范系统；四是组织开放性，党和政府承担思想政治教育管理组织的主体职责，社会机构、人民团体等部门单位也同样具有思想政治教育职能，通过协调合作，凝聚组织合力。

3. 本质属性

思想政治教育管理最本质的属性就是通过科学组织、合理配置相关资源和要素，使得思想政治教育功能充分彰显，目标圆满实现。其自然属性体现于学校教育管理的普遍规律，其社会属性则表现在与当前的社会制度、施政纲领紧密联系，互动发展，协调并进。

（二）思想政治教育管理的价值

思想政治教育管理的价值主要分为物质价值、精神价值和人性价值。

1. 物质价值

思想政治教育管理的物质价值主要是指"思想政治教育管理活动能够给高校在

---

[1] 陈万柏，张耀灿.思想政治教育学原理[M].北京：高等教育出版社，2015：268.

物质层面以及物化的利益等方面带来的效率和效益"[1]。通过思想政治教育的科学管理过程，可以充分发挥资源最大效能，提升资源利用率和工作效率。

2. 精神价值

思想政治教育管理会给思想政治教育主客体带来精神境界和智慧的提升，具体体现为精神生产生活等方面的状态改善。思想政治教育管理有助于推动创建高校和谐的人际氛围和养成师生员工良好的精神状态，从而推动思想政治教育客体在思想政治素养、道德品质、人文精神等方面的提升和发展。

3. 人性价值

在高校思想政治教育管理中，以人为本、以生为本是逻辑起点和文化特性，充分尊重学生，尊重人格，守卫尊严，便是思想政治教育管理以生为本价值追求的体现。在管理中，尊重人的价值是首要前提。同时，思想政治教育管理不能是灌输式单向度传授，而需要激发每一个学生的内生动力和创造性，让普适性的德育内容在学习生活中熠熠生辉。

（三）思想政治教育管理的原则

科学管理的前提是遵循基本要求和行为准则，思想政治教育管理必须遵循如下原则。

1. 目标可行性原则

思想政治教育目标可行性原则是指在准确把握政治方向性的前提下，针对不同阶段、不同类型的思想政治教育对象需要设定不同的目标，设计不同的内容。例如在开展同一思想政治教育主题—爱国教育—的过程中，对大学生与小学生就应该设定不同的目标任务，使之符合该年龄阶段学生的心智特点，避免思想政治教育虚化、泛化、同一化。思想政治教育管理必须坚持目标可行性原则，使思想政治教育目标定位合理，满足实际，遵循规律，且行之有效。

2. 工作实效性原则

思想政治教育管理的工作实效性原则体现了管理科学的本质要求，即对效率的追求，通过管理行为将实践的目的落到实处，体现在效果中。思想政治教育也不例外，在管理活动全过程，在具体的思想政治教育活动中，都需要重点考察工作实效性，是否落实立德树人根本任务，是评判思想政治教育管理成功与否的重要标准。

---

[1] 赵志军，等.思想政治教育管理学 [M].北京：中国社会科学出版社，2009：28.

3.管理协调性原则

思想政治教育的管理协调性原则就是指在管理实践过程中，坚持理论和实践相统一，思想政治教育管理和各项具体工作相统一，不仅有理论的指导，还要有实践的检验。为避免思想政治教育与高校专业教学相隔离，与实际工作相脱节，思想政治教育管理在其中发挥着进行动态调整、维系动态平衡的作用，思想政治教育管理本身也是理论实践协调一致的动态过程。

第三节　管理学视角下高校思想政治理论研究的热点问题

以管理学理论观照思想政治教育实践，在热门领域、热点问题上均有较强借鉴意义。要提高高校思想政治教育的有效性和针对性，必须加强对工作实践决策与计划、组织、领导、控制和创新的管理。

一、基于人性假设的思想政治教育方法路径

对人性假设的讨论涉及思想政治教育的起点问题，为高校思想政治教育奠定基础，明确方向，推动思想政治教育的路径探索。

（一）人性假设理论与思想政治教育的契合性

人性假设理论是对被管理者动机和需求的判断，是西方管理学的基本范畴。从"经济人""社会人""自我实现人"到"复杂人"的演变，深刻体现着人性假设理论创新和发展的过程，"复杂人"假设提出基于前期人性假设的理论基础，在管理中要因人而异、因时而异，并据此形成了"权变管理模式"。

从本质上说，思想政治教育的过程就是管理的过程，其目的是人的发展，通过对受教育者进行控制和管理，推动人的发展。孔子倡导的因材施教便是基于人性假设理论的具体实践，对人性进行基本判断，进而开展有针对性的教育活动。儒家的性善论和法家的性恶论建构起中国传统人性假设理论。从这个意义上说，人性假设理论与思想政治教育存在契合性。高校思想政治教育以人性假设理论为参照，需要充分关注人的需求，激发动机需求。但是在传统的思想政治教育过程中，往往会忽视对受教育者的个体情况判断，弱化对人的个性和价值判断的分析，最终造成人的异化。因此，思想政治教育应充分运用人性假设理论的核心观点，以其丰硕的理论研究成果和丰富的实践经验，视受教育者为现实的社会存在，充分尊重其需要，肯

定其价值，推动思想政治教育取得更多成效。

（二）人性假设理论对高校思想政治教育的重要意义

对于高校思想政治教育而言，人性假设理论既提供了理论支撑，也拓展了实践进路，具有独特的启迪意义。

1. 为高校思想政治教育奠定理论基础

马克思认为，人的社会性体现在其历史的、发展的过程，人的社会性本质不是静态的、不变的，而是跟随社会生产关系变化而不断发展的。"德行可教"正体现着人的可塑性特征，每个人生命成长的过程也是向善向美发展完善的过程，这是思想政治教育的理论支撑，为具有成效的思想政治教育提供了可能。大学生处于三观的形成期、稳定期，可塑性极强，思想政治教育对大学生的三观塑造、道德养成具有重要指导作用。

2. 为高校思想政治教育指明路径方向

以人性假设理论指导和推动高校思想政治教育工作，首先要确立以人为本的理念，尊重学生的主体地位。人的"自由全面发展"是马克思主义关于人的终极发展目标的定位，也是高校思想政治教育的主要目标。在当前的实践中，立德树人作为高校的根本任务，即要把学生的成长成才作为思想政治教育工作者的奋斗目标，以学生为中心，为学生的成长和发展创造条件，提供机会。当前党和国家高度重视高校思想政治教育，既要按照为党育人，为国育才的目标要求，也要充分尊重学生的个体差异，在开展思想政治教育，开设相关课程时，创新教育教学模式，丰富教育教学内容，以生动的内容和形式让学生在思想政治教育中受教育，有收获，真正实现人性改善的作用。

3. 为思想政治教育管理者树立精神自信

以人性假设理论为依据，可以助推思想政治教育规范化、科学化、人性化。当前高校思想政治教育中，尤其是思想政治教育课程教学中，存在相关教育工作者自我价值感不高等问题。究其原因，既有受教育者自身思想认识不够的问题，也有教育者自身对于思想政治教育意义理解有偏差，思想政治教育理念陈旧等问题。思想政治教育工作者忽略人性假设的理论前提，对于人性可变，可以向善向好的趋势理解缺乏认识，是造成思想政治教育者主体性迷失的原因之一。因此，人性假设理论不仅为思想政治教育的重要性提供理论支撑，也为管理者树立精神自信铸就坚实保障。

（三）合理利用人性假设开展思想政治教育的工作要点

人性假设理论为思想政治教育提供了理论指导和实践依据，在思想政治教育过程中，通过管理制度改革，民主自治推进，服务体系建构，强化思想政治教育的有效性。

1. 以管理制度改革为前提，做到有法可依

当前高校学生价值观多元，存在不同的个性特征，在校园生活中一定程度存在对自身纪律要求不严格、学习主动性不高的情况。根据"经济人"理论假设，建立健全管理制度可以提升管理效度。以此为依据，学校可以通过建立健全学生管理相关制度，为思想政治教育工作提供可靠的制度保障。需要注意的是，制度制定过程中要明确管理程序和步骤要求，便于实际操作，并按照"社会人"假设相关理论，充分考虑学生的社会发展需要，完善制度反馈机制和申诉制度，保障学生的合法权利。思想政治教育管理者及制度制定者也需要通过监督机制对自身的行为规范、工作准则进行约束，使思想政治教育目标合理，责任明确，制度规范，执行到位。

2. 以加强民主管理为重点，促进学生自治

与高校相对宽松的管理氛围相适应，大学生知识的增长和能力的发展除了得益于教师的教育教学，更多依赖于学生自己的主观努力和实践。根据"自我实现人"假设理论，高校可以通过推动学生自主管理，在以人为本理念下推动开放式教育和管理，帮助学生提升自我发展、自我完善的能力。积极发挥学生的主观能动性，在主动的学习和实践中增知识，长才干。在思想政治教育过程中，必须始终坚持民主思想，在学校进行制度管理，作出重大决策时，充分考虑学生诉求，征求学生意见，保障学生的知情权和参与权，尊重学生的主体地位，让学生成为推动高校治理体系改革和治理能力现代化的重要力量。大学生通过参与决策过程，也能更加深刻理解学校制度的目标和内容，促使个人目标与决策目标的统一。

3. 以多元服务体系为保障，促进个性发展

按照埃里克森的人格发展阶段理论，人在不同的发展阶段面临不同的矛盾和发展任务。在建构自我认知的过程中，每个人因为自身所处的环境等因素的不同，也会呈现不同的发展特性，表现为独特的个性特点。高校思想政治教育大都以大班制、统一性的方式开展教育教学，缺乏对个体特征的关注，而新时代大学生因为受到价值多元的社会环境影响，个体的特征尤为明显。在进行思想引领过程中，要以"复杂人"假设理论为依据，尊重学生主体地位、个性差异，牢固树立以生为本的理

念，对学生进行分层、分类个性化指导，鼓励和支持学生的不同发展目标，为学生提供个性化、多元化发展服务，充分激发学生的发展潜力。

思想政治教育工作是系统工程，但核心是人，充分把握学生特点，尊重学生地位，以人性假设理论为参考，采用科学、合理的方式对学生进行思想引导，才可能实现思想政治教育的科学性和有效性。

二、系统管理视域下的高校"大思政"格局构建

系统管理理论因其广域的研究范畴，对社会科学、人文科学乃至自然科学的诸多研究领域都有借鉴意义。在思想政治教育中，"大思政"格局的构建便充分体现了系统管理的理论内涵。

（一）系统管理理论对"大思政"格局构建的借鉴意义

贝塔朗菲他的著作《一般系统论》提出："系统是处于一定相互联系中的与环境发生关系的各组成成分的总体。"系统论认为，两个以上的要素构成了整体，要素和要素之间、整体和环境之间都有一定的关联，从而形成结构和秩序，这个整体有与个体成员要素不同的功能。系统的功能和属性大于各要素功能和属性之和。思想政治教育系统工程就是在基于整体分析思想政治教育的目的、功能和价值的基础上，整体控制和管理，逐步优化教育的过程。实现思想政治教育工作系统管理，就要求对思想政治教育的各要素及其结构有科学的认识，能够进行系统分析，并提出有关决策和制度措施，从而制定一个思想政治教育工作得以开展落实的系统。

（二）高校"大思政"的基本内涵

从思想政治教育系统的角度看，"大思政"应包括思想政治教育的目标体系、内容体系、管理体系和环境体系。

1. 思想政治教育的目标是培养全面可持续发展的高素质人才

高校思想政治工作的总体目标就是培养社会主义现代化国家的建设者。习近平总书记在 2018 年 9 月 10 日召开的全国教育大会中强调，高等教育目标为"培养德智体美劳全面发展的社会主义建设者和接班人，加快推进教育现代化、建设教育强国、办好人民满意的教育"[1]。据此，教育工作者必须认清社会和时代发展趋势，努力促进思想政治教育与相关教育协同发展，把真正提高学生综合素质，促进学生全

---

[1] 张烁，王晖．习近平在全国教育大会上强调：坚持中国特色社会主义教育发展道路，培养德智体美劳全面发展的社会主义建设者和接班人 [N]．人民日报，2018-09-11（1）．

面发展作为教育的根本目标。

2. 思想政治教育的内容和过程的系统性

系统化的内容是一个系统工程建构和运行的基础。思想政治教育的内容体系包括政治教育、思想教育、道德教育、法纪教育和心理教育等。时代性是思想政治教育的重要特征。在开展思想政治教育过程中，要紧跟时代变化，及时调整，针对新情况、新问题，提出新的教育方法，使学校思想政治教育永葆活力。思想政治教育过程的系统性是指在遵循教育规律的基础上，由浅入深，循序渐进。根据学生在不同时期的阶段特征，针对性地开展思想教育，提高教育质量。教育内容的开展要统筹考虑学校、家庭和社会的现实环境，分年级、分层次教育。一年级以养成教育为主，以生活教育为主，帮助学生实现中学到大学的平稳过渡。二年级以立志教育为主，落实生涯设计教育，帮助学生树立科学的生涯目标。三年级以成才教育为主，引导志存高远，勤奋成才。四年级以就业创业教育为主，帮助学生顺利完成由学生到"社会人"的转变。

3. 思想政治教育管理体系是组织保证

高校思想政治教育管理体系包括学校党委、行政系统和各院系三级。党委是组织领导和决策者，行政系统是计划实施和执行者，各院系是一线工作者。三者组成了一个系统，其功能是根据社会对人才培养质量的需求，立足学生思想和行为特点，用习近平新时代中国特色社会主义思想和现代化管理手段来教育管理学生，整合协调各方教育管理力量和与学生相关的时间、环境、活动等，实现学生德智体美劳全面发展。

4. 思想政治教育环境的系统性

思想政治教育环境包括学校、家庭和社会，所以思想政治教育效果的实现依赖于三者的有机结合。学校教育是基本路径，具有组织性强、计划性高的特点。通过课堂教学提升学生的知识积累，提高学生的认知水平，养成积极的行为习惯，掌握必需的技术技能。社会教育影响广泛，具有多样性的特点。社会文化、社会习俗、社会舆论都能产生教育结果。家庭教育是思想政治教育的重要途径，主要通过家庭成员尤其是父母的思想品行和行为习惯，对学生产生潜移默化的影响，具有不可或缺的作用。学校、家庭和社会教育三者之间各有特点，但也相互关系，相互影响。从实际看，学校教育比较成体系，社会和家庭教育相对比较随意。改革开放以来，尤其是随着网络的快速发展，西方各类思潮涌入使教育方向极易发生偏差，教育环境更加复杂，思想政治教育效果不佳。把握整体性原则，就是要通过多种形式把学校教育与社会和家庭教育融合，形成合力，减少消极影响，加大正面教育的效果。

（三）运用系统管理理论构建高校"大思政"格局

运用系统管理理论构建高校"大思想政治"格局，既要从整体上把握思想政治教育的核心要义，也要充分关注思想政治教育内部的体系互动和与社会大环境的交融互通。

1. 凸显思想政治教育系统的整体效应

系统论认为，系统具有整体性和环境适应性。整体性体现为系统中各要素及其相互之间的关系要从整体上协调；环境适应性则体现在系统依赖于环境。环境与系统的相互作用表现为环境向系统传输信息和能量，系统的结构及其功能发挥受环境影响。思想政治教育要坚持系统的整体性和环境适应性相统一。第一，高校思想政治教育的可行性和合理性在于各方力量形成合力，发挥整体作用。教育和管理是高校学生工作的重要内容，二者关系密切，必须把二者结合起来，整体协调控制。第二，整体控制教育管理各项内容，发挥合力。学生工作包含对学生个人德智体美劳各方面的管理，以及建设学生干部队伍、举办团体活动等。思想政治教育既是形势政策下必须完成的任务，又是学生个人成长成才必不可少的内容。因此，在工作开展过程中，要根据总体目标，统筹兼顾，协调推进，力求平衡；要根据学生实际情况，有目的性地开展思想教育；要根据教育目的，整合并利用社会资源。第三，科学把握与外部环境的关系，在与环境相适应的前提下保持系统的本来功能。大学生思想政治教育和管理系统的外部环境包括社会环境、家庭环境和学校环境。外部环境系统对大学生思想政治教育工作和管理系统的影响显著：文明、和谐、健康的学校、家庭和社会环境对教育管理有促进作用，落后、消极、不良的外部环境会阻碍教育管理工作的推进。

2. 把握系统控制和信息反馈

高校思想政治教育的可行性和合理性在于将各方力量形成合力，发挥整体作用，而整体作用的发挥依赖整体控制和信息反馈系统。在高校思想政治教育和管理系统中，思想政治教师、专业教师、行政管理教师作为教育主体，构成了一个子系统，学生则构成了一个教育客体子系统，两个子系统相互影响。从控制系统角度，思想政治教师、专业教师、行政管理教师称为控制系统，学生称为被控制系统。发挥思想政治工作者的工作积极性，提高控制系统的工作成效，对于培养学生的自我意识，实现自我教育、自我管理、自我服务有促进作用。在高校学生思想政治教育和管理系统中，要保证信息准确、及时、全面、有效地得到反馈，必须构建完善的信息反馈系统，畅通各执行部门间的信息联络机制，形成思想政治教育工作网格。及时梳理和反馈学生诉求，形成信息反馈机制，增强教育有效性。

3. 加强思想政治教育与环境系统的融合

高校立德树人的根本任务决定着思想政治教育贯穿于教学、实践、管理的各个环节，也是学校发展提升的首要任务。加强高校思想政治教育，首先要坚持党的领导，在党委领导下的校长负责制框架内，将党建与思想政治教育工作有机融合，重视与加强思想政治教育的功能发挥。在校园文化建设中，要充分发挥实践育人、环境育人的作用，培育积极向上、健康高雅的校园文化，将其打造为思想政治教育的有效载体。同时，还需要加强校园与社会的联动，有效整合校园及周边环境，依托社会力量、企业资源，在学生社会实践、志愿服务中充分彰显思想引领的作用。在队伍建设中，也要统筹思想政治教育工作者、专业课教师、管理人员乃至学生家长的力量，牢固树立以人为本的理念，尊重学生个体差异，引导学生个性化发展，发挥好高校、社会、家庭全方位育人的作用，形成齐抓共管的教育合力。

三、激励理论对于提升思想政治教育有效性的借鉴

激励理论着眼于人的需要、目标、动机和行为，关切的是人的内心活动。通过研究激励理论，可以通过最大程度地激发人的潜在能力来提升思想政治教育效果。

（一）思想政治教育中常用的激励类别

在思想政治教育中，通过激励可以充分挖掘大学生内在需求，增强学习动机，促进身心全面发展。在高校中，管理者会根据实际情况采用不同的激励方式，也会对学生产生不同的影响。高校思想政治教育中常用的激励方式有以下几种。

1. 物质激励和精神激励

物质激励和精神激励是根据激励内容差异而进行的划分，物质激励主要是通过物质需求的满足来激励人们产生对应的行为。在高校中，物质激励是较为普遍的一种激励形式，例如在学生学业成绩评比中，往往会通过奖学金的形式激励学生夯实专业基础，提升专业能力。精神激励主要是指通过满足精神、心理层面的需求来开展激励。例如高校较为普遍的树典型活动，通过诸如"三好学生""优秀学生干部"等荣誉称号的颁发，激发大学生的精神动力，提升思想政治教育效果。这两种激

励，目标一致，但是手段有别。

伴随着全面小康的实现，人们生活水平不断提升，物质较为充盈，精神需求占据更为重要的位置，这也符合马斯洛需要层次理论的观点。在思想政治教育中，管理者应当综合运用物质激励和精神激励，以达到更优的教育效果。

2. 内部激励和外部激励

依据激励手段的作用点不同可划分为内部激励和外部激励。内部激励是通过激发学生的内在动力和潜能，提升其积极性的激励形式，而外部激励则是指通过外部环境塑造来鼓励或制约某些行为的发生。内部激励主要有通过设置目标或通过情感、心理启发等方式让学生重燃工作动力，进而主动追求理想和目标。内部激励也是高校教师在开展思想政治教育中最常用的一种形式。相比较而言，外部激励则更加制度化和机械化，一般是通过制定规范的制度对学生的行为进行强化。

在工作实践中，既要充分运用内部激励的形式改变学生的学习态度，增强学习发展的主动性，也要通过外部制度环境的优化对全体学生行为规范进行合理引导，二者综合，灵活运用，使思想政治教育有效性不断增强。

3. 正向激励和负向激励

按照心理学中的强化理论，正向激励是正强化，通过激励手段增强行为出现的频率，负向激励则是负强化，通过激励手段使行为减弱乃至消除。显然，正向激励和负向激励是按照激励手段对客体行为产生增强或减弱作用而进行划分的。在思想政治教育中，正向激励运用较为普遍，如高校通过表彰、奖励等形式加强对优秀学生的激励，进而影响全体学生。对于被表彰和奖励的学生而言，其自信心会不断增强，综合表现也会更加优秀；对于其他同学而言，通过正向激励也会让其不断向标杆看齐，形成一种积极向上的竞争氛围。负向激励的形式一般有批评、惩罚等，对学生更多是起到警示作用，具有较强的威慑力。

思想政治教育中，不论是正向激励或是负向激励，均需要把握好尺度。正向激励需要注意良性竞争氛围的形成，注意保护一般同学的学习积极性，负向激励既要体现警示作用，又不能让学生产生过度的紧张感和畏惧感，影响其行动的积极性。

（二）运用激励方法开展思想政治教育的原则

在思想政治教育中，运用激励不仅需要灵活运用各类方法，还要遵循相关原则，保证思想政治教育切实有效。

1. 适时性原则

思想政治教育除了传统的课程教学，更多体现为思想政治教育工作者在实践中对学生进行思想引领，较为普遍的就是高校辅导员对学生的教育引导，需要注意运用适时性原则进行激励，即把握工作时机，使思想政治教育取得事半功倍的效果。尤其是在辅导员谈心谈话中，往往会围绕某一主题，针对近期发生的某一现象或某一事件进行交流，必须在关键的时间点进行，如学生刚刚获得某一荣誉时，把握机会对其进行正向激励，进一步增强其自信心，也能更加拉近师生之间的感情。在学生遇到挫折或心理困惑时，更需要及时介入处理，帮助学生客观分析，鼓励其以积极态度面对，既能体现思想政治教育工作者对学生的关心关爱，也能在一定程度上避免心理危机等事件的发生。

2. 适度性原则

"过犹不及"，适度性原则是指在激励过程中要遵循范围和力度相宜的原则。一方面，思想政治教育中的激励总是面向一定范围的群体进行，此范围如果太广，学生间的个体差异不明显，则很难凸显激励效果，容易出现平均主义；如果激励的范围太小，难以对大部分的普通同学产生影响，会被认为达到目标的要求太高，也难以实现有效激励。另一方面，激励的强度和力度也会影响最终效果，因为学生个体需求有差异，即使是同一个体在不同时间段、不同情境中也会对激励的需求度和力度要求不同，这需要管理者在激励时应时而变，因人而异。以学生需要为出发点，了解其需求层次和结构，在激励方式运用上有的放矢，真正实现以人为本。

3. 导向性原则

在思想政治教育中，激励的最终目的是学生的行为和观念的转变，思想政治素养的全面提升。在整个过程中，目标导向极其重要，导向性原则是指通过目标的合理设置，发挥目标引领和行动导向的作用，实现有效激励。从整个思想政治教育本身而言，这种目标导向性体现于思想性和政治性，在高校中，培养德智体美劳全面发展的社会主义建设者和接班人是总的目标定位，是不可动摇的。但是，在具体的思想政治教育过程中，必须将总目标内化、深化于学生个人发展的小目标之中，通过与学生个人发展息息相关的小目标的导向，不断激发学生的激情、动力和潜能，通过一个个小目标的导向实现最终的大目标。如中国梦是国家提出的宏观的概念，但是在具体奋斗实践中，可以通过一个个家庭、每一个个体的小目标的设定和实现，最终实现中国梦，便是导向性原则的体现。

（三）运用激励方法提升思想政治教育有效性的路径

激励是一种多元复杂的工作手段，受多种因素的影响，因此，在对大学生进行激励的实践中，教育者要通过健康的环境，综合各种因素，开展能够适应不同群体的激励教育。

1. 丰富内涵，加强信仰激励

高校思想政治教育的使命是团结青年，凝聚共识。新形势下，高校在开展大学生激励教育过程中，要时刻坚守马克思主义思想，加强关于马克思主义信仰的激励教育。例如以中国梦、社会主义核心价值观、革命斗争精神等为主题，定期举行实践活动，让学生在亲身体验中认识马克思主义，接受马克思主义，进而践行马克思主义。推动马克思主义大众化发展，激励大学生用马克思主义进行理论武装，提升个人思想觉悟和道德品质，把党的最新理论成果转化为个人学识，把党和国家的最高理想转化为个人奋斗目标，把党和人民的智慧转化为个人的实践能力，使马克思主义在广大青年学生中的影响力得到充分体现，从而强化马克思主义思想在我国精神领域的指导地位。

另外，要展现中国精神的激励效果。抓住一切机会和可能，在高校宣传红色革命精神。对于党和国家而言，革命精神是不可遗忘的精神财富，传承和发扬革命精神是每一代青年人应尽的义务。

2. 着眼实际需求，激发学习兴趣

思想政治理论课是培养大学生世界观、人生观、价值观的主渠道，既是国家意志的体现，也是学生成才的实际需求。思想政治理论课通过讲授马克思主义的相关理论，帮助学生树立正确的世界观、人生观、价值观，引导学生运用马克思主义观点和方法解决实际问题。高校要根据学生发展需求，把激励教育的方法和内容融入思想政治理论课教学实践，激发学生的学习兴趣。

在课堂上，要有针对性地引入教材之外的知识和案例。例如大学生最需要的是人生观、价值观、道德法制、爱国情怀、行为规范、改革创新等方面的教育，以及中国梦、习近平新时代中国特色社会主义理论体系、党的路线方针政策等方面的学习。在课堂教学中，要根据学生需要引入相关知识，从而实现教学目标。

3. 借鉴现代技术，创新信仰激励载体

根据中国互联网络信息中心（CNNIC）2021年2月3日发布的第47次《中国互联网络发展状况统计报告》，截至2020年12月，我国拥有9.89亿的网民，较2020

年 3 月增长 8540 万，互联网普及率达 70.4%，我国手机网民规模达 9.86 亿，较 2020 年 3 月增长 8885 万，网民使用手机上网的比例达 99.7%，互联网已经成为我们日常生活必不可少的存在。而在这 9.86 亿人中，大学生占了十分之一。互联网对大学生的思想认识、人际交往、生活方式等产生了重要影响，"无网络不生活"是当代大学生的真实写照。对此，习近平总书记要求，"要运用新媒体新技术使工作活起来，推动思想政治工作传统优势同信息技术高度融合，增强时代感和吸引力"[1]。结合这样的时代背景，教育工作者要发掘大学生喜闻乐见的教学载体，利用互联网开放性、共享性特点，通过创建网络教育平台，增强激励教育的吸引力，提升激励效果。

为了提升思想政治理论课教学质量，教育部党组发布《2017 年高校思想政治理论课教学质量年专项工作总体方案》，其中明确指出教学方法改革的主要任务是围绕提升思想政治课教学亲和力和针对性，调动学生学习的积极性、主动性、创造性，探索实践线上线下混合教学模式。这是根据思想政治理论课的政治性和理论性而提出的，力求破解枯燥乏味的课堂教学，运用恰当的激励方式，激发学生的学习兴趣。

四、基于权变理论的辅导员角色定位和管理科学化水平提升

权变理论作为领导理论的一个重要内容，对思想政治教育具有指导作用，尤其是对于高校辅导员而言，在思想政治教育过程中明确角色定位，有利于提升管理的科学性。

（一）思想政治辅导员的角色定位

高校辅导员是一个多元的角色，对其进行准确定位是开展思想政治教育的前提。根据《教育大辞典》中的定义，辅导员是"在我国高校中专门从事学生思想政治工作的人员，其基本任务是根据高校的人才培养目标和大学生思想发展规律，组织、协调各方面力量共同对大学生进行思想政治教育"[2]。中华人民共和国教育部 2006 年第 24 号令中对辅导员的定义为："辅导员是开展大学生思想政治教育的骨干力量，是高校学生日常思想政治教育和管理工作的组织者、实施者和指导者。辅导

---

[1]　张烁，鞠鹏.习近平在全国高校思想政治工作会议上强调：把思想政治工作贯穿教育教学全过程，开创我国高等教育事业发展新局面 [N].人民日报，2016-12-09（1）.

[2]　顾明远.教育大辞典 [M].上海：上海教育出版社，1998：576.

员应当努力成为学生的人生导师和健康成长的知心朋友。"[1]根据以上定义，辅导员承担着教育、管理和服务三方面基本职能。

1. 学生思想政治的教育者

高校辅导员作为大学生思想政治教育的基本力量，主要职能是对学生进行思想引领，培养学生良好的政治素质和道德品质。尤其是当前大学生面临着相对复杂多元的社会环境，价值取向也存在较大差异，如何对学生进行正确的思想引领，鼓励学生做出有利于社会发展和国家进步的选择，成为思想政治教育的主要任务，也是服务中国特色社会主义现代化建设的必然要求。需要指出的是，思想引领不是单向的政治理论灌输，而是尊重学生个性化特点，结合学生自身需求，肯定学生合理正常的目标，对学生进行积极、正面的方向引导。需要树立"以生为本"的理念，并且利用形式多样、学生喜闻乐见的思想教育方式，让思想政治教育达到润物无声的作用，让学生真正成为社会主义合格建设者和可靠接班人。

2. 学生成长成才的服务者

根据当前的制度设计，高校辅导员一般年龄在 35 周岁以下，与学生存在较多的共同语言，也有充足的时间陪伴学生，帮助学生，深受大学生信赖和认可，是大学生成长成才的知心朋友。在教育教学过程中，辅导员既要做好管理工作，也要灵活运用各类管理方法，例如通过柔性管理服务学生，帮助学生成长。所以，高校辅导员第二位角色就是做学生成长成才的服务者，包括学生学习上的导师，心理教育中的辅导者，学生生活中的挚友。

3. 学生日常事务的管理者

作为高校辅导员，学生日常事务管理是最基本的职责之一。事务性工作内容非常丰富，既有与学生利益密切相关的奖、惩、助、贷事务，也有学生组织、班团管理的内容，可以说，学生事务性工作成效是否突出，决定了学生对辅导员的信任和认可度如何，并直接影响思想政治教育的有效性。但也并不意味着辅导员要把事务性工作当作工作的全部内容，在日常实践中一味忙碌和投入其中，而是要根据思想政治教育工作需求，探索科学化的工作方法，提升工作的艺术性，将思想政治教育与具体事务相结合，达到润物无声的思想政治教育效果。

---

[1]　中华人民共和国教育部.普通高等学校辅导员队伍建设规定 [EB/OL].http://www.moe.gov.cn/srcsite/A02/s5911/moe_621/201709/t20170929_315781.html.

（二）权变理论视域下高校辅导员的角色冲突与调适

根据高校辅导员的角色定位，在具体工作中，必然会面临不同角色转换时的冲突和矛盾，在教育、管理和服务职能履行的过程中，辅导员要充分利用权变理论，根据特定的工作情境和工作要求调适自身角色。

1.管理角色与服务角色的冲突及调适

管理与服务角色的冲突主要表现为在制度管理监督执行和学生学习生活困难帮扶中承担不同角色的冲突。辅导员首先要维护法律法规和校园管理秩序，履行学生行为规范管理者职责，督促学生遵守校纪校规，维护学校的教学秩序。在学生学习和生活、心理困难帮扶中，辅导员主要承担的是思想引领的角色，服务学生健康成长。制度执行过程中，辅导员会面临学生违纪后的不配合与逆反心理，但是制度执行要严肃、规范。而在学生服务中，辅导员要充分考虑学生的个体情况，与学生平等交流，站在学生立场考虑和分析问题，并给予学生必要的支持。面对上述角色冲突，需要高校辅导员把握好自身角色，掌握好工作实施的"法"和工作实施的"度"，即在制度管理执行中，必须坚持原则，确保制度有效执行。同时，也要站在学生角度，帮助其分析违反制度对个人成长的影响，并提供合理发展建议，让学生明是非，受教育。

2.教师角色与朋友角色的冲突及调适

当前社会处于大转型的阶段，大学生受社会环境影响，思想活跃，心理变化较大，面对00后大学生的发展特征，辅导员更要体现出亦师亦友的工作角色，既要对学生进行思想引导，又要承担心理健康辅导者的角色。在这两种角色中，思想政治教育工作是教师对学生实施的有目的的教育，传统的方式主要有说教、灌输式；但是作为学生成长成才的陪伴者，辅导员要发挥跟学生年龄相仿，志趣相投的优势，走进学生内心，建立信任度高的师生关系，成为学生成长的良师益友。面对这种角色冲突，高校辅导员要明确两种角色间的区别和联系，在工作实践中，首先要发挥好思想政治教育工作者的作用，履行思想政治教育的核心职责，也要准确识别和把握心理健康教育的时机，为学生心理健康成长营造良好的氛围和环境。同时，也要注意因势利导，及时进行角色转化，把握两者的特点和工作技巧，有效助力冲突化解。

3.政策执行者与权益维护者角色的冲突及调适

高校辅导员是高校教师队伍的一员，需要时刻注意维护学校的权威和形象，要了解，解读，并执行好学校的各项规章制度。同时，作为学生管理服务者，也需要维护好学生合法权益，充分考虑和尊重学生需求，赢得学生信赖。这两重角色身份也使得高校辅导员在遇到很多利益冲突时，处于尴尬的境地。面对此类问题，高校辅导员要学会智慧工作，艺术化服务学生。辅导员在执行学校决策、执行学校管理规定的时候，要提高政治站位，站在学校的高度理解政策制定的初衷，理解学校坚持立德树人根本任务的目标要求，并且引导学生理解、支持和配合各项管理制度。在学生维护自身权益时，要准确识别学生的根本诉求，判定其合法性，指导学生通过正规渠道反馈问题，帮助学生解决问题。

（三）运用权变理论提升大学生思想政治教育的科学化水平

权变理论强调的重点在"变"，在管理中，要观照思想政治教育的环境变化，及时调整管理对策，实施动态管理，在思想政治教育过程中，不论高校辅导员处于教育者、管理者还是服务者的角色，核心都是要把握立德树人根本任务，突出思想政治教育的首要职能。在具体工作实践中，要利用好领导权变理论，提升思想政治教育工作的水平。

1. 以人为本，把握思想政治教育的核心内容

在辅导员角色调适过程中，需要时刻围绕学生的主体地位，牢固树立以人为本的思想，根据工作目标，调整、调适辅导员的角色定位，使其有利于学生成长成才。以人为本，要尊重学生，尊重学生的个性特点和个体差异，在思想政治教育中，通过权变管理，在合适的时机转变身份，与学生建立良好的互动关系。要理解学生所处的环境和所表现的各种行为，从内心接受学生的差异化表现，进行有针对性的指导和帮助。要关心学生，树立正确的利益观，不因学生的个体差异而进行区别对待，从生活、学习、情感、心理进行全方位关注和关心，从物质、精神等角度进行全面帮助。在思想政治教育过程中，辅导员需要灵活进行角色转换，根据思想政治教育的场景要求，根据学生相关事务的性质差异，进行有针对性、有效果的思想引领。

2. 刚柔并济，运用思想政治教育管理的灵活方法

在当前高校思想政治教育中，以制度管理为基础，建构起刚性管理框架，在计划、决策、组织、协调的具体管理过程中，思想政治教育管理者与被管理者要充分协调、沟通，根据环境变化，实施灵活管理，以体现柔性管理的内容。尤其是高校辅导员的多重角色定位，要求必须以多样化的方式，建构起思想政治教育的多维管

理空间。刚性管理以法治思维为主线，维护教育、教师的权威性，在学生违纪违规或党员教育管理、团学干部教育等情境中，必须将原则性要求执行到位，将思想政治教育的政治性要求贯彻到位，以行动保障政策执行的公平性。而柔性教育则是思想政治教育中不可或缺的一种管理方式，尤其是对于高校辅导员而言，了解学生，走近学生，做好学校与学生的桥梁和纽带，与学生建立起稳固的、深入的师生关系，往往能实现思想政治教育事半功倍的效果。另外，当前高校教育管理的开放性特征也要求高校辅导员以包容的心态、宽广的视野，把握好思想政治教育的工作弹性，合理把握工作的尺度，尽可能实现思想政治教育效果的最大化。

3. 健康和谐，营造思想政治教育的良好氛围

在权变管理理论中，环境是影响管理模式和管理成效的一个重要考量指标。因为系统内外部环境是时刻变化的，管理要依据环境的改变进行适时调整，并使其符合系统要求，实现管理目标也依赖于健康和谐的氛围营造。在思想政治教育过程中，管理者通过培育和营造健康、积极的组织文化，打造系统内成员普适的价值理念，通过个人目标价值的实现来完成整个系统的共同目标。在营造教育氛围的过程中，思想政治教育管理者可以从两个方面着手，一是通过理论宣讲、课程教学等传统渠道，将人文教育的内容传授给受教育者，引导学生树立正确的价值取向；二是运用新平台、新模式对被管理者进行理念传输，如通过校园文化活动举办，媒体平台宣传等形式，以榜样的力量、积极的行动引导大学生规范自身行为，实现管理效果。

第四节　案例：从"退党"边缘到党员先锋

小万同学，父母均为公务员，小万入学后便积极向党组织靠拢，自身也非常努力，学习成绩在班级一直名列前茅，主动参与各种活动，并在学校学生会担任主要学生干部。经过学院党组织培养考察，小万在大二顺利成为一名中共预备党员。进入大三后，小万确定了出国的目标，便退出学生组织，专心备考。在学院党委开展的"不忘初心、牢记使命"主题教育活动中，支部同学反映小万不愿参加理论学习，并发表"主题教育就是浪费时间"的不当言论。在党支部书记、辅导员王老师与该生沟通过程中，该生表示自己想要申请世界排名前50的高校，还要准备雅思考试，没有时间和精力参加支部活动，甚至表示自己有"退党"想法。

一、理论问题剖析

该案例反映的是党员政治意识缺乏及学生党员的教育管理问题，也是高校思想政治教育实践中经常会遇到的问题。学生党员多为高年级学生，繁重的学业、就业事务容易与党员组织生活产生冲突。从管理学理论出发，该案例主要涉及以下几个方面。

（一）当代大学生的"复杂人"特征

"复杂人"假设认为，人类的需要和动机是复杂多变的，在不同的情境、不同的年龄，其表现是有差别的。小万同学入学后的种种表现展现了一位素质良好的大学生风貌，他积极参与学生组织，学习成绩优异，表现出对个人全面发展的积极追求。进入高年级后，小万因为个人职业目标确立，将奋斗目标和学习重点定位在出国上，由此产生了因为追求出国而忽视履行一名共产党员应尽的责任义务的矛盾，从一名品学兼优的学生干部到一名不愿参加组织生活的学生党员，该案例体现了小万"复杂人"特点。所以用一种人性假设和管理方法应对一切人和一切环境是不行的，需要根据具体管理对象及情景，实行管理方式和激励方式的转变。

（二）权变理论在思想政治教育管理中的重要意义

在权变理论看来，领导有效性是领导者、被领导者和领导情境三个变量的函数。在本案例中，针对小万同学的问题，辅导员与其进行谈话时，必须明确自己的身份。在高校中，辅导员普遍担任学生党支部书记，这是基于高校党建和思想政治教育实际的工作安排，也是出于提升思想政治教育有效性的需要。但是在具体工作过程中，辅导员和学生党支部书记的职、权、责是有明显差异的，党支部书记与党员个人谈话的立场是代表党组织，从教育和管理党员的角度帮助党员成长和进步，也有责任提醒新党员严格党员纪律，履行党员义务。而辅导员与大学生的交流，可以以换位思考的角度，为学生分析和解决当前面临的矛盾和困惑。合理运用权变理论，在解决此类问题中具有重要意义。

（三）"大思政"格局构建的必要性

系统论认为，系统是联结一切事物的基本形式，任何事物都可以看作一个系统，系统具有集合性、层次性和相关性特征。在思想政治教育中，不能仅依靠学院的力量，也需要充分发挥学校教育、社会教育、家庭教育等各方面的独立功能和作用，并协调好几方面的关系，形成齐抓共管的合力。本案例中，小万同学前期的综合表现及强烈的入党意愿也与其家庭所处的环境、父母的教育不无关系。在入党过程中，学校对于团学干部的思想政治觉悟提升和政治素养养成需要关注和引导，既要保护学生入党的积极性，又要让学生明确其责任义务，保持信仰的坚定。构建大思想政治格局便是发挥系统优势，实现全员、全过程、全方位育人。

二、研究基本思路

此案例由学生的角色冲突引起，表现于学生学业发展与党员义务的冲突，实质是学生对党的认知出现了思想偏差，缺乏政治意识。核心是党员发展与培养问题。解决问题关键在于思想引领，重点在于党性教育，使其承担党员责任和义务。

（一）坚持倾听与教育相结合——追溯动机之源

以党员信息核查为由约谈小万，指出其错误思想。通过深入谈话，小万坦露"包括入党在内的支部活动都是走形式，对于我的成长没有任何帮助"。另外，小万透露自己有出国留学计划，但听说党员身份会影响签证审批，因此萌生过"退党"想法。

（二）坚持政治教育和思想引导相结合——开展权变管理

针对实际情况，结合学生需求，对该生开展教育管理。一是以学生支部书记身份与学生进行严肃的党员教育谈话，结合主题教育，对其进行党性教育，帮助他认识到党员的初心使命。并以支部工作开展情况进行重点沟通，介绍支部党建特色活动等，帮助其消除误解，更好地融入支部生活。二是以辅导员角色深入了解学生诉求和面临的困难，通过与优秀党员、优秀学长建立结对帮扶，引导学生树立信心，打消他未来出国的顾虑。

（三）坚持教育管理和主动赋责相结合——发挥激励功效

在重点帮扶基础上，考虑到小万责任感强且擅长新媒体运营工作，主动让其担任党建助理，协助党建公众号栏目运营。通过实践，小万不仅消除了对支部活动的误解，更意识到党员的责任，主动参加"谈初心，话使命"活动。新媒体运营的实践锻炼，也为小万出国申请增加了砝码。

（四）坚持个体教育和群体教育相结合——产生系统效应

在对小万进行教育的同时，学院党委针对党员和入党积极分子开展"明初心，践使命"等一系列主题教育座谈，邀请优秀党员代表现身传授参与志愿服务、社会实践等活动的心得。通过以点带面，引导学生党员增强"四个意识"，坚定"四个自信"，做到"两个维护"。

通过帮扶引导，在支部换届选举中，小万主动竞选并成功担任组织委员一职。之后，小万积极参与支部工作，思想态度更加端正。

三、案例反思与启示

由于当代社会价值的多元化发展，大学生的发展目标和价值取向也呈现多样化的特征。在高校进行党员培养和学生干部教育时，需要夯实学生思想基础、政治根基，坚持全员、全过程、全方位育人。

（一）坚持政治方向，坚定理想信念

在当代大学生培养教育中，要坚持"为党育人，为国育才"的历史使命不动摇。尤其是在党员培养考察和学生干部教育管理中，坚持把政治要求放在第一位，不断加强大学生思想政治教育，引导学生坚定理想信念，真学、真懂、真信、真用马克思主义。落实到实践中，除了加强马克思主义理论教育，提升学生思想政治觉悟之外，在党员培养考察等环节，要把好政治关，严格党员发展流程，严肃党员发展要求，坚持政治方向，做好思想审查，政治审查，多渠道、全方位了解学生的思想情况。

（二）做好过程监督，建立动态档案

当代大学生价值取向多元，且存在因环境变化而改变的情况，呈现不稳定的特征。根据"复杂人"假设理论，高校思想政治教育管理者需要动态了解学生思想状况，尤其是党员等重点群体，可以考虑建立针对学生党员的动态档案，及时了解关注，保证正确的价值取向。在教育过程中，需要发挥全过程育人的作用，在学生成长发展的每个关键阶段，对学生进行有针对性的思想政治教育，引导学生坚持正确的价值观并向着更高目标迈进，发挥好党员、学生等重点群体的榜样作用。

（三）坚持育人导向，构建大思想政治格局

发挥团学组织、基层党支部的育人功能，用习近平新时代中国特色社会主义思想铸魂育人。将增强党员学生干部党性教育与创新实践活动相结合，主动赋权学生，发挥主体作用，帮助其明确作为党员的责任。以全方位育人为目标，统筹好校内思想政治教育资源和平台，发挥好辅导员、班主任、党支部书记、思想政治课教师等群体的作用，营造全员育人的工作环境，构建大思想政治格局，从源头着手引导和教育学生。在学生思想变化的重要节点，如升学毕业等重要阶段，关心和关注学生。坚持立德树人根本任务，以党章、法规等为重要遵循，以生为本，助力学生全面成长成才。

第四章

做好辅导员的第四课
——懂点传播学的方法

当前，以融媒体为主要标识的传媒变革持续深入，创造了全新的社会文化语境。虽然现代化媒介传播环境给高校思想政治教育开展传播实践带来了转型机遇，但是信息传播也时刻冲击着高校思想政治教育的"威权"。高校思想政治工作要实现创新性发展，亟须面对和解决的一个重大课题是，如何从系统论角度探究思想政治教育以及传播实践过程中诸要素之间的关系及作用逻辑，进而构建高质量的思想政治教育工作体系。

第一节　传播学经典理论概述

传播学是一门社会科学学科，是研究传播行为和传播过程发生、发展的规律，以及传播与人和社会关系的学问。传播学与其他许多学科有着密切的联系，因为传播学学科本身就是在跨学科视野中建立的，大部分社会科学成果研究也都离不开"传播"这一现代社会的基本功能。传播学研究关注的是新闻与其他大众传播现象，如人际传播、群体传播、组织传播、跨文化传播、语言修辞、意识形态等领域，但在今天，以信息技术为依托的媒体内部出现了"融合"的趋势，传播学经典理论也因此有了新的内涵和生命力。

一、传播者赢效因素和守门人理论

传播学的研究范畴离不开经典的 5W 传播基本要素，即传播者—信息—媒介—受传者—效果，由此延伸出大众传播学研究的五大领域："控制研究""内容分析""媒介分析""受众分析"和"效果分析"。赢效就是最大限度地争取传播范围和传播效果的广泛有效化。传播效果的提升必须对传播过程进行溯源，科学把握传播过程中的基本逻辑与结构关系。高校的思想政治教育本质上是教育主体通过不同传播方式对学生的思想和行为施加有益影响的过程，在这个过程中，必然要不断发掘好的方式和技巧。其中最有助益的，当是从传播者的角度出发，尽可能争取赢效因素，提升思想政治教育的亲和力和有效性。

传播者的赢效因素有以下几点。首先是信源的权威性，即传播者的权威性。传播者应该为受众所信任，具有能够让受众相信、听从的威望和地位。只有传播者有足够的权威，传播内容的影响力才会更大，受众才会愈加信服。这种威信建立在传播者的综合素质上，可以是身份地位、资历威望，也可以是专业特长和才华能力。因为传播者所处的领域不同，面对的受众群体也不同，所以这种权威性建立的基础也有所差别。其次是相近和信任。这两个因素在一定程度上是关联的。信任并非单指因为传播者的权威性而信任，而是侧重从传播者的"精神品质"来说的，更侧重于受众对传播者的态度，如果说权威性夹带有一些外部因素，那么相近因素和信任因素则是源自内心的信任。再次是熟悉性和悦目性。它指传播者自身的形体外貌风度能给信息接受带来积极影响，也指信息本身经过适度包装之后更易于被受众接受的一种方式。

"守门人"理论也被称为"把关人"理论。学者勒温发现信息在传播过程中总存在"关卡"，这些"关卡"影响或决定信息能否进入传播渠道或以何种方式进行传播。其实这就是对守门人做了一个基本的限定。在传播过程中，守门人具有多重身份，并非只是传统意义上信息的筛选者，其把关的职能存在于信息传播的整个过程。高校思想政治教育工作者也要明确具有多重身份。首先是传播者的角色。毋庸置疑，思想政治教育能有效开展，必然要依靠思想政治教育话语的有效传播。其次是接受者的角色。思想政治教育工作者是面对学生传达和反馈信息的第一人，必然要正面接受并予以积极应对。再次是守门者的角色。教育工作者要对从学生那里传播出来的信息认真审视，做出权衡和比较，采取积极应对策略。对于可能出现的舆情，选用有效的沟通反馈途径，予以针对性疏导化解。需要指出的是，在开展高校思想政治教育的过程中，要更加重视传播效果，以此提升教育服务的质量和水平。

二、议程设置理论和沉默螺旋理论

融媒体时代，各种信息传播错综复杂，媒介报道五花八门，信息爆炸的时代也使得受众接受成为一个相对复杂的过程。当下高校开展思想政治教育之所以步履维艰，很重要的一个原因是当下的网络信息环境让师生感到无所适从。信息真假难辨，诱惑信息多，内容不深入，信息不准确，价值观存在偏差……只要打开手机，这些信息每天铺天盖地席卷而入。在信息爆炸的数字化社会生存成了一个新的课题。

大众媒介有能力通过一些问题建构起舆论话题，甚至影响和主导着受众对这一问题的看法。"议程设置"这种说法最早来源于麦库姆斯等人的《大众媒介的议程设置功能》，通过对某个话题、事件或议题的持续报道和关注，引发受众对此类信息的关注及进一步思考，从而在受众中间以及在社会舆论中引发一些影响。议程设置虽然不能决定受众的思考方式，也不能决定整个舆论的导向，但是，通过这种连续的议题关注效应，向受众暗示了什么样的议题正备受关注，这样，自然就引发了公众的讨论。议程设置实质是传播者通过传播媒介对话题的建构。因此，想要在舆情中占有传播的主动权，必须处理好"议程设置"的话题导向效应。

德国传播学者诺尔纽曼首先提出"沉默的螺旋"理论，并将它看作议程设置的一种形式。诺尔纽曼认为，在生活中很多人都会有被孤立的恐惧，因此在人际交流中，所有人都可以通过观察来了解哪类观点占优势，受欢迎，然后可以适时迎合这种观点。如果某种观点受欢迎，占优势，那么这种观点的持有者就会心存优越感，滔滔不绝；而对于另一种不受欢迎、处于劣势的观点，这种观点的持有者便会缄默不语。一方不断发声，一方保持缄默，在这个过程中处于主流的舆论会不断压缩弱势舆论的空间，并形成螺旋式的趋势与过程。表面上占有强势地位的舆论会更加强劲，占弱势地位的舆论会更加软弱，这就引导了话题的趋向。因此，强势舆论和沉默螺旋这两种状态，有时候是由媒介塑造和推动的，并非事情的真相。

"议程设置"和"沉默螺旋"效应在高校的思想政治教育中应该被重视。这是因为高校的网络舆情呈现出突发性、高发性和不易把控等特征，而且越来越成为高校治理的风险点和难点所在。首先是因为年轻受众特别是高校学生对热点议题有着较高的关注度，且对议题有着强烈的表达自我意见的权利意识；其次是学生群体中分散着一些特殊的"意见领袖",这些"意见领袖"往往带有较强的舆论引导能力。当然,这种舆论引导力并非刻意制造的,而是基于学生群体的特殊性,且"从众效应"也起着推波助澜的作用,此类"意见领袖"的议题导向作用是巨大的。"网络意见领袖可以通过议程设置制造热点话题引发大众的思考和讨论,并在议题发酵过程中源源不断地补充议题相关信息和提供价值导向和认知框架,从而引导网络舆论走向。"[1]

三、受众接受理论和意见领袖理论

信息传播过程中,受众也承担着重要的角色。因为受众既是信息的最终接受者,又是信息的反馈者。受众的接受程度直接决定着信息传播的效果。因此,从传播学角度研究思想政治教育,不可忽视的就是研究受众的身份特征和接受特点,同时了解他们的心理效应,掌握他们的动机和需要,针对性地予以引导。传播者制造的各种信息最终都流向受众,受众也是传播符号的译码者,这也揭示出传播信息的多义性解读这一特征。受众接受信息的过程和个人意识是不可分割的,同时,个人意识也依托于社会意识而存在。不难看出,受众最终接收到的信息是带有各种因素组合在一起的。受众的接受信息过程,实际上也是掺有个人意识的一种自我经验接受。

在信息接受过程中,受众群体又呈现出分散、混杂和隐匿等诸多特征,这就更需要传播者在传播信息的过程中把握好受众的类型特征。为了更好地把握传播过程中不同受众的接受特性,可以把受众放在传播的过程中做一个动态的角色定位。其一,个人差异论。这一点很明确,就是每个人所处的环境和个人经历必然形成不一样的生活阅历,阅历不同造成对信息的理解和看法也不尽相同。"受众心理或认知结构上的个人差异,是影响他们对媒介的注意力以及对媒介所讨论的问题和事物所采取的行为的关键因素。"[2]传播者在传播信息的时候,可以先对受众的性格特征、接受喜好和个人需要等做一些了解,然后针对此采取积极的传播策略。其二,社会类型论。根据受众的特性分为不同的类型,一般来说,同一类型的受众会对同一信息有大致一体的反映。依照这种推断,传播者和大众传播媒介就能够针对性地制作相关信息来吸引不同类型的受众,达成传播需要和目的。社会类型论也引申出社会

[1] 陈丽荣.高校网络思想政治教育工作新探 [J].学校党建与思想教育,2018(24):63-64.

[2] 德弗勒·鲍尔.大众传播学诸论 [M].杜力平,译.北京:新华出版社,1990:200.

关系论，即受众的特定生活圈也会对信息传播产生影响，也就是说受众在接受信息的过程中会受身边圈子直接或间接的影响。其三，满足需要论。这一点突出了受众的主动选择和接受权。媒体的主动推介并非起到绝对的实质性作用，最终的选择权还是在受众。所以，满足需要论是一种认为受众在整个传播过程中能起积极作用的理论。此外，还有社会参与论。这种理论认为受众应该主动参与传播，积极接受传播，并且大众传播媒介应该成为公众的讲坛，保障受众参与和使用大众传播媒介的权利。这种理论显然更维护受众在整个传播过程中对大众传播媒介的使用权利。

国内对于受众接受理论的研究，也是早已出现。最早是出现于艺术传播研究领域中，先后出现"知音论"和"无视论"，"灌输论"和"疏导论"以及"受众中心论"等理论。尽管这些理论有些分散、零碎、不成体系，但是至少可以发现，受众接受理论认为受众是传播过程中的重要环节，它决定着整个传播过程的闭环完成和循环反馈。受众接受是一个复杂的过程，有很多因素起着一些影响作用，其中影响受众接受的重要角色就是意见领袖。"意见领袖"这一说法最早出现在传播学者拉扎斯菲尔德《人民的选择》一书中，他认为"意见领袖"既是传播者也是接受者，同时也是守门人。意见领袖在大众传播和人际沟通中扮演着"桥梁"和"向导"的角色，也负责将传播内容"翻译"成符合身边受众接受经验的通俗易懂的信息。开展有效的传播，不能忽视意见领袖的功能，尤其在处理舆情的时候，意见领袖往往能发挥意想不到的作用。

四、知沟理论和使用与满足理论

知沟理论是关于大众传播与信息社会阶层分化的理论，由美国社会学家蒂奇诺提出，他认为："假如输入社会体系的大众媒介信息增加，该社会体系中较高社（会）经（济）地位者可能得到信息的速度比较低者要快，因此这两个不同地位间的团体的差距也可能越来越大，而非缩小。"[1] 该理论一经提出，就引起了传播学、社会学学者的高度关注。因为该理论宣告了随着经济发展、技术的进步，社会成员平等接受信息这一观点的谬误。知沟理论阐述了大众传媒时代的阶层分化，在新媒体时代，互联网以及社交媒体的发展缩小了网端信息接入的差距，降低了互联网进入的经济壁垒，但同时知识付费以及其他付费服务的兴起又构建起一道新的墙壁。在思想政治教育活动中，"知识沟"指向了作为传受双方的教师与学生之间的信息差，

---

[1] 单纯 ."知识沟"理论的演变及其社会意义 [J] 社会科学，1993（8）: 70-73.

教师应当帮助学生跨过知识沟，这成了思想政治教育活动得以维系和进行的重要前提。

"使用与满足"这一概念由传播学家伊莱休·卡兹于1974年提出，它通过分析受众对媒介的使用动机和需求满足，进而考察大众传播给人类带来的心理和行为上的效用。马斯洛将人类需求分为生理需求、安全需求、社交需求、尊重需求和自我实现需求。在低层次需要被满足之后，受众就有了新的更高层次的需要。这一研究开创了从受众角度考察传播过程的先河，同时也为思想政治教育的接受动机及效果研究提供了新的视角。学生是有特定"需求"的个体，他们积极主动参与思想政治教育活动必定是基于特定的需求行动，从而使这些需求得到"满足"。作为个体的学生，对思想政治教育的过程发挥着能动的反作用。

五、框架理论和涵化理论

社会学家戈夫曼在1974年出版的《框架分析》一书中明确为框架作出定义。框架是人们用来认识和阐释外在客观世界的认知结构，是对现实生活经验的归纳、建构与阐释的依据。作为一定的知识体系或认知定势，媒介框架指代了媒介机构（传者）对信息的基本判断以及其动机、立场、倾向和态度。受众框架指代作为接收者的个体对信息的解构过程，是个体社会经验的积累与总结，既有的价值观、态度以及行为取向影响最终结果。框架理论表明，知识在传和受过程中依赖于既有的范式和经验，在个体的认知建构中依托一定的框架将有助于保证思想政治教育的最终效果。

涵化理论是关于大众传播的潜移默化效果的一种理论，又叫作"培养理论""教化理论"。该理论认为大众传媒具有特定的价值和意识形态影响，大众传媒在形成"共识"方面发挥了巨大的作用。思想政治教育活动是一个涵化的过程，也是一个"双向吸引"的过程。在这个过程中，教师要着力发挥主流的影响力，通过分析受众的兴趣喜好调整传授内容。学生借助网络可以亲自参与到思想政治教育过程中，使思想政治教育内容与形式根据需求的反馈进行持续调整。

第二节 传播学与思想政治教育的关系

思想政治教育与传播学有着千丝万缕的联系。从学科角度来看，"思想政治教育是一种以思想政治教育话语为基本载体、表现形式和教育内容的信息传递与交流活动" [1]。在媒介赋权带来的社会风险激增、治理难度趋大的后真相时代，传统的思想政治教育方式已不再适应时代需要，思想政治教育过程中主流权威消解、传播效能弱化、"去中心化"等问题依然掣肘。综合考察传播媒介的影响机制，加强对媒介传播与思想政治教育之间的关系以及思想政治教育与媒介话语方面的研究正当其时，十分必要。

一、作为传播实践的思想政治教育

思想政治教育是人类社会实践的重要组成部分，是与一定的社会和阶级意识形态活动相联系的教育活动。在国外相关研究中，多是用政治教育、德育教育和教育管理等概念来展开研究。但由于国别、地域和文化观念等方面的认知理解不同，研究内容及侧重也有明显差异。在国内，作为一门在改革开放过程中（20世纪80年代）兴起的新兴学科，"它脱胎于中国共产党的思想政治教育基本经验，却并非只适用于中国或中国共产党的活动" [2]。其研究以促进人类全面发展为最终旨归，思想政治教育学科带有明显的科学性、综合性、复杂性的特征，理应借鉴和汲取社会科学的一些理论与成果，比如哲学、政治学、经济学、管理学、心理学、教育学等，综合运用不同学科视野来研究和解决问题。

传播学正是基于这种学科建设原则进入思想政治教育研究领域的，并为思想政治教育活动的有效开展提供了新的视角。在学界看来，思想政治教育的基本逻辑是，"教育主体有目的、有计划、有组织地向教育客体施加思想和道德方面的能动影响，使之形成符合社会要求的思想品德的社会实践活动" [3]。从认知建构再到价值传播，思想政治教育的意识形态属性与传播媒介的价值功能高度耦合。

（一）思想政治教育具备大众传播的基本要素

思想政治教育活动一旦发生，首先表现为一种典型的人际关系传播活动，具备5W传播的基本要素。教师是传播过程的主体（who），主要负责从传播形式到内容的有目的的建构。思想政治教育活动带有明显的阶级性，是传播主体背后"赞助商"的意志影响与议程设置的结果，体现为一定阶级或集团的根本利益。教育教学内容（says what）是传播过程中的信息，不论是通过语言、文字还是其他音像载体、肢体

---

[1] 胡玉宁.思想政治教育话语传播要素的协同性分析 [J].学校党建与思想教育，2021（7）：21-24.

[2] 张麦兰，刘建军.关于思想政治教育学科定位的思考 [J].思想·理论·教育，2006（17）：37-39.

[3] 朱松柏.基于"主体间性"思想政治教育建构与功能 [J].理论月刊，2012（4）：163-165.

动作等（in which channel），统统指代了传播媒介的介质形式。作为传播的客体（to whom），学生是信息的接收者，也是传播过程中的受众。学生对教育教学的反馈以意见的形式返回到思想政治教育活动中，最终体现为传播效果（with what effect）。

"思想政治教育是具有特定指向的教育活动，涵盖了传播学中传播主体、传播客体、传播载体、传播环境等构成要素。"[1] "传—受" 模式所强调的正是传者和受众之间在其共同享有的经验范围之内进行知识与情感的联系交流，这就对传播的内容和方式有了更高的要求，也对传播者和接受者的身份地位和经验特征等作出了限定。思想政治教育活动并非简单线性或是双向传播，它是一种涵盖各种传播要素，可同时兼容多种传播模式机制，并受各种传播条件约束的互动传播活动。在融媒体时代，思想政治教育活动不再局限于课堂课外的人际传播，更多的是通过网络新媒体等途径展开，愈来愈多地表现出网络传播的特征。

（二）思想政治教育是基于"使用与满足"的传播实践

思想政治教育不仅是一种思想传播活动，也是一种动态的信息传播过程。"使用与满足"理论把受众使用媒介的这一行为视作基于特定需求获得"满足"的发展性过程。由于教育资源自身存在的不平衡性，导致传播主体往往是通过教育活动改造客体并使之向符合传播主体需要的方向引导。因此，可以将思想政治教育过程视作一个动态的信息传播与接受的过程。思想政治教育活动之所以发生，其根本原因在于传播者与受传者之间的（思想政治道德）信息差异。

思想政治教育活动是一个理论学习、实践认知、心理认同和行为接受的过程。它以受众需求为导向，传播者（教师）必须将受众（学生）所需的、有用的且有一定社会意义的信息，通过课堂或言传身教进行传播，以此弥补教师—学生之间的"知识沟"。相较于其他课程，双方之间的情感传递也是思想政治教育活动发生的重要动因，传、受二者在接受信息传播过程中实现目的与动机的统一，是保障思想政治教育有良好效果的重要基础。

（三）思想政治教育是意识形态传播的话语实践

意识形态是保证思想政治教育与传播实践实现有机联系的重要介质。传播媒介通过提供丰富的信息以及议程设置等方式，使大众社会意识达到或符合政党组织所预设的目标和要求。"作为承载社会主导思想观念和价值立场，促进教育者和受教

---

[1] 张北坪，崔靖坤.传播媒介对思想政治教育的价值分析 [J].教学与研究，2015（12）：13-17.

育者有效互动的语言符号系统，思想政治教育话语传播直接影响思想政治教育的实效性。"[1]

话语是信息传播的有效载体，是特定形态下思维与语言结合的产物。在高校管理治理实践中，往往是借助有效的思想政治教育话语进行主流意识形态建设。话语实践赋予了学生参与发现、体验和感悟事物的主动权，赋予学生双向传播的权利，而不再是传统的单方面教育过程，并由此转化成为一种立足于实践的互动教育和隐性影响。归根结底，思想政治教育本身就是以话语为传播实践的意识形态教育活动。

二、传播媒介对思想政治教育的发展提示

作为一种指导思想和行为准则，思想政治教育规定了学生的认知及体验方式。与此同时，媒介发挥着"承载和传递、连接和凝聚、疏通和导向"[2]的思想政治教育功能。媒介技术不断进步，移动互联网蓬勃发展，极大地缩短了人际交往的距离，促成了思想政治教育的变革，并呈现出新的价值特质。

一是传播媒介的迭代性。传统的思想政治教育多以报刊书籍、音像资料和课堂面授为主要传播途径，多是单一的线性传播，交流也常是一对一的直接沟通。由于教育方式及手段的局限，学生正面和老师交流探讨的情况不多，学生与教育者之间的隔阂与差距始终无法消除。智媒时代思想政治教育活动被技术赋能，进入了"万物互联"的新阶段。思想政治教育从以内容为核心的单向传播变成了以技术为驱动的交互沟通，形成了更优于传统媒体文字叙事的信息传播方式。媒介技术的持续更迭，不仅使思想政治教育的场域环境和介质载体发生了变化，更重要的是在更新话语理念、优化话语内容、提高媒介素养和重构话语语境等方面构建出思想政治教育话语发展的现实路径。

二是智媒平台的数据化。随着智能媒体勃兴，信息爆炸成为重要的媒介现象，社会成员对信息与数据的依赖前所未有。作为互联网的"原住民"，当下的人类生产生活全部以数据的方式存在，数据详细地记录了个人的喜好与行为习惯。借助大数据和算法技术，可以通过获取受众的网课选课、浏览记录、观看时长推断学生的喜好习惯，为思想政治教育提供较为精准的"用户画像"。在大数据思维影响下，思

---

[1] 靳玉军，罗春艺.青年思想政治教育话语发展研究 [J].中国青年社会科学，2018（3）：73-79.

[2] 张瑜.论思想政治教育传播媒介的主要特征、历史发展及其影响 [J].思想理论教育导刊，2020（12）：124-128.

想政治教育的重点在于能否形成智慧化的内容分发机制，实现内容与用户的精准匹配，并最终促成数字信息应用的革命性变化。

三是以人为本的方法论。互联网的出现带来了传受关系调整，改变了传统以教师为主体的思想政治教育关系，出现了"人人都是麦克风"的多元教育主体。在此背景下，统一性的思想政治教育思维框架与个体价值认同期待之间产生偏差，部分思想认知无法与游离于话语空间边界之外的受众达成共识，传播技术的迭代与传播观念革新之间不相适应，师生教育之间的良性互动无从谈起。在"去中心化"与平等对话的互联网世界中，传播媒介更加明确了"受众本位"的理念，把学生作为教授内容的消费者，以此维系一种更加平等的关系，重视教育效果及反馈将是传播学受众思维带来的一种新的理念。

总之，传播媒介的持续更迭对于思想政治教育学科的发展至关重要。从教育的主体性而言，思想政治教育带有一种行为施加性质，思想政治教育传播过程就是传播者引导受传者自己主动建构认知与情感结构的实践活动过程。其本质是一种对话式教育，是传播者与受传者之间互动的双向建构过程。思想政治教育作为一种基础素养和人文品格教育，应该在"传—受"互动传播中不断提升教育功能，通过不断的正向激励作用，使每个个体不断趋于自我完善与升华，并最终促进人的全面发展。

第三节　传播学视角下高校思想政治教育研究的热点问题

传播学为高校思想政治教育研究提供新的视角，也促使"网络思想政治"等新兴思想政治教育方式成为可能。需要指出的是，思想政治教育是一门实践性很强的学科，其生命力来源于实践，实践中出现的问题和挑战是学科应重点聚焦解决的问题，并以此促进理论与实践双向互动，彰显思想政治教育的实践特色。

一、互动传播模式下思想政治工作者的"守门人"效应

互联网快速发展的今天，各种传播媒介和传播信息层出不穷，信息呈爆炸式传播。特定的媒介环境催生了新的传播方式，为思想政治教育工作提供了互鉴互动的可能。互动传播模式在为传统的思想政治教育的单线传播提供了一个交流回路的同时，也延伸了传统思想政治教育转化空间。当然，传播学视域下的互动传播模式虽为思想政治教育提供了一些新思路、新方式，但不能忽略的是思想政治教育活动中

"守门人"的话语表达。传播学中的"守门人"具有多重身份，而高校的思想政治教育工作者，实际上承担了守门人的职能，其首要任务是通过思想传播开展教育教学活动，倘若要实现很好的传播效应，从传播之初就要精准考量受众的接受偏好，同时也要在传播过程中和传播活动完成之后及时关注受众的反馈，"网络环境的可匿性使教育者与教育对象在交流过程中减少了角色地位的话语阻碍，使得教育内容出现复杂的无意识状态"[1]。高校思想政治教育工作者倘若要在青年学生中筑好抵御不良信息传播的壁垒和屏障，必须严格履行把关人和守门者的职责。

融媒体时代，各种信息竞相传播，传播者和受众之间的互动传播也愈发紧密，一些自媒体带有强烈的个人意识，还有一些信息未经核实就被肆意传播，这些都给高校的思想政治教育工作带来挑战。同时，高校学生也擅长发现和使用新事物，自媒体平台给了他们更多展现自我个性化思想和个体生活的空间，网络中"看不见的受众"彼此之间的频繁自由互动也促成了这种自媒体传播方式的集聚。不能忽视的是，新事物的发展必然存在着一个不断自我完善、更新迭代和适应环境的过程，而在这个过程中，高校中的"守门人"应该发挥积极作用，做到主动引导、疏通，同时也要正视自己的身份。"网络空间的虚拟性与思想政治教育场域的虚拟化，消解了教育者和受教育者的具体时空特性。"[2]传播学的"守门人"要在"传—受"的互动关系中，把握好信息传播和舆论引导问题，在议题产生之初、议题传播过程中，乃至在处理突发舆情的过程中都承担着重要的角色。

二、思想政治教育中的议题设置和新闻框架

传统的输出式或灌输式的传播模式已不适应时代发展需要，新时期的高校大学生思想政治教育工作也是如此。议题设置并非刻意制造话题，引导舆论。通俗来讲，议题设置在于树立一种主流价值导向和确定一种主流意识形态。这里所指的主流意识形态并非特指上层建筑政治结构，它更倾向于一种思想认知的集合，是在互动传播过程中逐渐自发形成的一种对事物或事件的看法和认知。

融媒体语境下，自媒体通过多种方式表达自我观点，这种个人化的话语表达很容易在传播过程中被误认和曲解，需要对"碎片化""自由化"的话语予以积极引

[1] 叶进，董育余.新时代大学生网络思想政治教育的现势及对策 [J].云南农业大学学报（社会科学版），2020（3）：106-110.

[2] 李颖，勒玉军.网络空间视域下高校思想政治教育治理的创新发展研究 [J].重庆大学学报（社会科学版），2020（3）：215-226.

导。同时，这里所指的议题设置，是指巧妙地去设置、引导一些话题，从而实现通过话题效应达到思想政治教育的目的。首先需要注重议题的适用性和新颖性。融媒体信息传播时代，传播的内容和形式也要注重新颖。其次，议题设置需要有正确的舆论导向和话语控制权。议题设置并非无目的"漫谈"，而要有明确的指向性。对于思想政治教育而言，议题设置要注重对话语权的把控，避免舆情失控。再次，议题设置需要合适的新闻框架，即通过既有的框架来"建构"对新事物的认识，通过某个事件阐释或揭示另一个议题，以此来论证一种关系或阐明一种观点，从而实现思想政治教育的目的。

在传播过程中，议题设置的最终目的在于确定或树立一种意识形态导向，正确的校园舆论导向对于高校开展思想政治教育工作具有重要意义。意识形态是一种哲学理念范畴，它是人对事物的认知和理解，是一种价值观念，源于社会存在。但是，因为人具有主观能动性，个体的意识形态受环境、思想、教育、价值取向等因素影响，这就造成意识形态存在的多样性和复杂性。青年大学生处于个人认知和社会价值相互融合的关键时期，对于一些可能出现的校园舆情，如果不能及时加以引导，往往会产生一些严重的后果。"网络意见领袖的不足，导致主流思想舆论在网络空间的传播力与网络意识形态建设的要求仍然有相当的差距。"[1] 同时需要注意的是，这种正面引导不仅是通过思想政治教育活动，同样也需要在网络平台同步开展。当然，引导和把关要结合起来。"媒体所面临的导向偏差、新闻失实、伦理失范等风险随时可能发生。全媒体时代，把关显得尤为重要。"[2]

三、网格化管理中受众心理效应和意见领袖功能

网格化管理实质是一种行政管理改革，它是依托数字化管理的平台，将管理辖区划分成单元网格。作为一种革新的管理理念，网格化管理方式正在融入高校思想政治教育工作中，促使学生实现自我管理与自我教育，进而实现人格自我完善以及全面发展。

网格管理从属于管理序列，但同时又与受众传播心理学密切相关。受众的心理效应是指受众在接受信息的过程中所受到的一些外界影响。这种影响既能表现为受

[1] 李嘉莉，马学思. 高校思想政治课教师的网络舆论"把关人"角色刍议 [J]. 思想理论教育导刊，2019（2）：144-147.

[2] 张清. 做好全媒体时代的"把关人" [J] 新闻战线，2019（16）：34-36.

众接受信息的一种趋势和态度，也能为传播者所用，提升思想政治教育的效果。威信效应是一种有效影响受众接受心理的方式，利用传播者个人或群体的权威性和可信性对受众心理的影响，使得信息更容易为受众所接受。研究显示，当受众把信息的来源界定为具有权威性和可靠性的位置上时，其内心自然会默认信息的可靠性而选择相信。这种威信源于日常积累和平时信任。从传播者角度而言，必须增强"意见领袖"的威信，以增强受众对于信源的接受程度。名片效应是一种建立在威信基础上的心理倾向，即传播者先向受众传播一些他们喜欢的、熟悉的和易于接受的观点，让受众产生一种相近的印象与感知，拉近与受众距离，降低他们的防范心理，以便进行有效信息传播和舆论疏导。晕轮效应和投射效应提示了受传者在接受过程中可能出现的以偏概全和认知偏差。受众在信息选择—接受的过程中会因为主观或者客观的原因而改变个体心理接受程度。类似的还有"从众效应"，即在信息接受过程中采取和大多数人一致的态度，很少有带有个人意见的反馈。

网格化管理中重要的一环是网格员。通俗来讲，网格员就是在人群中按照相对规律分布的一些关联点，通过这些关联点让每个个体产生关联，最终形成网格。而网格员恰恰发挥着传播活动中意见领袖这样一个角色的作用。意见领袖一般与身边的被影响者在身份上处于平等关系而非上下级关系，对于普通大众，他们因为身份的接近致使意见更容易被接受，意见领袖的作用不容小觑。直白来说，意见领袖的最直接的功能就是中介功能，但这里所指的中介并非两者之间的简单传达，而是发挥着特殊的"缓冲体"作用。传播是"传播者——媒介信息——受众"这样一个互动过程。意见领袖的出现，使得媒介信息和受众之间出现一个中间地带，这种中介能引导受众去理解媒介信息，甚至做出舆情研判。

网格化管理中，意见领袖作为一类特殊的"网格员"，其在传达信息、引导舆论和化解舆情中发挥着重要作用。首先，意见领袖能够对先行接受的大量信息经过自己的阅历积累实现相应加工与解释，然后传达给其他受众。至于加工到什么程度，做怎样的解释，取决于意见领袖的认知结构、价值观念、个人利益和其他利益的交互关系等因素。其次是扩散与传播的功能。意见领袖也是传播者，具备对信息经过自我加工之后再扩大传播的能力。再次就是引导和协调的功能。对于符合自己或者其所支持的团体的主张和意见，意见领袖会积极协调操作，促进此类信息的传播和接受。反之，对于损害相关利益的，意见领袖可能会利用自身身份优势，予以指责或攻击。

第四节　案例：流浪狗与网络旋风

在开展思想政治教育的过程中，网络平台是高校大学生思想动态产生波动的高发地，以"树洞"、论坛为代表的公共社区更是其中的典型。校园树洞、论坛开设的目的是让同学们有自由交流的平台，但匿名的公共社区为学生提供了情绪发泄的出口，一些负面的内容，如涉及国家政治、个人隐私、夸张事实、诋毁同学等充斥其中，甚嚣尘上。网络舆情始于具体的舆情事件或社会冲突，而当作为媒介议题的社会事件进入到互联网场域时，便被赋予了媒介信息传播的特征。因此，高校网络舆情的预防及引导工作，必须先从争议性议题和冲突事件着手。

一、案例介绍

2019 年 6 月，浙江某高校发生一起关于"流浪狗被打杀"的网络舆情事件。起初并未产生很大影响，但是随着事件发酵，在学生群体中引发了强烈的舆论氛围，给该校的教育管理也增加了压力。

2019 年 6 月 15 日，浙江某高校学生下晚自习返回生活区，发现一男子手持木棒追打校园内一流浪狗。于是上前查看，男子发现该学生后，逃窜至生活区不知去向。这个学生随即把信息发至校园"树洞"，很快引发众多网友关注。因为正是晚上回寝室休息时间，很多看到消息的人聚集在生活区门口了解事情原委。这个时候某学生在生活区门口一花丛中发现了口溢鲜血的小狗的尸体，吸引大量学生围观拍照，发朋友圈，发微博，内容多是：校园流浪狗被打死，施暴者闯入学生生活区；请学校封堵校区，搜查施暴者，查明施暴者身份和动机。学校的应对是，安排辅导员到现场了解情况，安抚学生情绪；同时通过保卫处和后勤处了解相关情况，第一时间做好应对。很快学校这些部门给予在场学生答复：有校外猎狗者潜入校园，偷狗施暴；学校会配合公安部门及时抓捕施暴者，予以严惩。

学校这些部门的做法非但没有平息舆情，反倒引发更强烈舆论，有些学生质疑学校回复。一是说校外人员闯入校园，学校的安保如此薄弱，倘若闯入其他不法分子，学生的人身财产安全如何保障？二是按照学校所说，假若是外面的不法猎狗者，为什么不是对狗实施偷窃，而是棍棒残忍打死，并且是对于刚出生的小奶狗？他们有什么意图？三是事情发生后，学校为什么总是想着让大家先解散回去等答复，而不是针对事件给予一个及时准确的说法？学校对事件是不是有什么隐瞒？

疑问和猜测让同情心和爱心满满的学生们义愤填膺，开始三五成群地在校园内展开搜索，想要找到打死小狗的施暴者。一波未平一波又起，搜寻的同学又在不远处的草丛中发现另一只小狗的尸体。同学们一直关注的大黄狗产下的两只幼崽都被打死。有的同学情绪急速低落，有些女生开始抽泣，部分学生甚至有情绪失控现象。现场仍有辅导员劝慰学生回去等消息，不要聚集。有学生当场质问辅导员：老师，您有同情心吗？您看到这不心痛吗？您就不给个解释吗？为什么总是让我们回去？一时间辅导员也无言以对。现场一度陷入僵局。

最后，一名学生在人群中高声呐喊："同学们，对于这样的现象，我们都很气愤，我们都很难过，我刚才也向我们学院老师反映了这件事，老师说学校正在紧急调查这件事情，一定会给大家一个交代！我们大家在这里也帮不上什么忙，都这么晚了，咱们先回去，等也不是办法。我是XX学院XX专业的XXX，大家可以加我微信，我这边也会继续追问消息，一有消息我就给大家说。学校也会很快出调查结果的，一定会给大家一个交代。"这个同学说完，拿出手机，聚集的学生纷纷加微信。之后，学生慢慢散去，校园秩序恢复正常。后续学校公示：学校后勤某工作人员采用暴力手段驱逐流浪狗，针对其行为已采取严厉惩处。

二、案例分析

在网络风险与社会转型期的特殊语境下，频发的媒介冲突与争议现象成为一种重要的社会景观，由偶发事件引发的校园舆情事件不在少数。通过对该案例的深入分析，有助于寻求高校突发事件中的理念共识的建构路径，进一步考察争议性媒介议题中的治理困境及解决对策。

（一）议题生成：个体争议如何赋权公共属性

突发事件背后往往都有其社会性根源。一个看似偶发、毫不起眼的事件，可能是长期冲突与矛盾带来的结果，暴露出校方与师生之间缺乏信任的现状，同时也直指高校可能存在的管理的漏洞与问题。不禁要问：何种原因促使这样一个事件引发如此大的舆情，学生们义愤填膺的根本缘由是什么？仅仅是因为爱心和同情心？从社交平台上的留言可以看出，事件的最终走向伤害了爱宠人士的情感，引发了群体性情绪愤慨，并由互联网传播肆意扩散。"小黄走了，我的心碎了，忘不了每次下晚自习都看到它摇着尾巴跟着它妈妈跑在校园，多么有爱！打死它的人告诉我为什么！""考研那段时间，从图书馆出来，每次都能看到大黄，它是我的一段记忆。现在大黄的两个孩子没了！要求学校查明真相！严惩施暴者！""我每个月都挤出一部分生活费给小黄小黑买火腿肠，他们那么可爱，这是为什么？"……大量的图片和文字被转发、评论。究其原因，一方面是事件本身具有很强的争议性，一些学生把校园流浪狗当成自己的朋友和精神寄托，饱含爱心、同情心的青年学生失去朋友，必然伤心难过，这是引发舆情的直接原因。另一方面是长期以来存在的不信任，导致校方与学生之间的质疑、对抗，是引发事件持续发酵的重要原因。

（二）舆情扩散：舆论场上如何竞争互动

在舆论研究范畴中，始终存在官方和民间两个舆论场，两个舆论场之间又时刻处在相互竞争又相互合流的过程中。在议题生产、舆情扩散阶段，学校的应急处置能否促成两个舆论场之间的合流，是这阶段研究的重点。

首先，学校相关部门既然知道事情真相，为什么不是直接告知真相，而是先采取拖延战术，试图掩盖真相，最后又迂回澄清事实真相，如此做法是否真的有助于舆情事件的妥善解决？当然，后续学校澄清事实真相，及时消弭舆情，值得肯定。但是，起初的遮蔽真相后会否造成更加难以控制的群体性事件，被撕裂的社会信任还能否修复，这种情绪缓冲的办法又是否可取？暴露出的问题值得商榷。在高校公共危机事件面前，管理者与师生直接面对面，缺少必要的缓冲，很容易引发高校的舆情波动。事件刚发生时，主要以人际传播和组织传播形式进行有限传播，学生的情绪只能在人际和朋友圈之间扩散，但是校方三缄其口、模棱两可的态度，使学生在社交媒体上发出质疑，直接引发学生们情绪的连锁反应。

其二，学校在群情激动时候做缓冲处理本无可厚非。但是涉及部门在没有查清真相前企图用校外人员闯入校园这样与事实不符的借口，推脱责任，搪塞学生。难道不担心学生识破之后，无法收场？为了掩盖事实，而自露马脚，暴露出更多问题的做法又是不是得不偿失？事件中说校外人员进入校园打狗，这样的解释，不符合事件逻辑，违背窃狗者动机，暴露了校园管理的漏洞；简单粗暴地搪塞应付，更是激发了学生的探求真相欲。这就是舆情应对中经常提到的"次生舆情"，它以原生舆情为基础和诱因，由外在的事件信息的延伸、议题的转变对网民内在情绪的刺激所致。由此，舆情讨论话题变得复杂多元。两个舆论场之间的合流变得愈加困难。

其三，学校最后的处理方式妥当吗？平心而论，学校的处理意见还是相当诚恳的，最后的处理结果还是让学生满意的。事件发生后，学校紧急处理：首先，第一时间安排学校各部门到现场做应急处理，第一时间给出回应，并承诺尽快澄清真相，向全体学生公示；其次，澄清事实，明确是学校后勤人员所为，并予以严惩；

再次，对于死去的宠物狗妥善安置，将发现小狗尸体的草丛用警示线圈出来，后续进行绿化处理；最后，要求学校所有部门及时整治，引以为戒，加强部门人员纪律意识、服务意识和大局意识培训，杜绝此类事情再次发生。可见，真诚和平等的公开交流才是保障舆论场"风平浪静"的关键前提，否则就会陷入"自说自话"的境地。

（三）舆情消弭：共识话语如何付诸实践

事件发生后，引发很多学生集聚围观，原因在于校方没能第一时间将事件妥善解决。在舆情应对处理过程中，影响事件进程的话语尤为重要。当事方以推脱做出意见合流的话语表述时，不仅没能消弭事件，反而引发了更大的质疑。而另一方面，最后出现的学生"意见领袖"，其表述言辞恳切极大地引发情感和内心的共鸣。对青年学生而言，尤为反感抵触的是不正面回应，推诿捏造事实，这是他们拒绝接受的。再加上网络上传播的爱心和同情心交织的图片和文字，引发了很多人的"共情"，现场聚集的人越多越容易造成这种情感的积聚。所以，必须找到一个合适的疏通口。显然，话语的解读和实践，对有关争议的认知和社会共识的构建有着极为重要的影响。

三、案例启示

网络是新闻的催化剂，各平台的信息量井喷式增长，作为个体发声主力军的网络"原住民"表达欲望和想法更为强烈。在高校思想政治教育过程中运用传播学思维开展思想政治教育工作成了时代的必修课。

（一）纠正行政控制为主导的制度体系和行动逻辑

新时代的舆情治理体系是多元主体共同建构的、有序的竞争合作体系，并且在一定的原则指导下进行。而官方强势主导恰恰是导致舆论合流过程中既缺乏竞争，又相对封闭的主要原因，并预示着官方话语失灵的可能。"媒介即人的延伸"，当今时代任何信息在互联网传播社会都是难以封堵的。它是一个即时的互动传播过程，人为的控制势必会遭受更加强烈的反弹。为此，官方在处理舆情的过程中，既要"守正"，即守住事实真相的底线，同时也要"破壳"，即对于已经生发的舆情主动"破壳"，让受众直视事实和真相，而不是让受众反复去猜忌蛋壳里究竟会孵出怎样的事实和真相。对于传播过程中意见领袖的导向作用，潜在的沉默螺旋效应呈现出来的趋同性，以及舆情生成之后的管控和疏导举措，官方应用合理的方式化解和疏导，应坚决反对一刀切的舆情处理方式。

（二）构建公共利益为原则的话语体系和媒介框架

话语实践对于舆情消弭和共识形成至关重要。很多思想政治工作者都绞尽脑汁尝试了许多策略与方法，如尽量避开舆论风头，把舆情扼杀在摇篮里，通过线下做工作让"删"、不再"转"，这些都是舆情应对中治标不治本的保守处理方式。在"受众本位"的方法论影响下，话语处置争议和塑造社会认同的首要条件就是充分尊重学生主体性地位，这是形成共识的重要前提与信任基础。教师与学生、管理者与被管理者，不同主体在最初所存在的解读框架内可能是冲突与敌对的关系，但随着各方依据一定的原则在框架范畴内寻找共识，并依据各自的特征进行修改与调适，就会在公共利益的基础上形成"多元一致"的意见共同体。在"棒杀宠物"事件中，最后出现的学生以"意见领袖"的身份从第三方、公共性角度提出了合理的解释框架，最终促成事件的妥善解决。"融媒体""智媒时代"是"以人为本"的传播时代，多维空间和虚拟场域中"守门人""意见领袖"的话语表达，更要兼顾好社会公共性原则，唤醒传受双方的公共话语权意识。

（三）健全多方参与为依托的治理体系和优化路径

"现代教育治理体系的主要内容是政府宏观管理、学校自主办学和社会广泛参与，三者互为依托。"[1] 高校思想政治教育和网络舆情治理具有密切的交互性，对"守门人""意见领袖"的角色定位和认知会为高校开展思想政治教育提供更多的可能。媒体处于高校与师生之间的中间环节，发挥着披露事件始末，传播事实真相，传递官方态度，弘扬社会价值的重要作用，为思想政治教育工作提供了优质的介质与载体。另一方面，"意见领袖"则对学生群体意见的合流分化产生深远影响，影响到作为受众的学生选择接受哪些信息，进而影响到学生对官方话语框架的解读。因此，重视媒体的官方报道和"意见领袖"的作用，将会极大地促成官方和民间两个舆论场的合流，并形成有效的协同机制。

---

[1] 赵磊磊，梁茜，吴学峰 . 教育治理信息化：价值、结构及实施路径 [J]. 现代远距离教育，2019（1）：77–82.

CHAPTER 5

第五章

做好辅导员的第五课

——懂点法学的方法

法学家张文显认为："法治是国家治理现代化的基本方式。"[1] 法治是当前社会治理的重要手段，是实现思想政治教育治理的基本方式。推进思想政治教育治理法治化本身受社会发展阶段的影响和制约，同时也深远地影响着社会治理的进程和最终成效。在法治逐渐成为保障人们生活重要方式的背景下，思想政治教育作为包含政治、法律、道德等多方面的综合性教育，也应将法治教育纳入教育内容中。[2]

第一节　法学经典理论概述

法治之所以能够成为一种治国方略，是因为从长时段的历史发展进程来看，其所逐渐积淀和蕴含的价值追求符合人类社会发展的总体目标。那些经历反复实践和验证的重要法治理念对于人类社会的良好运转和良性发展有着不可取代的作用。人是法治的起点，人的自由全面发展也是法治的最终目标。这与高校思想政治教育的目标高度一致。

一、核心内涵的建构：良法善治与教育内容合理设计

党的十八届四中全会指出，法律是治国之重器，良法是善治之前提。如果缺

---

[1] 张文显. 法治与国家治理现代化 [J] 中国法学，2014（4）：5-27.

[2] 王淑芹，李文博. "思想政治教育"概念的廓清与释义 [J]. 思想政治教育研究，2018（8）：124-127.

少良法，就根本谈不上善治。历史上，古今中外的学者就良法善治给出了多角度的解读。亚里士多德认为法治包括两个方面，一是全体公民遵纪守法，二是公民所信奉的法律是正义的法律，即良好的法律。我们现在所言的建设中国特色社会主义法治国家，既要具备有法可依的基础和保障，更要注重良法的创立和完善。从现代性的角度看，"所谓良法，就是反映人民意志，尊重保障人权，维护公平正义，促进和谐稳定，保障改革发展，引领社会风尚的法律，就是体现民意民智，符合客观规律，便于遵守和执行的法律"[1]。当公民对法律内容所体现出来的价值、意义和可能产生的实效能够认同、内化，才有可能遵法、守法和用法。如果他们认为面前的法律规范虽具备形式要件上的强制性，但却在价值评判中被认定是劣法，甚至被判定为恶法时，可能仍会做出一系列违反法律要求的行为，从而损害法律的尊严，导致法治的虚化。

法治得益于健全完善的良法律令，它对于加强和促进高校思想政治教育发挥着价值指南的作用。因为思想政治教育虽具有明确的自身的价值属性，但在教育内容上缺乏具体的设计指导，高校思想政治教育工作者要时刻注意丰富教育内容，以此提升自己的话语权。

法律的创制本质上是在价值判断的基础上对社会关系作出再调整，其核心是价值判断。思想政治教育的内容合理性建构中，价值考量同样十分重要，而价值合理性主要来源于对人本身的关注以及人和社会的关系调整。[2] 马克思和恩格斯在《德意志意识形态》中把人的需求分为生存需求、享受需求和发展需求。人的全面发展需要涵盖了物质层面的需要、社会层面的需要及精神层面的需要。合理的思想政治教育内容必须首先正视和满足人作为个体的全面发展需要中的精神层面需要，参考法治相关内容进行设计，比如公平正义、自由民主、社会权利等内容。另一方面，人作为一切社会关系的总和，思想政治教育又蕴含着统治阶级关于社会治理的价值体系和行为规范，其教育内容必然包含符合整个社会发展需要的意识形态教育和规范引导。

二、价值信仰的树立：积极守法与规则意识

日本著名法学家川岛武宜认为："整个社会的法治需要依靠个体良好的遵法、守

---

[1] 靳昊. 四十年，法治强国——对话著名法学家张文显 [N]. 光明日报，2018-12-02（7）.

[2] 刘云林. 思想政治教育内容的合理性探析 [J]. 学校党建与思想教育，2009（23）：6-8，314.

法精神。"[1] 从个体与法律关系的层面来看,其发展历程从最初的消极服从到主动利用法律维护自身权益,反映的是积极守法的产生过程。积极守法既要严格遵守法律,也要懂得使用法律以及敬畏法律。当公民自身的合法权利遭到损害时,首先应当通过法律途径来解决,而不是寻求其他非法的途径。在目睹他人违法犯罪时,公民可以利用法律与违法犯罪者斗争,最大限度地捍卫法律尊严,确保法治公平。同时,积极守法者是出于高度理性而对法律产生信任和认同,既遵守字面意义上的法律规范,又极其赞同法律所体现出来的自由、平等、正义等核心价值。法治社会内在的要求就是人人都讲法律、守法律、用法律,这样才能全面发挥法律的治理功效。从社会层面来看,积极守法体现的不只是公民个人的文明素养,更是现代社会发展的迫切需求。

公民之所以能够做到积极遵守法律,大部分归因于其对法律法规和政策条令的认可和服从,源于认同和服从各种规则的意识。而行为规范是思想政治教育的主要教育内容。思想政治教育必然离不开关于规则意识和规范内容的教育。不同于法律有强制力作后盾,思想政治教育需要培养接受主体本身的规则意识和法律素养,以提升教育效果。

所谓规则意识,是指对规章制度的自觉持守所产生的强烈认同感。党的十九大指出,推动社会文明发展,必须进一步强化规则意识。对于思想政治教育的受众而言,良好规则意识的培育和养成是指对规则产生强烈的敬畏感。所谓"敬",主要体现在对规则发自内心地认可和敬重,认为其有利于人和社会的发展;所谓"畏"则指的是出于对规则的服从而对自己的行为设置不可逾越的界限。强化对敬畏心的教育首先要注意划出"红线",明确"可为"与"不可为"的界限。其次,要从是非观、荣辱观两个层面开展耻感教育。荣辱观构成了是非观的前提,只有具备了是非观,才有可能形成荣辱观。耻感教育旨在使人们树立正确的羞耻感,教导人们学会对自己、对别人、对社会、对国家负责。

三、权利的维护: 权利本位与以生为本

权利本位是构建法治社会的应有之义。从深层意义上说,法律的终极目的在于提升人的全面素质和塑造丰满的人格,而权利的充分行使是提升人的全面素养的根基,是真正的立德树人举措。权利本位意味着权利优先于义务,这就为权利的最终

---

[1] 川岛武宜. 现代化与法 [M]. 申政武, 王志安, 渠涛, 等, 译. 北京: 中国政法大学出版社, 1994: 74.

实现和人的全面发展提供了最可靠的依据。权利本位是社会主义法治的基本理念，必须体现在人们日常生活的点点滴滴之中，其中当然也包括高校思想政治教育。这要求高校思想政治教育牢固树立"以生为本"的价值取向，也正契合了思想政治教育的人文情怀。所谓思想政治教育的人文关怀，就是思想政治教育者把帮助受教育者塑造理想人格作为教育的终极追求。

思想政治教育的"以生为本"取向是马克思主义自由个性思想的体现和要求。自由个性是马克思主义追求的至高境界，是马克思主义关于人之发展的理想预设，也是马克思关于怎样培养人的价值指针。"以生为本"取向有助于确保思想政治教育价值的最终实现。思想政治教育的实施主体与客体之间没有地位的高低之分，而是一体共振、双向互动、相互转化的关系，因而这个过程需要双方协同配合才能顺利完成。教育内容的传达以及价值观念的内化与外化都需要发挥双方的主观能动性。同时，"以生为本"取向是思想政治教育自我更新和发展的必然要求。过去的思想政治教育更多地强调秩序和统一，人的自我部分更多地置于社会管理的宏观背景之下。伴随着经济社会的不断发展，个体逐渐从社会这个"大家庭"中凸显出来，个人权利的保障和自我价值的实现就成为思想政治教育深切关注的问题。

四、不同法律部门对思想政治教育的影响

中共中央宣传部、教育部在 2005 年发布《关于进一步加强和改进高等学校思想政治理论课的意见》（以下简称"05 方案"），将思想道德教育与法治教育课程统一命名为"思想道德修养与法律基础"。从这以后，社会主义道德教育与法治教育的联系愈加紧密，可以说是寓法治教育于道德教育之中，形成了道德教育中讲授法治知识，法治教育中传递道德情怀的互融趋势。除此之外，随着经济社会的不断变革和发展，新型社会关系和社会结构正在逐渐形成，传统思想政治教育内容也在悄然发生嬗变，新的社会行为规范亟待普及，法治教育在高校德育中的作用变得越来越重要。

（一）大学生的合法权益越来越受到重视

1990 年，我国颁布并实施的《普通高等学校学生管理规定》对高等院校的教育教学工作具有重要的示范作用，2005 年、2017 年两次修订，及时回应了时代背景下的新要求，对维护学生合法权益，规范学生行为，推动法治理念的深入人心起到了重要作用。

《普通高等学校学生管理规定》以部门规章的形式颁布，首次将学生管理纳入到广义法律层面的范围，推动了高等学校管理的法治化进程。在 2005 年首次修订中，对学生所享有的六项权利和义务分别进行了详细的说明。2017 年，在依法治校、民主管理不断推进的背景下，再次对规定进行了修订，进一步完善了学生合法权益的保护，同时体现了权力与权利的进一步平衡。

上述法律规定的完善过程是高等教育领域法治发展的一个缩影。在新的历史时期，我国高等教育紧紧把握时代脉搏，及时出台符合社会发展要求和人才培养要求的政策法规，具备了良法之治的前提。

纵观中国的法律体系，高等学校学生权利主要包括受教育权、申诉与起诉权、自治权等方面。

（二）宪法视角下大学生的权利与义务

宪法是治国理政的总章程，它不仅规定了国家的根本制度、基本原则等重大问题，还规定了许多与公民权利和义务密切相关的问题。同时，宪法也是制定其他部门法的根本遵循。宪法的较多基本内容与大学生的权利和义务息息相关。

平等权是我国宪法规定的一项基本权利，也是公民所有权利中最为核心的组成部分。平等权看似抽象，但在现实生活中，尤其在高等教育领域，围绕该内容所产生的法律纠纷逐渐增多。比如，2017 年 12 月 27 日提交审议的《法官法》草案和《检察官法》草案中修改了以往允许全日制和非全日制毕业生同等参加司法考试的规定，如果这两个草案得到立法确认，非全日制毕业生将再无担任法官、检察官的可能。由此引发了大量关于损害非全日制毕业生平等参加考试权利的讨论。

此外，与大学生切身利益相关的主要还有受教育权和自由权等。受教育权是公民有获得文化科学知识和不断提高思想觉悟、道德水平的权利。宪法规定了中华人民共和国公民拥有受教育的权利和义务。在高等教育阶段，切实保障学生平等受教育权，就是要让所有学生站在同一起跑线上，以此提升实质性的教育公平。

（三）行政法视角下的高校学生管理

高校虽不属于行政机关，但可以成为行政诉讼的被告，因为其作为法律法规授权的组织被纳入了行政诉讼法的范围。我国教育法治化的发展脉络可粗略划分为三个时期：第一个时期是从改革开放到 21 世纪以前，教育诉讼开始建章立制，日益成为化解教育纠纷的重要途径；第二个时期是 21 世纪的前十年，教育领域出现的诉讼案件增多，案件类型得到拓展；第三个时期是 2011 年至今，随着法治社会建设的不断推进，大学生法治思维增强，教育纠纷处理法治化逐渐成为常态。究其性质而言，高等教育诉讼大多属于行政诉讼。除了《中华人民共和国行政诉讼法》以外，《普通高等学校学生管理规定》也将学生的申诉权利以法律文件的形式固定下来，大大促进了高校的法治化进程。

对于行政法视角下的高校学生管理，一方面要从立法层面扎实推动有法可依，不断健全大学生权利保障和救济机制。随着大学法治教育的深入以及大学生权利保障和救济意识的增强，高校学生管理工作的争议和纠纷数量呈现上升趋势，司法裁判主要集中于学生处分、学生退学、学位授予和撤销、招生考试等方面。在这些案件的处理中，要考虑到高校学生管理的自主权和学生权利保障之间的平衡。比如在学生学位授予的问题上，高校虽享有自主管理的权利，但也应当注意对这种权利设置边界。我国《高等教育法》《高等学校学术委员会规程》等法规为高校学生管理权利划定了严格界线。其中关于学术委员会、学位授予委员会等机构的人员构成、工作程序等要求为这种界限的划定提供了具体指导。

另一方面对高校思想政治教育工作者而言，要格外注意平时学生管理中的法治思维。近年来，新闻媒体常常曝出一些颇具争议的高校学生管理现象：比如某些高校规定学生只有在通过大学英语四六级考试后才能取得毕业证或学位证；有的高校因大学生在校园里谈恋爱而给予纪律处分甚至开除学籍；有的高校在工作中对学生信息处理不当，疑似泄漏学生隐私等。这些现象反映了部分高校在学生管理中仍然一定程度沿袭"管理与被管理"思维和"德治"思维，制定的配套制度没有法律依据，违背了依法治校、自主管理的精神内涵。

高校规章制度的建立是高校依法开展学生管理工作的前提和基础。合理的规章制度不仅能够更好地保障学生权利，促进其成长成才，也能为高校学生管理人员提供基本的操作指南。因此，优化高校学生管理的制度体系，是高校学生管理法治化中必须考虑的问题。首先，区别于传统的德治思维，法治思维应该是一种底线思维，它要求尊重法律，不能将道德问题法治化。规章制度的建立应该在法治的框架内循序而进。第二，高校规章制度必须符合宪法的基本要求，绝不允许与宪法相抵触。第三，高校规章制度的内容要与《教育法》《教师法》《高等教育法》等宪法规定的内容保持一致，不得违背上述法律所规定的内容。

程序正义是新时代高校学生管理必须遵循的价值准则。综观近年来高校发生的各类行政争议与行政纠纷案例，由学生管理过程中程序不足导致争端的事件所占的比例居高不下，有很多案件显示出了管理过程合理但不合法的状况，并最终导致大学的败诉。保障程序正义的思路之一是引入听证制度，近年来，听证制度在我国蓬勃发展，社会反响十分热烈。浙江大学于 2005 年出台了听证制度，明确规定学校在对学生执行严重处分时，若学生本人坚持要求听证，学校应当满足此项要求。听证制度被视为一项正当程序在高校系统的应用，可以极大地增强高校治理的现代化水平，倒逼高校学生管理工作者主动提升自己的管理能力，减少学生管理工作中的分歧、偏见与冲突。最重要的是，学生管理工作者的遵法、守法、用法对学生而言，是一个个看得见的法治教育案例，一本本读得懂的法治教材，一堂堂听得进的法治实践课。

第二节　法治与高校思想政治教育的关系

思想政治教育与法治的历史关联和新型互促关系，证明开展思想政治教育与法治的交叉研究是必要的。同时，借鉴法治的相关理念和原则也为高校思想政治教育在新时期进行自我审视、自我调适、自我革新提供了一个全新的视角。

一、高校思想政治教育与法治的关联关系

无论是从属性、目标还是内容等方面看，思想政治教育和法治都有着千丝万缕的联系，剖析两者的关系有利于厘清研究基础和前提。

（一）从属性上看——均与道德有着紧密联系

思想政治教育和法治究其本质均属于社会治理的某种实现机制和实现手段。前者泛指通过特定的价值观念、政治主张、道德准则、规章制度等对全体公民实施有针对性的影响，推动社会成员形成一定历史条件下所需具备的道德素养的一种客观实践活动。这一概念体现了两个方面的内涵：一是思想政治教育与社会发展的相关性，不仅仅关乎个人发展，而且需要实现适应和促进社会发展的社会价值，这一点与道德的关怀是一致的；二是反映了教育内容的规定性、明确性和综合性。道德准则作为整个思想政治教育体系中最核心的组成部分，决定了思想政治教育的未来发展高度。现实教学中甚至存在将思想政治教育和德育混同使用的现象，原因是两者之间有着密切的关联。

再看法治与道德的关系。中国历来重视以德治国，在这种氛围的熏陶下，形

成了浓厚的崇德向上的德治文化传统。法与道德的关系因为关乎社会控制模式选择曾受到广泛的关注和讨论。基于法理学和伦理学的视域，法与道德包含法律的道德性、道德的法律化两重含义。亚里士多德认为："法治应具有两重含义，即法律获得广泛意义的公民认同和公民认同的法律应该是也必须是良法。"[1] 事实上，这些思想家在提出"良法之治"这一论断时，大多指的是从价值维度要求法律契合道德标准和伦理规范。这是因为法律只有获得伦理道德上的"认可"，才能达到其调节和规约社会秩序的目的，从而实现社会治理效果的最大化。将道德法律化则意味着占领统治地位的社会阶级将众多含有广泛价值意涵的道德规范和伦理准则转变为法律条令，使其在人类社会和世界文明发展进程中发挥刚性的规约、引导作用。可见，道德是法律的重要渊源。

（二）从目标上看——均为了实现人与社会的全面进步

思想政治教育的目标主要包括以下两点：其一，通过价值观念、政治主张、道德准则的教育启发人、形塑人、锻造人，使人发挥主观能动性，增进人的自觉，最终提升人的全面素养；其二，思想政治教育具有充分的时代属性，即某一历史时代的思想政治教育是统治阶级的"所有物"，其目标是使全社会能够平稳地向他们所期待的方向发展。当下，在党和国家一系列大政方针的指引下，加快构建立体、完善、高效的现代治理体系是新时代思想政治教育的重要目标。德育工作者应主动适应时代发展和国家大政方针的实际要求，紧密围绕其设计教育思路，制定教育内容，更新教育理念，创新教育方法，为中国特色社会主义现代化建设筑牢思想上的"堤坝"。

就法治的目标而言，在不同的历史年代，法治所蕴含的基本精神和价值诉求不尽相同，甚至可以说是截然不同。现阶段，社会主义法治是国家治理体系和治理能力现代化的必由之路，是我们党领导全国各族人民进行有效治理的方式。2020 年发布的《中共中央关于制定国民经济和社会发展第十四个五年规划和 2035 年远景目标的建议》明确指出，"坚持法治国家、法治政府、法治社会一体建设，完善以宪法为核心的中国特色社会主义法律体系，加强重点领域、新兴领域、涉外领域立法，提高依法行政水平，完善监察权、审判权、检察权运行和监督机制，促进司法公正，深入开展法治宣传教育，有效发挥法治固根本、稳预期、利长远的保障作用，推进

---

[1] 亚里士多德.政治学 [M].吴寿彭，译.北京：商务印书馆，1997：167.

法治中国建设。促进人权事业全面发展"。[1]

（三）从内容上看——均为一种规范指引

从内容上看，两者皆为一种规范化的社会形态。它们所传递的是一种对行为具有指导性、规范性和约束性的信息内容，最重要的是能够使人们对自己的行为将要承受的结果作出预先判断。借助这些规范指引，人们就可以清楚地知道哪些事应当做，哪些事不应做，哪些事可以做，哪些事不可以做，即在每个人面前树立一面"镜子"，从而保证社会发展的有序和健康。

同时，思想政治教育和法律的规范形态又不尽相同。人类社会的发展，既离不开相应的道德规范，也不能缺少必要的法律规范，还需要相应的纪律规范、制度规范。思想政治教育内容中的法律规范隶属行为规范的范畴，其内涵更为丰富，外延更加宽广。一般而言，法律作为一种规范形态，需要借助强大的国家力量作为支撑来发挥作用。因此，法的规范性，较之其他社会规范在内在的逻辑结构上更为严密。法律规范的逻辑结构由多种要素构成，法学界对其构成存在不同的看法，但基本要素包括行为模式和法律后果等。传统的法律规范构成理论，即"三要素说"，包含假定、处理、制裁，是从国外理论中搬用过来的，因存在多种缺陷而被学界广泛讨论和质疑。后来，又相继发展了"四要素说"等。普遍认可的行为模式和相应法律后果是必不可少的构成要素。有的学者将法律规范诠释为一种规章制度，由一定的行为模式组成。事实上，法的规范作用往往表现在以下几个方面：一是指引作用，突出法律对社会成员的广泛影响，人们需要根据指引而行为或者有选择性地决定是否行为；二是评价作用，这是法的尺度所产生的社会影响力，具有判断和衡量作用；三是预测作用，就介入法律关系中的各方主体的行为而言，人们可以预先估计到他们相互之间将如何行为；四是强制作用，强调的是对违法犯罪者的制裁和惩罚；五是教育作用，其对象为普通大众的行为举止。相比法律，思想政治教育虽然也是一种规范指引，但相对更为抽象和模糊，缺乏明确和具体的规范，一般也不具备强制性。

（四）从依存关系上看——互为协同和补充

法律不是天然存在的，它随着历史的发展不断变迁。正如恩格斯所说，在早期

---

[1] 中共中央关于制定国民经济和社会发展第十四个五年规划和2035年远景目标的建议 [EB/OL]. http://www.gov.cn/zhengce/2020-11/03/content_5556991.htm.

的社会发展过程中，产生了这样一种需要：把每天重复着的产品生产、分配和交换用一个共同规则约束起来，借以使个人服从生产和交换的共同条件，这个规则首先表现为习惯，不久便成了法律。可见，法律最初的产生来源于习惯等行为规范，随着经济和社会的发展与进步，习惯等行为规范不断发展成法律或被废止。因此，人类社会的发展与法律、思想道德等不同类型的行为规范的变化和发展始终交织在一起，不可分割，互为因果。

时下，法治已经成为整个治理体系中最具效力的治理手段和治理工具。通常认为，社会主义法治社会从思想到实践的过程是由立法、司法、执法、守法等重要环节串联起来的。这些环节最终起决定性因素的都是人。而人作为法治社会运行中的实践主体，其思想道德素养、政治素养、道德品质从深层次上左右着法治社会发展的"年轮"。理由在于，思想道德是一种价值砝码，能够指引法律的发展走势，所以法律从业人员通常需要具备较高的道德品质。同时，良好的思想道德教育也能够激发人们遵法崇法、维法护法的积极性和主动性。

需要强调的是，虽然思想政治教育和法治都可以用来调节社会关系以及缓和社会矛盾，但两者在评判尺度、受理方式、作用对象等方面不可等同。思想政治教育的外延更广，消解各种潜在的问题更加方便自如，可以弥补法律的不足之处，进而形成全面的良性发展态势。当然，思想政治教育注重严于律己，对人自身的要求更高，要求人有自省和自觉的能力。而法律强调的是对他人行为的规约和限制，靠的是国家的强制力，制裁和惩罚的是人的行为。两者在功能上互补互进，这使得思想政治教育和法律能够协同发展，共同服务于中国特色社会主义事业。

教育领域是各种意识形态交锋的"主战场"。我国的国体决定了高校必然是马克思主义理论宣传的主阵地，从而使得高校思想政治教育成为国家巩固政权以及个人实现社会化的关键途径。事物的发展是永不停息的，思想政治教育亦概莫能外。它必须随着时代条件的变化和具体实践的发展"因事而化，因时而进，因势而新"[1]，从而持续不断地推进社会主义法治社会发展，促进社会主义现代化事业稳步前行。在当前形势下，对标法治社会的目标，勾勒法治社会的愿景以及促进法治社会健康发展，理应成为思想政治教育的应有之义。除此之外，思想政治教育一直是加快法

---

[1] "因事而化，因时而进，因势而新"的"三因"理念，是习近平总书记 2016 年 12 月在全国高校思想政治工作会议上的重要讲话中提出的。"三因"不仅是做好思想政治工作的重要理念，而且也是马克思主义与时俱进的理论品格和科学的思想方法的深刻概括。

治化发展的重要依托，抑或说是最值得人们信赖、最具效用的手段之一。法律的制定相对社会关系的调整总是处于相对滞后的状态，一般要等一种现象和行为发展到一定阶段，发展出现相对成熟的行为规范以后，才会被上升为国家的强制规范。这就是我们在日常生活中可能会遇到在某些时间、某些领域出现暂时的法律空白的缘由。此外，法律不是"神丹妙药"，不可能对所有的事情都起作用，如在个人的内心情感、理想信念、价值观念等方面很难起到作用。考虑到诸如此类的情况，有些学者认为不能单纯依靠法律的手段来治理社会，因为这样只能是简单的"缝缝补补"，既不能从根本上解决现实问题，也不能从根本上遏制违法犯罪等恶劣行径。因此，法律的局限性决定了必须有思想政治教育等其他的社会关系规范予以补充。同时，法治是思想政治教育的保障，法治建设有利于确保思想政治教育行稳致远，他们互相联系，互相补充。将法治的刚性和思想政治教育的柔性融合，方能进一步加快铸魂育人价值的实现。[1]

二、高校思想政治教育与法治（教育）的关联内容

2014 年，党的十八届四中全会将法治教育纳入国民教育体系，法治教育逐渐成为思想政治教育的重要内容。同时，伴随着依法治校的不断推进和法治理念的深入人心，如何应对教育法治化问题也是高校思政教育工作者面临的重大课题。

（一）社会主义核心价值观与法治教育

中国特色社会主义法治旗帜鲜明倡导依法治国与以德治国的相辅相成，自觉地把两者看成是维护国家稳定和促进民族团结的两条康庄大道，坚持"两条腿走路"。社会主义核心价值观是全国各族人民在党的英明领导下，通过一系列社会实践持续凝练的伦理道德规范，是社会主义法治发展的优质土壤。因此，法治建设离不开社会主义核心价值观的加持，只有实现二者的交相辉映，才能促进法治善治，进而实现法治运行的"帕累托最优状态"。

2016 年，党中央开宗明义地提出要将社会主义核心价值观植入到国家法治建设的主体框架之中，并从法律、制度、政策框架层面做出了将社会主义核心价值观落到实处的精细安排。[2]2018 年，《社会主义核心价值观融入法治建设立法修法规划》

---

[1] 何桂美.对高校法治环境与思想政治教育深度融合的思考 [J] 学校党建与思想教育，2015（22）：59-60.

[2] 中共中央办公厅、国务院办公厅.关于进一步把社会主义核心价值观融入法治建设的指导意见 [EB/OL].
http://www.gov.cn/xinwen/2016-12/25/content_5152713.htm.

（以下简称《立法修法规划》）公布，其中重申了社会主义道德规范要与依法治国一体同构，以此凝聚起中国人民逐梦前行的精神动力。要坚持党的领导、价值引领、立法为民、问题意识和协同架构，这是社会主义核心价值观融入法律法规必须遵循的原则。除此之外，它在市场机制、政治建设、民主议程、环境保护等方面也给出了具体的要求。同时，《立法修法规划》指出，要致力于探索促进社会文明和提升公民道德修养的法律制度，营造新时代良好社会风尚，才能激励全民共同行动，进而使社会主义先进文化茁壮成长。

（二）爱国主义教育与法治教育

2019年，《新时代爱国主义教育实施纲要》提出，要把伟大的爱国主义精神与国家的法律制度和政策方针"结成连理"，在中华大地吹起一股"法治清风"。其中特别指出，对于不尊重国家象征与标志，破坏污损爱国主义教育基地设施，侵害英烈人物姓名、肖像、名誉、荣誉等恶劣行径，要依照相关法律法规予以严肃处理，起到了有力的警示作用。通过实施一系列的普法教育行动，爱国主义教育滋润广大人民的心田。

当前世界风云变幻，牢牢坚持总体国家安全观，强化国家安全法治建设是加快全面依法治国，推进国家安全领域治理效能的内在要求，也是思想政治教育从业人员亟待关注和回应的问题。我国颁布的《国家安全法》确立了总体国家安全观的基本框架，同时还详细阐述了国家安全的重要任务和关键事项，囊括了科学含义、理论指南、基本任务、主要职责、制度保障等核心要素。安全问题是国家大事，大学生作为社会主义事业的建设者和传承者，必须在思想上构筑国家安全的坚固城墙，形成系统完善的国家安全观。高校是科研人才的重镇，需要捍卫与国家核心利益相关的科技发明和科技成果不受他国威胁和侵害这一国家总体安全架构中的基本底线。此外，也要高度警惕国际文化交流中的价值渗透和文化瓦解，防止意识形态领域被攻陷和坍塌。

（三）新型学生事务管理与法治教育

教育法治化既是教育现代化发展的必然要求，也是教育现代化水平的关键评判标准。改革开放40余载，我国教育法治化的面貌焕然一新。当前，随着党和国家提出了一系列关于法治的政策方针，国民经济和社会领域中的各项事务都必须关进法治的"笼子"，切实避免以言代法、知法犯法、贪赃枉法等有违法治精神的行为。对于高校来说，依法管理，依法治校要求高校各级领导必须依法行使手中的公共权力，确保高校管理的正常运行。应该说，高校学生事务管理工作法治化既是高校思想政治教育创新发展的现实需要，也是促进学生个人全面发展的客观需要。

2016年，我国《普通高等学校学生管理规定》完成修订，并于2017年开始实施。经过反复斟酌与修缮，这一版更加重视平衡学生权利与学校权力，"从管理法转向控权法"，标志着我国高等院校学生管理日趋朝着科学化、现代化、法治化的方向发展。与此同时，部分高校学生管理行为开始受到司法审查，相继出现了一系列具有教育性的案例，影响高校思想政治教育的发展，同时也对中国的教育发展进程产生了不可忽视的影响。

第三节　法学视角下高校思想政治教育研究热点问题

青年是国家富强的希望，是民族发展的未来。当前，随着中国特色社会主义进入新的发展方位，青年将被赋予更多的使命和责任。以全面依法治国总体战略、以思想政治理论创新和以社会主义核心价值观为主要向度的研究必然应该成为关注青年人成长成才的重要研究方向。

一、党的法治创新发展理论与高校思想政治教育研究

党的十八大以来，习近平同志立足中国法治发展实际，将马克思主义法学基本原理和普遍规律进行了创新性的继承和发展，逐步形成了习近平法治思想，这是高校思想政治教育的新时代标识。研究、宣传和继承马克思主义和当代中国马克思主义是高校的重要使命，也是为党育人、为国育才的责任所在。因此，将党的法治创新理论融入高校思想政治教育是培养社会主义事业合格接班人和时代新人的必然要求。习近平法治思想中蕴含的中国化的马克思主义法治思想、中华优秀传统法律文化精髓、西方优秀法律文明实践成果都是国家倡导的价值体系、行为规范的重要组成部分。将习近平法治思想融入高校思想政治教育可以极大改善思想政治教育现状，提升社会主义国家的教育治理能力，最终实现人的全面解放以及社会的全面发展。

2020年11月，党中央召开的专题会议上明确提出将习近平法治思想作为社会主义法治建设的基本遵循，奏响了全面建设法治中国的交响曲。可以预见的是，这必然对推动社会治理体系现代化，实现立德树人和促进大学生个体的全面发展均具有重要的指引价值。习近平法治思想理应成为下一阶段高校思想政治教育的研究热

点和方向，关于习近平法治思想融入高校思想政治教育的价值、内容和实现路径等值得关注。

（一）时代发展下的大学生法治教育与高校思想政治教育研究

中共中央十八届四中全会提出，必须把法治教育作为一项重点工程，在国民教育中增设关于法治教育的内容，实现法治教育与社会主义教育事业的相向而行。2020 年《高等学校课程思想政治建设指导纲要》规定，要抓住人才培养这个关键环节，紧紧围绕家国情怀、乡风民俗、民族凝聚力、法治意识等重点发力，进一步丰富课程思想政治的内容和形式，激发教师从事课程思想政治建设的主动性和积极性，从而提升其教书育人的技巧和能力。这一系列举措无疑为高校思想政治教育工作的创新和发展指明了重要方向，同时也为积极推动大学生法治教育与思想政治教育的同向同行提供重要动力。

（二）社会主义核心价值观融入大学生法治素养培养研究

2013 年，中共中央办公厅印发《关于培育和践行社会主义核心价值观的意见》，该文件指出必须把社会主义核心价值观贯穿到国民教育系统中，实现二者的交融共进。高等教育作为一个国家教育系统中处于顶层的教育资源，在很大程度上决定了这个国家的教育发展水平。将社会主义核心价值观融入高校思想政治教育的方方面面，有助于改善高校思想政治教育现状，切实加强全方面育人功效。党的十九大报告指出，必须培育和践行社会主义核心价值观，为中华民族能够屹立于世界民族之林夯实道德根基。从社会主义核心价值观在社会层面的价值表征来看，自由指的是人的身心自由，是马克思终生追求的价值目标。平等泛指公民在法律面前一视同仁，既不搞特殊也不盲目排外。公正是一种良善美德，旨在实现全部社会成员的平等发展。法治作为现代文明的标志，能够有效维护人民的合法权益，是确保社会和谐稳定的制度举措。由此看来，社会主义核心价值观的培育和践行包含实现社会层面价值群体共识的方法，而践行"自由、平等、民主、法治"则必然要求培养社会成员的法治精神。因此，将社会主义核心价值观融入大学生法治素养培养此项工作意义重大。

将社会主义核心价值观融入高校学生的日常生活，就是要将其有机融入高校学生对开掘法治观念意识、树立法治精神信仰以及懂法、守法、用法的过程中。我们要如何在现有的思想政治教育体系中做好顶层设计、课程融入、实践引导是重要的研究课题。

（三）大学生网络法律素养培育研究

据统计，截至 2020 年 3 月，全国上网人数的总和超过 9 亿，网络普及率接近 70.4%。在 9.86 亿网民中，大学生占了十分之一。大学生已经成为所有网民群体中的"中坚力量"。究其原因，一方面，他们出生在数字互联时代，拥有较好的数字素养，对新鲜的事物、新的思想和观念敏锐度更高，"触网"和"织网"的能力明显高于其他群体；另一方面，由于他们的人生观和价值观尚未定型，容易受新事物的影响，丰富多彩的网络世界对他们颇具吸引力。另外，互联网部分内容尚处于没有法律规范的真空地带，早期的野蛮生长致使对大学生一代在网络空间的规范指引严重匮乏，导致大学生网络空间法律意识和底线思维缺乏、淡漠。逐年上升的网络舆情公共事件、网络道德失范行为和网络犯罪案件的数量令社会和高校逐渐意识到大学生网络法律素养培育必须成为高校法治教育重点关注的领域。遗憾的是，当前对这个方面的重视程度大大落后于其他教育，加之既有的网络法律素养教育课程师资参差不齐，相关研究尚未深度开展，这些都严重阻碍了高校网络法律素养教育研究的发展。

当前学术界对高校大学生法治教育、大学生法律素养培育方面的研究很多，但是聚焦大学生网络法律素养培养的相关研究较少，特别是针对高校网络法治素养的培育、教育教学的创新性研究。如能从现实问题出发，以法学、传播学、教育学、心理学等多学科视角进行进一步研究，并在此基础上提出理论与实践的建议，必然有利于破解高校思想政治教育难题，谱写新时期立德树人的壮美图景。

二、高校思想政治教育法治化问题研究

改革开放以来，我国法治化建设焕然一新，实现了从"法制"转向"法治"。与此同时，教育领域也从"教育法制"步入"教育法治"。党的十一届三中全会揭开了中国法治化建设的序幕，1999 年，"依法治国"被写入宪法修正案，2014 年党中央提出了全面推进依法治国，建设社会主义法治国家的政策方针，这都是法治建设的中国实践。在当前时期，社会主义法治建设显现出新的特征：第一，我国社会主义法治体系能够引领当代中国奋勇前行；第二，法治建设体现了国家治理水平；第三，法治建设不是直线式的前进过程，而是长期的渐进发展过程。

高校思想政治教育关系到育人成才这一根本性问题。我国教育的法治化一方面立法起步较早，层次较高，相关的立法进程并不落后。另一方面，面对实践中诸多

现实问题，仍然存在立法相对滞后、法治理念贯彻不到位等问题。高校思想政治教育法治化亦是如此。从某种程度上说，我国高校思想政治教育法治化水平仍然处于较低位发展状态，尤其是在理论研究方面，还有很长的路要走。理论层次上，现有研究对教育领域的话语转化和解释体系仍然不足；实践层次上，更多地停留在立法层面，缺乏对执法、司法、守法层面的研究，体系化的研究矩阵尚未建成。在新的历史条件下，如何将法治理念、法治思维、法治精神有效融入高校教学管理的各方面、各环节、各领域，推动高校在立德树人的过程中严格遵循国家的法律法规和政策体系，以及如何建立和完善高校思想政治教育体系，一如既往地做好育人工作，这是摆在党和国家面前迫切需要回应的重大问题。

很长一段时间里，我国教育领域根本不存在诉讼事件，不过这一"宁静"画面在 20 世纪 90 年代被打破，标志性事件是发生了教育诉讼现象。田永诉北京科技大学案和刘燕文诉北大学位案等推动中国教育法治进程的案件，让中国教育在经历了一段可诉与不可诉、受理与不受理的争议和徘徊后，终于迈向了一个新的时代，即允许对教育领域存在的纠纷进行公正诉讼，这在推进教育法治化的过程中扮演了重要的角色。尤其是进入到 21 世纪以后，随着人民对教育权利的诉求变得多元化和多样化，高等教育领域出现的新问题和新挑战倒逼了高校学生事务管理中的法治思维进一步深化。长期以来，高校学生管理偏重行政管理，对学生权利的保护有所忽视，教育诉讼中学生胜诉案例逐渐增多。在孟爽诉新乡学院开除学籍决定案中，因为新乡学院肆意行使学籍处分权，法院不仅判处新乡学院败诉，还判决其承担 9 万多元的赔偿费用；在于艳茹诉北京大学学位案中，北京大学因撤销学位未按照正当程序执行，在一审、二审过程中均败诉。由此看来，依法治国、依法治校背景下的高校学生事务管理要求高校管理者必须尊重学生合法权益，规范行使管理权。

高校学生管理法治化的发展既归因于依法治国理念被人们所认可和接受，又受益于研究界对学生事务管理法治化的浓厚兴趣。目前我国学者关于学生事务法治化的研究主要集中于其理念、价值、现状及完善模式等领域。值得注意的是，在教育实体法不断完善的同时，对于程序性的规定也应该被纳入到研究者的视野。2017 年修订的《普通高等学校学生管理规定》中关于处分送达环节等新规定提醒学界必须对学生事务管理规范的程序性规定研究引以重视。大约从 19 世纪开始，西方国家的学生事务从学术事务中分离出来成为一个独立的部分，进一步推动其朝向规范化方向发展。西方学者很早就注意到高校学生事务管理法治化的问题，德国、美国、英国均对学校规章制度、学校主体文化、学生受教育权、学校与学生的法律关系等方面展开了深入研究。日本积极向欧美发达国家学习，先后出台了许多教育领域的法律法规，其中对加强学生管理，改善师生关系，解决校园纠纷等事项作了明确说明。因此，我国可以加强该领域的比较研究，吸取前人经验，增进高校学生管理法治建设。

第四节　案例：网络空间岂是法外之地

随着"00 后"一代学生开始成为高校里的主要力量，高校思想政治教育工作对象已经悄然转变成"数字青年"。数字生存、网络社交成为这一代青年学生的主导生活形态。随之而来的是高校思想政治教育工作实践阵地、内容、方式的巨大转变，产生了一系列次生问题。比如，网络虚拟空间里行为规范如何规制和引导，"法"与"非法"的界限在哪里？一些新型学生工作案例值得重视。

一、案例背景与概述

2000 年出生的洪小贝（化名，下同）是一名大二在读学生，平时喜欢追星，经常在微博账号上发布、转发、点评明星动态。辅导员李正（化名，下同）关注了很多同学的社交账号，他注意到有一部分大学生在现实生活中对周围的人和事都比较淡漠，但在社交网络平台上则表现得异常活跃，线上线下形同两个人。洪小贝是其中的典型代表。主要的表现是：狂热爱好饭圈文化者，喜欢追踪娱乐明星的八卦新闻，有时随意发表一些个人主观臆断的观点，偶有与其他粉丝在网络上发生口角的情况。辅导员李正意识到洪小贝的行为有侵犯他人权利的可能，曾多次与其谈心谈话，但洪小贝表示老师根本不懂"饭圈文化"。于是李正只能提醒洪小贝在网上发表言论要注意遵守相关规定，不要触犯法律。洪小贝不以为意，并表示"老师你 out 了"，认为网络是法外之地，况且法不责众。辅导员李正见劝说效果不佳，只能与其家长取得联系，提醒风险并持续关注。

2020 年 6 月，辅导员李正在例行学风检查中发现洪小贝近期旷课较多，遂与其取得联系，了解到洪小贝因在微博上发布了关于明星井某某的内容和言论，被井某某起诉的事实。井某某认为洪小贝随意捏造与自己相关的虚假的新闻内容，并在公共社交媒体上进行发布，造成不良影响，降低了社会公众对自己的评价。于是便将洪小贝起诉到法院，要求其在发生侵权行为的社交账号上公开道歉并赔偿精神损失费共计 20 万元。

诉讼案件打破了洪小贝平静的校园生活，给他造成了严重的困扰。洪小贝表示自己非常后悔没有听老师的规劝，但一切已晚。辅导员李正在了解到情况后，第一时间与洪小贝的父母一起请教了学校的法律顾问，商议解决方案。在法律顾问的建议下，说服洪小贝立刻删除相关内容，消除影响，并积极与被侵害人取得联系，表达歉意，争取谅解。

最终法院认定：洪小贝在其微博发布的内容均没有事实依据，导致了井某某遭受到社会公众的质疑和误解，降低了社会公众对其的社会评价，同时造成其在精神上遭受了一定程度的困扰和伤害。洪小贝的行为符合法律规定的侵权行为要件，已构成对他人名誉权的侵犯。我国法律规定：用户在虚拟网络空间里的言论行为侵犯他人名誉权的，应当承担侵权责任。但鉴于洪小贝事后认识到自己的行为对他人以及社会造成了不良影响，积极消除不利影响，且取得了原告的谅解。法院最终判决：洪小贝在其发布不当言论的账号主页置顶位置连续 7 日发布向井某某赔礼道歉的声明，消除不良影响；并赔偿井某某精神损失及其他合理费用共计 5000 元。

事后，辅导员李正了解到类似的侵权行为在学校里并不是个案。因此，在学院范围内开展了一场以网络言论边界为主题的辩论赛，引发同学们的大讨论，取得了良好的教育效果。

二、案例分析与应对

目前在读的大学生们从小就生活在数字化的世界，他们很大一部分的学习、消费甚至社交行为都在虚拟空间进行。数字化生存已经成为这一代人明显的代际特征。就如上述案例中的洪小贝，老师和同学在现实世界所接触和了解到的他和在网络虚拟世界中的他完全不同。可见，网络空间已经成了大学生们新的生存空间和精神土壤，是思想政治教育工作者不容忽视且亟须占领的新阵地和新领域。"网络社会"的本质，是社会中的各类主体的复杂关系基于互联网重新聚合后形成的，是一种新的社会关系和格局差序。[1] 新的社会关系格局和结构形态的形成过程必然伴随着一定时间内规则的缺失、监管的无序、指引的混乱。近年来，大学生群体不断涌现各类网络失范行为，作为高校思想政治工作者如何在法律框架下展开分析，积极应对？

---

[1] 徐汉明，张新平.网络社会治理的法治模式 [J].中国社会科学，2018（2）：48–71，205.

1.警惕大学生网络侵权行为高发态势

近十年来,大学生群体网络失范行为的高发引起了政府和社会的广泛关注,一些事件甚至一度成为社会舆情的焦点。以上述案例中所涉网络侵权行为为例,根据北京互联网法院的研究报告:2019年1月至2019年11月,北京互联网法院共受理网络侵权责任纠纷案件3836件,其中,网络名誉权侵权纠纷案件1075件,在网络侵权责任纠纷案件中占比28%。以青少年为涉嫌侵权主体(案件被告)案件共计125件,占全部网络侵害名誉权纠纷的11.63%。常见被侵权者中主要是娱乐圈中各类影视和综艺明星。被告侵权者年龄在30岁及以下的占比70%,其中年龄最小的为19岁,这些青少年大部分为在校大学生。[1]

2.更多地了解、掌握、总结大学生网络侵权行为的特点

在粉丝文化、饭圈文化盛行的今天,类似上述案例的名誉权侵害行为在大学生群体中较为多发。并且,由于其与传统的名誉权侵害行为存在一定差异,较其他社会群体更容易被社会所忽视。常常表现为如下情形。①为自己喜欢的明星争取流量,从而主动贬低其他明星;对贬低自己偶像的言论予以回击或升级为相互谩骂;或捏造事实;或使用侮辱性语言。②"饭圈"语言使用频率较高,具有一定圈层性。在现有案件中,大学生被告常常以"饭圈黑称""黑话"指称明星,这些语言不被社会大众所熟知,也同样难以在第一时间被老师识别和发现。但在一定范围内指向性极强,仍然可能因为降低被侵权人的社会评价而被认定为侵权。③侵权行为经过网络的积聚和叠加效应往往在瞬间达到巨大的转发、评论量,再加上大学生群体易冲动、明辨是非能力差的特点,在多次传播过程中容易引发各类新的侵权行为,进一步升级和加剧不良影响和后果。值得注意的是,这些侵权事件绝大多数发生在用户量大、活跃度高的社交平台,这些平台集聚了娱乐明星、网络大V、意见领袖等具有较大影响力的用户,极易引发舆情和公共群体事件。

3.引导大学生尽快树立法治意识和养成法治思维迫在眉睫

"纵观每一个历史时期,法律和公正都被新科技远远抛在后面,这是因为新的科技必须在法律应用到它自身之前,去确立自己的地位。"[2]不可否认的是,法律规定滞后和监管难度大一度使大学生网络失范行为处于法律和制度监管的真空地带。

---

[1] 北京互联网法院."粉丝文化"与青少年网络言论失范问题研究报告 [EB/OL]https://www.thepaper.cn/newsDetail_forward_5292496.

[2] 简·梵·迪克.网络社会新媒体的社会层面 [M].蔡静,译.北京:清华大学出版社,2014:23.

从小"触网"的一代在经历了互联网早期的"野蛮生长"后，种下了"大家都这么干就法不责众"的网络心理预期，养成了"大家都这么干就无需顾忌"的网络行为模式。在上述案例中，洪小贝在被老师规劝的时候就明显表露出"法不责众"的无所谓心态。研究表明，跟其他网络失范群体相比，大学生群体发生侵权行为时，多数是因为心智不成熟，处事不理智，意气用事，事后躲避诉讼特征明显，部分被告在被诉后立即主动联系原告道歉，与发表言论时表现出的言语苛刻甚至粗鄙呈现出完全不同的状态。这些都与大学生群体缺乏对法律的敬畏之心，法律边界感模糊，侥幸心理严重有直接关系。

4. 针对大学生网络侵权行为，辅导员应及时关注、干预、引导

与网络世界的浩瀚无垠相比，大学生网络侵权行为心理相对一致，行为方式相对集中，影响范围有迹可循。如能做好及时的关注、干预、引导，完全可以避免类似的案例再次发生。首先，辅导员应熟悉、了解每个学生的情况，对一些热衷于追星、在较大的社交平台上拥有较多粉丝数、网上网下判若两人的学生要予以重点关注，适时进行追星文化的引导。其次，增强对大学生群体思想政治教育变化的新形势的研究，增强对网络空间这一新阵地的话语权。上述案例中，如果辅导员李正能够及时研究"饭圈文化"，了解其运作模式，分析该族群，在与洪小贝谈心谈话时就能与其平等对话，做到言之有物，学生就有可能愿意倾听老师的规劝。再次，在工作中要注意对相关信息和内容持有敏感度，及时总结新的工作形态和经验，努力找准当今思想政治教育工作新的着力点。比如，针对大学生发生侵权行为时的心理因素进行分析，才能进行科学和有效的引导。针对那些主张"网上侵权很难被追究"的学生，可以以案说法，选择一些近年来发生的大学生网络侵权的典型案例进行教育和引导。有条件的高校可以适当编写一些案例集供思想政治工作者参考使用。针对那些主张"转发无责"的学生，应该明确告知谣言信息转发造成严重后果的行为已入刑。[1] 最后，要重视事后救济。一旦有学生有可能涉网络侵权案，一方面要督促学生积极配合司法机关查明事件真相，另一方面针对前述"事后躲避诉讼特征明

---

[1] 根据《中华人民共和国刑法》以及《最高人民法院、最高人民检察院关于办理利用信息网络实施诽谤等刑事案件适用法律若干问题的解释》等规定，目前，利用信息网络诽谤他人，同一诽谤信息实际被点击、浏览次数达到 5000 次以上，或者被转发次数到 500 次以上的，应当认定为刑法第 246 条第 1 款规定的"情节严重"，可构成诽谤罪。造成被害人或其近亲属精神失常、自残、自杀等严重后果的，则不问诽谤信息实际被点击、浏览或者被转发次数，即可直接认定为"情节严重"，同时规定二年内曾因诽谤受过行政处罚，又诽谤他人的，也认定为"情节严重"。

显"的特点，要鼓励学生积极与被侵害人取得联系，诚恳道歉并删除相关言论，最大程度地消除不良影响并争取被侵害人的谅解。

三、案例反思与启示

一方面，随着依法治国战略的不断推进，依法治校理念的不断深入人心，提升高校思想政治工作者的法治素养已然成为当今高校思想政治教育工作一个新的题中之义。另一方面，当今的大学校园中，因受各种社会思潮、互联网社会新场域的影响，违纪违法类型和现象日趋复杂化。除了上述案例中提到的因粉丝文化引发的网络侵权行为以外，还有一系列应予关注的法律问题，比如未经授权复制、转载和使用他人文字、视频、图片的纠纷，直播中因低龄"打赏"、巨额"打赏"引发的民事纠纷，甚至还有利用黑客技术非法获取信息，侵犯个人隐私，危害国家安全等涉刑行为。各类问题杂糅的学生工作局面开始不断倒逼高校管理服务理念的变革。同时，需要注意的是，无论是国家法律、部门规章还是校规校纪，都仅仅是一种静态的行为规范文本，要实现从"法律"到"法治"的质的飞跃，取决于法律是否被信仰，被应用，这与高校思想政治工作者的法治素养能力息息相关。

（一）尚法

美国法学家伯尔曼认为：法律必须被信仰，否则形同虚设。法律被信仰指的是人们对法律及其所体现和追求的一系列理念和价值的发自内心的敬畏、认同和信服，并自觉地用它来规制和指导自己日常生活中的行为。[1] 从学校所拥有的学生管理权来看，它本质上是一种行政权，它的合法性来自法律法规的授权。学校在依法履行管理权时，应该树立法律至上的理念，遵守法律所授权的边界以及严格遵守法律程序。与此同时，也不应将法律视为冷冰冰的条文，而应该带领学生去感受其所蕴涵着的人类社会永恒追求的价值光芒和人性光辉。要学会运用法律知识指导和帮助学生解决一些日常生活中的问题，比如在学生遇到消费纠纷时，在学生进行实习、兼职行为时，指导其运用法律的武器来保护自己的合法权益等。通过这种看得见、摸得着的"法的实施"把法治与育人结合起来，帮助学生建立对法治的信心和期待。此外，法治宣传教育也是培育和践行社会主义核心价值观的重要途径和手段。要大力推进校园法治文化建设，可以每年的"315维权日"或"124宪法日"等为契机大力开展法治宣传教育，营造自由、平等、公正、法治的校园法治文化氛围

---

[1] 哈罗德·丁·伯尔曼. 法律与宗教 [M]. 梁治平，译. 北京：中国政法大学出版社，2003：23.

和环境。

（二）学法

一是掌握职业相关的法律法规知识。《高等学校辅导员职业能力标准（暂行）》中提出，要进一步充实丰富辅导员工作的专业内涵，引导辅导员系统学习职业相关的法律法规。因此，作为高校思想政治工作者要认真学习《中华人民共和国高等教育法》《普通高等学校学生管理规定》等与工作相关的法律文本。二是熟悉以宪法为核心的中国特色社会主义法律体系，重点学习宪法、刑法、民法典以及其他与大学生工作生活所息息相关的部门法条款，掌握工作中必要的"法言法语"，指导和提醒学生日常学习生活需要注意的地方。比如：①民法典中关于金融借贷、合同、侵权、消费权益保护等内容；②刑法中关于盗窃、考试作弊入刑等规定；③精神卫生法中关于突发情况处置程序；④大学生就业创业相关的法律内容等。三是掌握教育行政部门发布的其他部门规章、政策文件和学校的校纪校规等。

（三）用法

人们常说，法律的生命和价值在于被实施，被应用，高校思想政治工作者应该成为高校法治化建设和大学生法治能力培养的重要实践者和推动者。一是率先垂范，以身作则。维护法律的权威，在日常生活和工作中自觉成为法律的忠实信仰者、理性宣传者和自觉遵守者。2020年7月，教育部发布的《关于进一步加强高等学校法治工作的意见》明确高校要把学习宣传宪法摆在普法工作的首要位置。将法治教育、宪法教育融入育人工作的全过程，同时也将育人视为高校法治教育的最终价值旨归。二是将法治思维贯穿思想政治工作全过程，始终坚持以"法律至上""以生为本""程序正当""权利救济"为工作基本原则。三是依法依规对学生的违法违纪行为进行严肃处理，采用案例分析、宣传警示等手段对学生进行日常法律意识、规则意识教育。四是在工作中坚持以学思践悟来推动高校思想政治工作法治化。以上述案例为例，当前的饭圈组织已具有圈层化、组织化、纪律化特征，已经符合"社会团体"的一些基本特征，可通过一定的程序将其吸纳为学校学生社团进行日常管理和正确引导。同时，可以通过北京互联网法院等政府部门开通的司法建议等渠道建言献策，推动法律法规的制定、修订和完善。

CHAPTER 6
第六章

做好辅导员的第六课
——懂点心理学的方法

第一节　心理学经典理论概述

　　心理学为思想政治教育工作提供了理论基础和方法论。了解和掌握一定的心理学经典理论，可以促进思想政治教育工作的科学性、敏感性、预见性和针对性。心理学理论是对人类心理规律和心理加工条件的系统论述，它描述了人类心理活动的一般特征。考虑到思想政治教育过程属于与学习相关的一个特殊领域，本节将选择学习过程中较为相关的理论进行论述，并讨论不同理论对于思想政治教育的启示。

一、学习动机

　　学习动机是指引发和维持学生的学习行为，并使之指向一定学业目标的动力。可以根据来源将学生的学习动机分为两类。一类是内源性动机，也称为内在动机，指由个体内在需求、兴趣或成就目标需要等内部原因引发的动机。例如，有些学生很喜欢弹钢琴，自己一闲下来就会主动弹琴，并从中获得了愉悦感和成就感。由内源性动机引起的心理活动更强调个体对学习过程本身的满足，而不是源于学习以外外在的反馈，如奖赏和称赞等。而另一类则是外源性动机，也称为外在动机，这是指由外在的反馈所引起的动机。例如，学生因为担心考试成绩不及格，或者无法拿到升学资格而激起的学习动机。

　　心理学家从不同的角度对学习动机的发生和发展进行了阐述，主要包括行为主义视角、认知主义视角和人本主义视角，形成了相应的动机理论。

（一）行为主义视角

在行为主义者看来，行为是学习者对环境刺激所做出的反应。他们将外界环境刺激（stimulus）与个体随之而来的反应（response）建立联结（S–R）。将其引申到学习动机上，便出现了驱力说。该理论认为，驱力是一种动机结构，它提供给个体活动的能力，使之需要得到满足，进而减少自身的驱力。而当个体的需要得不到满足时，便会在个体内部产生驱力刺激，使之引起个体反应。驱力的满足使得自身达到平衡状态。在驱力理论的基础上，赫尔还进一步提出行为习惯的重要性，强调经验和学习在驱力形成中的作用。驱力为行为提供能力，而习惯则决定着行为的方向。因此，个体的行为潜能（P）取决于驱力（D）和习惯强度（H）。

传统驱力理论较为强调个体自身内部的动力，诱因理论则在此基础上，提出了外在诱因对于引发个体行为的作用。诱因（incentive）是指满足人们需要、有吸引力的刺激。例如，美味的食物会诱使人们去吃掉它；权力与地位会驱使着人们努力去得到它。因此，赫尔在驱力理论的基础上，将诱因也视为影响人们行为动机的重要因素。

（二）认知理论视角

在认知理论看来，个体的心理加工过程是个体对外界信息编码、储存、提取和输出的过程。个体在加工过程中形成了各种不同的观念或表征，这些观念在刺激和反应之间起着中介作用。因此，认知也具有调节个体动机水平的作用。在其中，最具有代表性的则是动机的归因理论（attribution theory）和自我效能感理论。

所谓归因，指的是"个体对他人或自己行为原因的推论过程"。[1]当人们在日常生活中体验到成功或失败时，会主动地寻找原因，包括内部原因和外部原因。内部原因是指个体自身的因素，如能力、努力、兴趣、态度等。外部原因则是指环境因素，如任务难度、运气、奖惩条件等。当某个特定的原因出现时，就会产生某个特定的结果，而当此原因未出现时，该结果也不会产生。如果满足以上条件，个体就倾向于认为结果的发生是此原因导致的。

韦纳则在此基础上，系统地提出了动机的归因理论，认为成功和失败的因果归因是个体行为活动的重要因素。韦纳也将个体的动机行为划分为内部原因和外部原

---

[1] 章志光，金盛华. 社会心理学 [M]. 北京：人民教育出版社，1996：153.

因，同时还提出了"稳定性"和"可控性"维度。稳定性维度指的是决定成功或失败的原因是稳定的还是不稳定的，例如，能力和任务难度是稳定的因素，努力和运气则是不稳定的因素。可控性维度指的是对成功或失败的解释是可控还是不可控的，例如，努力是自己可控的因素，而运气则是自己不可控的因素。

不同的归因方式会使得个体对下一次的行为结果产生预期。具体来说，如果个体将行为归因于稳定的因素，那么个体则会期待类似的结果再次发生；反之，如果个体将行为归因于不稳定的因素，那么个体则会减少对出现同类结果的期待。

更重要的是，不同的归因方式会导致个体不同的情绪反应和行为倾向。如果个体将成就行为归因于内部原因，那么个体在成功时则会产生满足感和自豪感，增加重复该行为的概率，而在失败时出现羞愧感，减少该行为出现的概率。但是，如果个体将成就行为归结于外部原因，不论是成功还是失败都不会产生过于强烈的情绪反应，也不会过于影响个体的行为模式。

班杜拉提出的自我效能感则是另一种动机的认知理论。他认为，个体可以主动决定自己的行为，而在其中，个体自身的认知变量如期待、注意和评价等在自身行为模式上起着关键性的作用。期待是决定个体自身行为的前提，而强化的效果则是由奖赏或惩罚所决定的。期待可以分为结果期待和效果期待。结果期待是指个体对自己行为结果的估计或判断，例如个体认为自己上课认真听讲了，那么下课就能够有效地完成课后作业。效果期待则是指，个体对自己是否有能力完成某一行为的估计或判断，这种判断指的是个体的自我效能感。当个体认为自己有能力完成某一项活动，则是属于高自我效能感，反之则是低自我效能感。不同自我效能感水平直接影响着个体完成某种活动的动机水平。

（三）人本主义视角

人本主义强调人的尊严、价值和自我实现，将人的自我实现归结于自身潜能的发挥，这是一种类似于本能的性能而非后天习得的。这其中，最具有代表性的则是马斯洛的需要层次理论和自我决定理论（self-determination theory）。

马斯洛认为："人有两类的需要，一类是基本需要，包括生理需要、安全需要、归属和爱的需要以及尊重的需要；另一类是成长需要，认知需要、审美需要和自我实现的需要。"[1] 在人的需要层次中，最基本的是生理需要，比如食物、睡眠等。生理需要得到基本满足后，便是安全的需要，即个体对安全、稳定的需要。再次是归

---

[1] 叶奕乾，等.普通心理学 [M].上海：华东师范大学出版社，2004：318.

属和爱的需要，表现为个体对与他人建立情感联系的需要。再然后是尊重的需要，它主要是自尊和受到他人的尊重。最后是自我实现的需要，主要是个人自我潜能的实现。这五种需要都是人的最基本的需要，它们构成了不同的需要水平，并成为激励和指引个体行为的动力。需要的层次越低，那么这种需要的力量就越强。只有低一级的需要得到满足后，才会对高一级层次的需要产生强烈追求。例如，当一个人食不果腹的时候，或者每天都在担心自身生命受到威胁时，他是不一定会去追求自我尊重或自我实现目标的。

需要是个体产生任何活动的基本动力。人的各种心理或行为，从饮食、住宿，到物质资料的生产、文学艺术作品的创作等，都是在个体需要的推动下进行的。

戴西提出的自我决定理论同样也强调自我在动机过程中的能动作用。他认为自我决定是一种涉及经验选择的人类技能品质，是组成内在动机的重要部分。个体行为的决定性因素是由其自身所决定的，而不是由于外在环境刺激，如驱力、奖惩等所决定的。在戴西看来，自我决定不仅是个体的一种能力，它还是个体自身的一种需要。人们存在自我决定的本能，这种本能引导着个体从事自身感兴趣、有益于自身发展的行为，以便更好地适应外界环境。

（四）学习动机理论对思想政治教育的启示

学习动机理论给思想政治教育带来三方面的启示。

首先，思想政治教育应建立激发和维持学生学习动机的前提条件。具体来说，教育内容必须是真实的，对个人有实际意义的；教师与学生需要建立良好的师生关系；教育过程应有良好的设置。

其次，思想政治教育应采用激发与维持学生内源性动机的策略。内源性动机是学生维持长久学习动机的动力，也是学生培养自身个性品质的重要手段。在具体思想政治教育实践中可以采用以下策略：培养学生学习兴趣和求知欲；通过归因训练方式，提高学生的自信心和自我效能感；培养学生对成就的需要和获得感，满足学生基本需要，保障学生能够主动追求自我尊重和自我实现的需要。

最后，思想政治教育也应采用集合与维持学生外源性动机的策略，如，及时提供反馈信息；适当使用赞赏和批评；有明确的奖惩制度。

二、学习理论

学习理论是对学习规律和学习条件的系统论述，它用于解释人类学习行为的特点。究其本质，思想政治教育起作用的过程，同样是个体学习的过程。因此，了解心理学与学习过程相关的理论有助于帮助教育者更好地实现思想政治教育。

（一）行为主义视角

前文已经提到，行为主义强调学习是个体在刺激与反应之间建立联结的过程。围绕这个核心观点——联结，不同心理学家分别提出了不同的观点。

首先，巴普洛夫提出了"条件反射"的概念，后人也将其称为经典条件反射。巴普洛夫在研究中发现，当给狗提供食物的过程伴随铃声响起，反复多次后，这只狗即使在只有铃声响起而没有食物时也会产生唾液。在这个实验中，食物会引起狗的唾液分泌，食物可以被称为无条件刺激，也就是说不需要任何额外条件就能引起，是其自身所具有的能力。然而，对于狗来说，铃声本身是一种中性刺激，没有其他的特定意义。但是由于铃声反复与食物共同呈现，这时候狗在无条件刺激和中性刺激的共同影响下产生了唾液。经过长时间铃声与唾液之间的共同出现后，狗便产生了铃声与分泌唾液之间的联结。这时候，铃声便由中性刺激变成了条件刺激，进行条件刺激也会产生目标行为。对这个实验，巴普洛夫解释为，狗习得了该条件反应。

经典条件反射能够解释生活中的许多学习行为，例如个体会厌恶曾经伤害过自己的人或事，以避免自己再次受到伤害等。在经典条件反射中，个体的所有行为都是由于外界刺激所诱发的，外界刺激会增加或减少自己的某些行为出现。然而，在一些情景之下，个体的行为并非由于环境刺激所引发，而是个体主动发起的。例如你从未吃过某种食物，然而在你吃过这种食物后获得了极大的满足感，那么你会在以后的日子中经常主动去店里买这种食物。很明显，你的购买行为并非由于外界的某种刺激所诱发，而是你自己主动发起的，经典条件反射则难以解释该现象。

桑代克通过动物实验研究，提出了尝试—错误学习理论。桑代克将饥饿的猫放入一个笼子之中，笼外放置了许多食物。猫在刚进入笼子之中时，由于饥饿而产生许多本能的反应。一旦在本能的行为活动中偶然触碰到开关，那么就能够打开笼子获取外面的食物。如果再将猫放入该笼子后，猫的随机、杂乱行为则会逐渐减少。最后甚至都学会立即触碰开关，获得食物。在这个实验中，猫本身是通过不断的尝试以建立各种刺激与反应之间的联结。在此过程中，猫可能会犯大量的错，但是在环境的不断反馈下，猫会逐渐发现正确的尝试，从而保留正确的联结。桑代克在其实验的基础上，提出了准备律、练习律和效果律。准备律指的是个体在学习开始时的预备状态，这更多是由自身动机水平决定的。练习律则强调练习的作用，不断地应用联结会增加联结的强度，而不练习则会导致这一联结强度降低甚至消失。效果律则是指行为的反馈，如果该行为得到了强化，证明自身的尝试是有意义的，则会保留下来，反之则会被视为错误尝试而被放弃。

与之相似的，斯金纳的操作性条件作用也强调个体自身自发性行为的重要性。在斯金纳看起来，个体存在两种不同类型的学习。一类是由于环境刺激引起的，也就是应答性反应，对应着前文提到的经典性条件反射。另一类则不是由于环境刺激引起的，而是个体自发产生的，也就是操纵性条件反射。影响行为是否再次出现的关键因素是行为后的结果，也就是"强化"。斯金纳在桑代克笼子实验的基础上，设计了"斯金纳箱"。在实验中，动物同样从最初的随机自发行为到逐渐习得某个动作与得到食物之间的联结。影响个体行为是否再次出现的关键因素是行为后的结果，也就是强化。

斯金纳区分了两种不同类型的强化，分别是正强化和负强化。正强化指的是该刺激增加时，个体产生某种行为概率也会增加的刺激。例如，当学生在考试中得到了高分，得到了父母的称赞时，称赞就属于正强化物。而负强化则是指该刺激减少时，个体产生某种行为概率会增加的刺激。例如，当学生在考试中得到了高分，就不用再被父母批评了，父母的批评就是负强化物，不论是正强化物还是负强化物，都能促进个体某种行为再次发生。

（二）认知理论视角

认知理论除了关注刺激所引发的反应外，更关注刺激—反应之间联结的中间过程，即个体是如何接受到刺激输入产生学习行为的，本书将选取格式塔理论和认知地图理论进行介绍。

格式塔理论认为，学习是个体对知觉信息重新组织的过程，这个过程并非通过不断的练习逐渐习得的联结，而是顿悟的。顿悟的发生有赖于情景，只有当前情景的知觉信息与知觉的答案较为接近时，个体才会发生顿悟。

托尔曼结合了传统行为主义和格式塔理论提出新的学习理念，强调"刺激—反应"之间的中间因素，他认为，个体的行为或学习行为应该包含三个方面：一是外部或内部的刺激所引发；二是个体对刺激进行加工；三是个体由以上表现出某些行为。托尔曼采用了白鼠学习迷宫的实验，探讨白鼠的学习行为。他先将白鼠放置在充满了水的迷宫之中，白鼠只有通过在水中游泳，才能够到达目的地。在随后的测试中，他将迷宫里的水抽干，发现在训练阶段中能够游泳到达目的地的白鼠同样也能够达到目的地，也就是说，白鼠能够将游泳时学会的内容迁移到步行训练之中。托尔曼用"认知地图"来表示白鼠在训练过程中学会的内容，小白鼠在迷宫中会习得"哪些路是死路，哪条路最近，哪条路则会绕远等"，一旦小白鼠将以上信息表征到自己的大脑知识结构之中，它就会在合适的路程之中依靠自己的认知地图完成相应的行为。

（三）建构主义视角

建构主义对学习的本质进行了探讨。在建构主义看来，学习是个体自身认知结构的重新建构，这取决于个体自身已有的知识经验。学习的结果不是独立于个体而存在的，而是由人自身建构出来的。不同的人由于既有的知识经验不同，对同样的学习材料也会产生不同的理解。学习者在日常生活中已经对具体的事情和问题产生了丰富的经验，但是由于具体的问题不尽相同，他们不一定能够很好地将过去经验迁移到当前情景之中。因此，教育者应该尽可能地挖掘学习者自身的经验，并将经验作为学习的起始点，引导学生从已有的知识经验中建构出新的知识经验。

不同的学习理论都在回答学习是如何发生的，学习的一般过程和学习的条件等。思想政治教育学在本质上是研究个体思想政治品德形成的基本过程和思想政治教育者的教育规律，这离不开对一般个体学习现象的分析与掌握。只有了解到个体是如何发生学习的，思想政治教育工作者才能针对性地制定教育政策和教育内容。

（四）学习理论对思想政治教育的启示

学习理论为思想政治教育带来了很多启示。

首先，要鼓励学生对学习内容的练习。只有通过大量的练习，个体的联结强度才能增加，才能更快地完成目标行为。并且在学习过程中，需要给学生反馈和奖惩，当个体的某种行为得到了正向的结果，那么此行为将更容易保留下来，反之则会被视为错误尝试而遭到放弃。

其次，强调复杂学习环境和真实的人物。教育工作者不能仅给学生呈现基本技能和过分简化的问题，相反，应该鼓励学生尽可能地处理复杂的问题。因为在现实生活中，大部分的问题并非通过某一个知识技能就能够解决，其中可能涉及多种视角或解决方案。这些复杂问题使得学生能够将思想政治教育内容运用到现实任务之中。

最后，以学生为中心的教育。思想政治教育工作者应仔细考虑学生在教育情境中已有的知识经验、态度和信念。教育重点需要将学生产生的自己的理解置于教育过程的中心地位。

第二节 心理学与思想政治教育的关系

一、心理学与高校思想政治教育的内在联系与区别

回望思想政治教育的学科发展历程，我们看到了管理学、心理学、教育学等学科对其的影响，透过这些学科的视角来看待思想政治教育的学科发展，是思想政治教育作为一门学科得以不断发展的动力源泉。"学科是人类对自然和社会的认识水平发展到一定阶段的必然产物，而学科之间的交叉融合，则是学科内在发展到一定阶段的必然要求和表现。"[1] 不同学科的融合和交叉反映在思想理念和思维方式的相互借鉴和沟通，是国家和社会发展的现实需要。

（一）心理学和思想政治教育的内在联系

思想政治教育着眼于人的思想意识，而人的思想意识与心理存在着某种天然的联系。辩证唯物主义认为："意识是物质高度发展的产物，是高度组织起来的物质——人脑的反应特性；心理是脑的机能，脑是心理的器官，心理是人脑对客观现实的主观反映。"[2] "思想是客观存在于人的意识中经过思维活动而产生的结果。心理是思想意识形成的基础，思想意识是心理的高级形式。"[3] 就像恩格斯所说："外部世界对人的影响表现在人的头脑中，反映在人的头脑中，成为感觉、思想、动机、意志。"[4] 在马克思看来，人的行为受到了心理和思想的共同影响。人们行动的动力是借由大脑转变为动机，最终表现为行为。思想是在意识的基础上，经过理性思维上升为思想的。"心理会对思想意识的发展产生影响和制约，反过来，思想意识又会支配心理活动的方向和内容，心理和思想密不可分，相互影响。"[5] 心理和思想的共

---

[1] 曾长秋，凡欣．积极心理学与高校思想政治教育 [J]．河南师范大学学报（哲学社会科学版），2015（1）：185–188.

[2] 叶奕乾，等．普通心理学 [M]．上海：华东师范大学出版社，2004：6.

[3] 杨芷英．思想政治教育心理学 [M]．北京：中国人民大学出版社，2019：22.

[4] 中共中央马克思恩格斯列宁斯大林著作编译局．马克思恩格斯选集：第 4 卷 [M]．北京：人民出版社，2012：238.

[5] 杨芷英．思想政治教育心理学研究综述 [J]．思想理论教育导刊，2007（11）：70–77.

同之处在于：都离不开人脑这一器官，都是人脑活动的产物；都源于客观世界，都是对客观世界的主观反映。

基于思想与心理的不可分性，思想政治教育与心理学也存在着紧密的内在关系。从研究内容来看，心理学是研究人的心理现象，思想政治教育则是研究人的思想现象。而心理现象和思想现象之间因心理和思想所具有的共同性而决定了这二者的联系。从方法论来看，心理学在其漫长的学科发展中，已构建了成熟的理论体系，对人的心理现象及其规律进行了深入分析。思想政治教育亦须遵循教育规律、学习规律、发展规律等方面的人的心理规律。了解和掌握教育者、教育对象的心理活动和规律是进行思想政治教育的前提和基础，从而能使得我们的思想政治教育更符合人的身心发展规律，有利于良好思想政治品德的形成。借鉴心理学的理论和研究成果服务于思想政治教育的学科发展，有利于丰富思想政治教育理论体系，提高思想政治教育科学化的发展，从方法论上提升思想政治教育的效果。

（二）心理学和思想政治教育的区别

从学科归属来看，心理学和思想政治教育分属于不同的学科领域。心理学属于理学或教育学，是对人的心理现象及其规律的研究；而思想政治教育属于马克思主义理论门类，它是一种意识形态下的思想观念教育。从理论基础来看，心理学是以生物学、医学等为理论基础的，不带有政治性和阶级性；而思想政治教育是以马克思主义理论以及中国特色社会主义理论体系为理论基础，因而具有政治性和阶级性。从研究对象上来看，心理学主要研究"人的一般心理现象、心理产生及其活动规律的科学"[1]，研究对象主要是心理产生的过程及其规律。"思想政治教育的研究对象是人们思想品德形成发展的规律和对人们进行思想政治教育的规律。"[2]

思想政治教育以人的思想活动规律为重要基础，在人的心理层面开展工作，这种工作必然需要正确地理解人类心理发生和发展的规律。因此，要想较好地实现思想政治教育的最终目标，需高效利用心理学相关的理论与实践的成果，在看到二者区别的同时，也不能无视它们的内在联系。心理学通过研究思想政治教育情景中学与教的基本心理规律，反映教与学的相互作用过程，可以帮助教育者更好地进行思想政治工作，在科学地运用心理学基础上提升思想政治教育的科学性。

---

[1] 杨芷英.思想政治教育心理学 [M]. 北京：中国人民大学出版社，2019：9.

[2] 张耀灿，郑永延，等.现代思想政治教育学 [M]. 北京：人民出版社，2006：7.

二、心理学与高校思想政治教育结合的必要性

思想政治教育工作是对人的思想进行工作，通过教育帮助个体形成正确的价值观和良好的行为习惯。思想政治教育工作的开展应以心理学相关理论和方法为前提。将心理学有效地运用于思想政治工作中，可为思想政治工作提供有力的理论支持，提升思想政治教育的科学性。

将心理学融合到思想政治教育中，既是新形势下高校思想政治教育先进理念的体现，更是为了更好地服务于人的全面发展。此外，思想政治教育的主客体都是具有共性和个性的个体，这就要求我们要遵循基本心理加工规律并接受个体差异，才能体现"以人为本、育人为本，德育为先"的精神。另一方面，随着社会高速发展，社会环境发生巨大变迁，我国社会正经历着剧烈的变化，价值的多元化、环境的复杂化都使得高校思想政治教育面临巨大的挑战，大学生的思想意识也受到了多方影响。因此，了解和掌握教育对象的心理过程和个性心理，理解心理发展规律，灵活运用相关理论和技巧，是高校思想政治教育的预见性、科学性、敏感性和针对性的具体体现。

随着心理学和思想政治教育学的不断发展，二者交叉融合产生了一门交叉学科——思想政治教育心理学，这一新学科的产生是心理学和思想政治教育发展的必然结果。学术界将思想政治教育学和心理学结合起来，用心理学或教育心理学来研究思想政治教育或德育，无论是作为研究方向还是学科发展方向都得到了普遍的认可。[1]

（一）运用心理学提高思想政治教育的科学性

从研究内容来看，心理学能够为思想政治教育提供补充。在传统的思想政治教育下，我们更容易关注到教育者自身的教育方法与教育技巧或教学情景中的教育内容与教学环境等，而未突出学习者是如何建构学习内容或形成学习技巧的。心理学强调以人为中心（或以学生为中心）的思想能够为完善思想政治教育提供很好的补充。

从研究方法上看，心理学研究方法本身具有较高的科学性。从 19 世纪中叶以后，心理学就开始采用观察和实验的方法研究心理过程和个性心理，强调实验研究

---

[1] 辛辰. 对"思想政治教育心理学"研究中所存争议和问题的几点思考 [J]. 首都师范大学学报（社会科学版）2004（S2）: 205-209.

的可重复性其研究结论具有跨领域、跨情景的一致性。借鉴心理学的研究内容和研究方法有助于提升思想政治教育的科学性。

（二）运用心理学提高思想政治教育的敏感性

利用心理学的理论和实践成果，能够更好地描述和分析思想政治教育过程中的多元现象，增加思想政治教育的敏感性。人的心理是复杂、独特且动态变化的。通过心理学理论将人的心理过程和个性心理进行有效的分类，能够帮助思想政治教育者更好地了解和掌握思想政治教育过程中的教育规律和学习规律，从而提高思想政治工作的敏感性。

（三）运用心理学提高思想政治教育的预见性

将心理学结合到思想政治教育中，不仅能用于解释现有的思想政治教育心理和现象的内在过程，更重要的是对未来可能出现的心理与行为现象进行预测。将心理学的理论与实践用于分析思想政治教育研究过程以及对象的心理规律，探究其内在需求、动机以及外在行为模式，建立心理活动的内在联系与规律，可以预测其随后的心理加工和发展，为良好、有效地开展思想政治教育提供了强力依据。思想政治教育工作者掌握教师教育与学生学习的规律，就可以根据教育的需要去预测和控制学习过程。例如，我们可以使用科尔伯格的道德发展阶段理论预测不同年龄阶段的儿童可能在道德发展水平上表现出的显著差异，以及预测各年龄阶段中儿童可能表现出的道德水平。

（四）运用心理学提高思想政治教育的针对性

思想政治教育不仅需要满足所有教学对象的共同需求，更需要针对个别教学对象的需要、兴趣、能力和学习进度等设置相应的教学过程和教学方法。随着人本主义心理学思潮的兴起，教育更强调的是帮助学生自我实现、发挥个人潜能的过程。考虑到每个人的需要或动机并不相同，自我实现的途径与结果也不尽相同，思想政治教育工作者不可能将一个普遍的教学方式或教学内容强加到每一个人身上而是需要无条件尊重个人的发展差异与个人目标，以开放性的、针对性的态度和方法对待每一个教育目标，这使得高校思想政治教育更具有针对性。

三、心理学与高校思想政治教育结合的可行性

心理学与思想政治教育的结合是具有必然性的。在宏观层面上，心理学与思想政治教育的结合是社会与经济发展到一定程度，多种价值观与思潮不断融合的必然

产物；从学科发展角度上，各学科之间相互借鉴研究方法与研究成果也是不同学科知识体系相互融合的发展趋势的必然结果；在个人发展角度上，多角度地塑造心理与思想也是促进个体身心健康发展的必然要求。

（一）党和国家对思想政治教育的重视为运用心理学提供政策支持

新时期新形势下，党和国家对高校思想政治教育工作十分重视，先后出台了一系列文件。中共中央、国务院《关于进一步加强和改进大学生思想政治教育的意见》（中发〔2004〕16 号）指出："要重视心理健康教育，根据大学生的身心发展特点和教育规律，注重培养大学生良好的心理品质和自尊、自爱、自律、自强的优良品格，增强大学生克服困难、经受考验、承受挫折的能力。要制定大学生心理健康教育计划，确定相应的教育内容、教育方法。"[1] 此文件强调了大学生心理健康教育是思想政治工作中重要的一部分。2017 年教育部出台《高校思想政治工作质量提升工程实施纲要》，该文件提出了"心理育人质量提升体系"，要"坚持育心与育德相结合，加强人文关怀和心理疏导，着力培育师生理性平和、积极向上的健康心态，促进师生心理健康素质与思想道德素质、科学文化素质协调发展"。[2] 该文件强调了思想政治教育的目的也包含了提升心理健康素质。2020 年，教育部等八部门发布《关于加快构建高校思想政治工作体系的意见》，将"促进心理健康"纳入到思想政治工作的日常教育体系中。《教育部关于加强普通高等学校大学生心理健康教育工作的意见》指出："高等学校培养的学生不仅要有良好的思想道德素质、文化素质、专业素质和身体素质，而且要有良好的心理素质。"[3] 这一系列的政策制度从组织架构、队伍建设、经费使用等多方面凸显了国家对心理健康教育的重视、投入和支持，这也为高校思想政治工作运用的心理学加强心理健康教育提供了有利的条件。

（二）心理学与思想政治教育的发展为运用心理学提供了现实基础

与心理学应用到教育学领域产生教育心理学，同社会学结合产生社会心理学相

[1] 中华人民共和国教育部.中共中央、国务院发出《关于进一步加强和改进大学生思想政治教育的意见》[EB/OL] www.moe.gov.cn/jxb-xwpb/gzdt/moe-1485/tnull-3939.html.

[2] 中华人民共和国教育部.高校思想政治工作质量提升工程实施纲要[EB/OL].http://www.moe.gov.cn/srcsite/A12/s7060/201712/t20171206_320698.html.

[3] 中华人民共和国教育部.教育部关于加强普通高等学校大学生心理健康教育工作的意见[EB/OL].http://www.moe.gov.cn/s78/A12/szs_lef/moe_1407/moe_1411/s6874/s3020/201001/t20100117_76896.html.

类似，当它与思想政治教育交叉时便会产生思想政治教育心理学。[1] 心理学的发展为在思想政治教育中运用心理学理论与方法提供了良好的基础。同时思想政治教育自身的学科建设也取得了一些发展，已基本形成学科的理论体系，取得了丰硕的研究成果，这些为高校思想政治教育实践提供了现实基础。

（三）思想政治教育队伍建设为运用心理学提供了人才保障

新时期，随着思想政治教育科学化、专业化的发展，思想政治教育队伍也逐渐向专业化、职业化、专家化方向迈进，国家层面出台一系列举措，旨在培养高校思想政治教育工作者的综合素质。《教育部关于加强高等学校辅导员班主任队伍建设的意见》（教社政〔2005〕2号）中指出："要重点组织辅导员、班主任学习马克思列宁主义、毛泽东思想、邓小平理论和'三个代表'重要思想，学习时事政策，学习管理学、教育学、社会学和心理学以及就业指导、学生事务管理等方面的知识。"[2] 中共中央、国务院《关于进一步加强和改进大学生思想政治教育的意见》（中发〔2004〕16号）中指出："辅导员、班主任是大学生思想政治教育的骨干力量。"[3] 国家十分重视高校思想政治工作者的学习培训，提高高校思想政治教育工作者的综合素质，增强心理学理论知识的储备与应用，为心理学在高校思想政治教育中的运用提供了有力的人才保障。

第三节　心理学视角下高校思想政治理论研究的热点问题

心理学在高校思想政治教育中的应用比较广泛，思想政治工作也越来越多地借鉴心理学的研究成果来研究新时代新背景下的热点问题。本节将从自我同一性、生命教育、积极心理学等视角来探究高校思想政治理论研究的几个热点问题。

一、在自我同一性理论下探究思想政治教育

自我同一性（ego-identity）是心理发展的一个重要概念，它涉及自我与人格发

---

[1]　辛辰. 对"思想政治教育心理学"研究中所存争议和问题的几点思考 [J]. 首都师范大学学报（社会科学版）2004（S2）: 205-209.

[2]　中华人民共和国教育部. 教育部关于加强高等学校辅导员班主任队伍建设的意见 [EB/OL]. http://www.moe.gov.cn/srcsite/A12/moe_1407/s3017/200501/t20050113_76797.html.

[3]　中华人民共和国教育部. 中共中央、国务院发出《关于进一步加强和改进大学生思想政治教育的意见》[EB/OL] www.moe.gov.cn/jxb-xwpb/gzdt/moe-1485/tnull-3939.html.

展的方方面面。主要包含三个方面的内涵：一是自我同一性，它是指个体最为底层的自我概念，以及对个人的基本信念等；二是个人同一性，它是自我与环境相互作用下，个体逐渐形成的个人目标、价值观和需要等，包括职业目标、亲密关系和价值取向等；三是在社会层面的同一性，它是指与团体目标保持一致的自我感和归属感等。

（一）自我同一性的建立

个体处于复杂的社会环境之中，因此自我同一性也强调了个体在其人格发展过程中人与社会不断互动的过程。个体逐渐习得自己在现实社会之中能够达到的目标和自己不断又为之修正的现实感。尽管建立自我同一性贯穿个体发展的全过程，但是青春期阶段是建立自我同一性最重要的阶段。并且，随着现代社会的高速发展和日趋复杂的社会环境，青少年往往无法按时做出个人生活和职业选择。埃里克森还提出了"延期偿付"的概念，也就是青少年往往会在大学阶段才逐渐完善自己的自我同一性。大学如同微型社会，个体能够亲身体验不同的事件和职业，选择和放弃某些事物，发现适合自己的生活方式等。在此阶段，个体必须对自我发展的一些重要问题进行思考，例如自己该选择怎样的生活，与什么样的人在一起，选择哪一种作为自己的信仰等。这个过程需要个体将自己过去的经验和未来的期待以及社会要求有效整合。如果个体能够形成稳定的自我概念，能够将自我的过去、现在、将来组合成一个有机整体，并且能有效地完成未来生活的既定目标，那么就能获得一种同一感，建立了一种稳定的自我同一性。

（二）自我同一性混乱

如果个体无法建立自我同一性，那么就会引起同一性混乱。个体在自我同一性确立的过程中，如果缺乏对自己的清晰认识，希望让别人决定自己的生活或服从他人的决定，回避面对自己的矛盾性，或难以忍受建立自己的孤独状态，那么这类个体将无法"发现自己，确定自己的目标"。个体能否良好地建立自我同一性主要取决于两方面因素，分别是主观因素和客观因素。主观因素主要是指个体自我意识的矛盾，其一方面来源于个体主观自我和客观自我之间的矛盾。主观自我是指个体对自己的认知评价，而客观自我则是指真实世界中的自我，这两者之间往往并不一致。例如自己对自己的评价较高，认为能够处理好某件事情，但实际上并不能有效处理好。主观自我和客观自我之间的不一致常常使得个体处于自卑或自负的情绪之中，从而使得个体无法形成稳定的自我认知，无法建立自我同一性。自我意识的矛盾另一方面还来源于理想自我和现实自我的矛盾。理想自我是个体期望达到的目标状态，而现实自我则是个体目前所处的现实状态，这两者之间也常常会有一定距离。然而，如果理想自我远远超于现实自我，则会使得青少年在目标实现过程中感到失望和挫折，从而放弃了对理想的追求；而如果理想自我与现实自我过于接近，则会使得青少年的自我发展缺少理想和追求。这两者都会使得青少年无法认清自己是什么样的人和自己想要成为的人，从而处于同一性混乱的状态中。客观因素主要是指家庭、学校和社会等环境的影响。父母的价值观、人生观和教育方式都会影响个体的自我认知；学校的校园环境和教师的教育方式也是影响个体心理发展的重要因素；社会文化环境则是个体心理发展的前提，一个社会的主流价值观能够直接主导个体的心境。

（三）社会环境下的自我同一性

从前文我们已经得知，自我认知的建立是依赖于个体自我和社会不断互动逐渐建立的。社会环境以一种意识形态的形式向个体呈现一种理想体系，个体遵守这种意识形态能够帮助个体解决自己混乱的价值观，它代表着社会提出对个人发展的期许和个体尊重社会规范的过程。一方面，个体需要超脱于意识形态完成自己的选择。不同选择导致个体产生了自我同一性的不同状态：如果个体能够将自我的选择和社会价值观取向结合的话，那么个体就能建立起稳定的自我同一性；反之，个体不论是无法完成自我选择，抑或是无法认同社会要求都会处于同一性混乱的状态之中。由此可见，个体建立自我同一性的过程就是自我与社会不断互动的过程，这两者相互作用影响了个体的自我同一性发展。在其中，思想政治教育是影响青少年政治自我同一性建立的重要因素，不仅要帮助个体建立政治同一性，更需要促进个体形成自我与社会良好的互动关系。因此，思想政治教育不应拘泥于政治层面，更应该将教育的中心放在个体自我品格的培养与社会互动关系的建立上。也就是说，思想政治教育应努力探讨如何将社会发展的要求与个人目标结合起来，帮助个体掌握社会生活的能力。一方面，思想政治教育还需要帮助个体发展自我意识，使其能够正确认识自我、认识社会和认知自我与社会的关系，促进其良好个性心理的形成。

（四）自我同一性视角下的规范性教育和个性教育

传统的思想政治教育关注让受教育者形成共同的价值观念、行为准则和集体意识。规范性教育对于个体快速掌握社会规则，适应社会环境有着重要作用。但是，如果思想政治教育工作者过度强调集体化的教育，忽略了个体的个性，就容易导致个体个性的缺失。而后者在当今多元化的社会环境、社会价值体系中已变得尤为重要，也是社会发展和创新的重要因素。因此，思想政治教育工作中，增加个性化教育的权重，将规范性教育和个性化教育有机结合是当今的重点，也是促进个体个性发展和思想体系形成的重要前提。

（五）将自我同一性发展与思想政治教育相结合

自我意识是自我的重点，它能够调节个体的发展，制约个体行为。随着个体自我意识的发展，个体逐渐发展出自我调节能力。也就是说，个体不仅会受到社会的规训，还会自我控制。提升个体的自我控制能力，关键在于唤起个体自我控制的动机，即将自我控制的规则内化为自己的规则。在这个过程中，关键的问题是如何使个体将自身的思想政治意识转换成自身心理需要。当个体自觉认识到思想政治发展是自己的心理需要，并且感受到自身政治生活的匮乏时，那么就会自发地产生学习的渴望，并将这种渴望转换成主动学习的动力。这种意识能够促进个体主动接触思想政治教育的内容，并进行自我控制。

二、在生命教育视角下探究思想政治教育对象的心理健康教育

在生命教育视角下探究思想政治教育中的心理健康教育，不仅有助于加强大学生的心理健康教育，增强其心理韧性，完善其健康人格，更让大学生能够对生命有更正确的认识。生命教育往往容易被我们忽视，校园里的霸凌事件、自杀事件等都不断地提醒我们要重视生命教育，补齐生命教育这一短板，帮助学生更全面地认识生命，发现生命的价值。在思想政治教育中谈生命教育，既是高校思想政治教育的题中之义，也是现代高校思想政治教育的趋势所在。

（一）生命教育视角下的思想政治教育探索

生命教育是要通过一系列关于生命的知识的学习，增进生命智慧，并确立关于生命及人生等重大问题的正确、合理的基本信念。[1]对学生进行生命教育，指的是引导和提升大学生对生命价值与人生态度的认识和理解，是新时期高校思想政治教育的新理念。

心理健康教育是关注个体思想生活的重要方面。然而，当前心理健康教育将更多注意力放在"心理问题"学生上，在心理健康宣传教育上也更强调"心理问题的识

---

[1] 汪丽华，何仁富. 大学生心理健康与生命教育 [M]. 北京：北京师范大学出版社，2014：4.

别""心理危机的干预""心理健康的维护"等方面，以达到预防学生在校期间出现异常心理问题。大部分咨询都着眼于学生此时此刻出现的问题行为和不良情景，而较少关注导致不良状态发生的根本原因，这导致学生的问题容易反复或以类似的形式呈现。

大学阶段是学生思想意识变化尤为迅速的阶段。个体除了需要面临自身学业、家庭和生活的困扰外，还可能会面临个人发展性的问题，如选择更合适的职业、建立亲密关系等。然而受限于时间、人手、经费等问题，目前思想政治教育更集中于解决学生当前出现的问题，而较少地去关注学生身上的自我发展、成长和完善的能量、动力以及潜在发展的部分。从生命视角出发的心理健康教育旨在促进学生心理健康发展，发挥学生自身的潜能，在成长中看到自己的能量和自身的价值，能较好地适应生活、学习和社会变化。比如探讨人格与自我认知、爱情和性心理、生命教育、生涯发展规划等问题。这些对大部分心理健康的大学生进行的心理发展教育却常常被忽视，而这种教育恰恰能帮助学生看到自身潜在的部分，帮助他们人格完善，成为心智水平更高的个体。

思想政治教育是关注人的生命，为了提高人的生命质量而开展的活动，这也是以人为本的社会中体现生命关怀的基本事业。因此，评估思想政治教育是否合理，一个最基本的评价标准是它是否体现出对个体生命的尊重和关怀，有没有使得个体的生命因为思想政治教育而迸发出更大的能量。因此，思想政治教育离不开生命教育。同时，思想政治教育的工作也应该从生命教育入手，引导个体尊重生命、理解生命和关爱生命，挖掘自己的生命价值。

首先，思想政治教育应该鼓励个体培养积极的生命情感。例如思想政治教育工作者可以举行爱心活动、志愿者活动等，让学生学会更能够理解生命的多样性，学会理解和尊重他人，体验到生命的意义。培养学生获得一双发现美的眼睛，能够感受生命之美。让学生明白，生命只有一次，人最宝贵的莫过于生命，个体要尽可能地维护自己和他人有限的生命。其次，思想政治教育应教育学生尊重生命，关爱生命。目前，大学生日趋表现出淡漠生命的态度，出现自杀或者伤害他人的行为。因此，思想政治教育尤其需要引导个体尊重生命，关爱他人生命。再次，思想政治教育应引导学生挖掘生命的意义。教育除了让个体尊重生命外，更重要的是让个体发展出探索生命智慧的能力，让个体具有在黑暗中探求生命真谛的慧眼。因此，思想政治教育还要教育个体关于生命的目的、态度，培养健康的人生观和价值观，明白生命的意义到底是什么。最后，思想政治教育工作者应鼓励个体积极地参与社会活动，实现生命价值。存在主义心理学认为，每个人生而自由，个体通过自己的行动赋予生命意义。每个个体都明知生命的终点是死亡，但是我们可以在有限的生命终结前，尽可能地赋予生命多维的意义。其中最重要的就是自我实现。我们需要发挥我们的优势，去创造出一些属于我们的作品，有人因为我们的存在而改变，这个作品可以是发明、书籍、理论，总之是能实现我们价值的东西。如果个体的存在导致了外界环境的改变，并能使自我得到了满足，那么生命的意义就足够了。

（二）生命教育视角下的高校心理健康教育探索

大学生的生命教育内容应该包括认知内容上关注生命价值的教育，情感内容上注重积极情绪体验，行为内容上以感恩行为激发生活热忱。因此在我们的心理健康教育中要融入生命教育的元素和理念，可以从认知、情感、行为三个方面进行探索。

首先，认知内容上，要加强生命知识教育。当前大学生缺乏一些生命安全自救的知识，缺乏安全意识和法制观念。高校开展生命教育，就是要传播有关生命和生活安全的知识给大学生，教育学生提高自我保护的意识和能力，教给他们遇到灾难时自救和救人的技能，生命教育包括了关于生命形态、生理规律、生活习性和生命健康等方面的知识。让学生具有生命安全的敏锐性，能够规避风险，珍惜生命的有限性。树立科学的生死观，正确看待生死，理解生命的意义和价值，增进生命的智慧。

其次，情感内容上，强调让学生能较多地体验到积极情绪和情感。从引导学生积极悦纳自我，增强自我效能感等方面入手，帮助学生形成高的自我价值感，学会珍惜生命，能够用积极乐观的态度面对生活的困难。

最后，行为内容上，通过感恩行为来激发学生对生活和生命意义的向往，要进行生命感恩教育。生活需要感恩，常怀感恩之心，才能感受美好，领悟幸福。感恩是我们生命中的一种不可或缺的品质，它代表的是我们要对生命心存敬畏和感悟。让感恩慢慢成为一种生活习惯，在生活中心怀感恩，才能感悟到生活中的美好，更加珍惜生活，珍爱生命。

三、探究积极心理学视角下的思想政治教育对象的积极心理品质

2018 年教育部《高等学校学生心理健康教育指导纲要》指出："心理健康教育是

提高大学生心理素质、促进其身心健康和谐发展的教育，是高校人才培养体系的重要组成部分，也是高校思想政治工作的重要内容。"[1] 可见，培养学生的积极心理品质，促进大学生的身心全面发展，是高校思想政治教育的重要内容。虽然高校思想政治教育在不断成熟和发展，但也存在着如过度强调学生问题，忽视学生需求和个性发展等方面的问题。积极心理学作为 20 世纪末兴起的心理学新思潮，经过 20 多年的发展，已形成比较成熟的理论，其理念和理论在管理学、教育学等领域也得到了充分的运用。积极心理学倡导用积极、欣赏的视角看待每个个体，强调激发人的潜能和积极品质。而这一理念与当代大学生心理健康教育的需求相契合，通过探究积极心理学视角下高校思想政治教育对象的积极心理品质，将有助于高校思想政治教育"育心"与"育德"的实现，是高校思想政治教育发展的现实需要。

（一）积极心理学的内涵

积极心理学是 20 世纪末在美国兴起的一股新的思潮。"积极心理学的研究核心是积极心理品质和积极力量。"[2] 积极心理学旨在挖掘和培养人的积极潜能，通过积极情绪体验，来达到实现人全面发展的目标。积极心理学主要研究内容包括挖掘和培养人的积极心理品质，如爱、友善和真诚等积极心理品质的培养和塑造。良好的道德品质是建立在学生健全的心理素质基础上的，因此可以认为两者相辅相成，缺一不可。

（二）积极心理品质内涵

积极心理学家皮特森和塞里格曼通过大量研究，归纳出全人类的六大美德，包括智慧、勇气、仁爱、正义、节制和精神卓越，并归纳出构成这六大美德的 24 种性格优势，如好奇心、创造力、勇敢、诚实、宽恕等等。塞利格曼指出，性格优势并不是指某种天赋，它是能够通过后天培养而来的，性格优势和美德是可以通过后天努力而习得，通过不断努力而加强的，这给予我们的启示是：我们可以通过后天教育来培养我们学生的性格优势和美德。

国内积极心理学者孟万金、官群教授在借鉴《中国中小学生积极心理品质量表》成功开发经验的基础上，结合中国当代大学生实情编制了《中国大学生积极心理品质量表》，对其积极心理品质进行了科学评估与测量。将对大学生积极心理品质的

[1] 中华人民共和国教育部.高等学校学生心理健康教育指导纲要[EB/OL].http://www.moe.gov.cn/srcsite/A12/moe_1407/s3020/201807/t20180713_342992.html.

[2] 任俊.积极心理学[M].北京：开明出版社，2012：2.

理论研究落地到应用研究，孟万金、官群教授认为："中国大学生积极心理品质可以从认知、情感、人际、公正、节制、超越六个维度进行划分，包含好奇心、创造力、思维力、真诚、热情、勇敢坚持、爱与友善、正直公平、宽容、谦虚、希望与信念等20个因子。"[1] 该量表是目前国内对大学生积极心理品质较为全面的研究。在该量表的大学生积极心理品质组成内容中，很多因子如创造力、勇敢坚持、爱与友善、正直公平、宽容等也都是高校思想政治教育所积极倡导的优秀品质。因此挖掘和培养大学生的积极心理品质顺应了高校思想政治教育的发展目标。

（三）探究积极心理学视角下的大学生积极心理品质的意义

以往心理学更多关注人的负面、消极问题方面，忽视作为主体的人的内在优势和潜能，过度地看到消极方面对人的影响。而积极心理学则用科学的方法研究人的积极情绪和积极心理品质，用全面、发展、欣赏的眼光看待人的潜能。积极心理学强调培养人的积极心理品质，发挥个体的主体性，充分体现"以人为本"的准则。积极心理学所倡导的理念与高校思想政治教育强调"以生为本"，努力培养符合社会主义核心价值观的建设者和接班人是内在一致的。不断吸收和借鉴积极心理学的最新成果，进一步整合高校思想政治工作，通过挖掘和培养大学生的积极心理品质，可以提升高校思想政治教育的有效性，因此，积极心理学视角下探究大学生的积极心理品质显得尤为有意义。

从理论意义上来看，探究积极心理学视角下的大学生积极心理品质，一方面拓宽了高校思想政治教育的内容。注重积极心理品质的挖掘和培养，是符合新时代发展要求和大学生成长成才规律的内容，有助于进一步提升高校思想政治教育的吸引力。另一方面丰富了高校思想政治教育的研究视角，从过往强调发现学生问题的视角转向挖掘学生自身积极心理品质，更强调关注学生身上的潜能，体现了高校思想政治教育"以生为本"的理念。

从现实意义上来看，探究积极心理学视域下的大学生积极心理品质，一方面是满足当前大学生的需要。当前，大学生面临各类压力、冲突，心理方面问题呈现增长趋势，将积极心理学与思想政治工作有机结合，探究大学生的积极心理品质，有助于预防大学生心理问题的产生，帮助大学生激发内在潜能，应对压力，有利于大学生身心健康，增强主观幸福感，从而实现全面的发展。另一方面，是满足国家和社会对大学生培养的需要。当前社会竞争越来越激烈，国家和社会更需要的是综合

[1] 孟万金，官群. 中国大学生积极心理品质量表编制报告 [J]. 中国特殊教育，2009（8）：71–77.

素质人才。《高等学校学生心理健康教育指导纲要》（教党〔2018〕41号）强调："要培育学生自尊自信、理性平和、积极向上的健康心态，促进学生心理健康素质与思想道德素质、科学文化素质协调发展。"[1]国家对积极心理品质的培养越来越重视，积极心理学视野下探究高校思想政治教育对象的积极心理品质契合当前形势下国家和社会对大学生培养的要求。

（四）积极心理学视野下培养大学生积极心理品质的途径

思想政治工作者要通过不断挖掘与培养学生的积极心理品质，培养学生的健康人格，来实现思想政治教育目标。

1. 积极促进心理健康教育与思想政治教育的内在结合

心理健康教育是高校思想政治教育不可或缺的一部分。目前，心理健康教育更多关注于学生的心理问题和有心理问题的学生，往往忽视大部分心理健康学生的发展性需求。高校思想政治教育要关注大学生积极心理品质对于学生成长成才的价值，要帮助大学生挖掘和塑造积极的心理品质。真诚、热情、勇敢坚持、爱与友善、正直公平、宽容、谦虚等积极的心理品质能够帮助大学生增强心理韧性，健全自身人格，而健全的人格又是高校思想政治教育实现所需的重要目标。因此，高校不仅要重视心理健康教育的宣传普及、教育教学、心理咨询等，更要更新理念，积极探索心理健康教育与积极心理学的有机融合，重视学生的主体性，看到学生的个性，帮助其更好地成长。

2. 优化校园文化建设，为塑造积极心理品质提供良好氛围

积极心理学研究主题之一是有关积极组织系统，它强调周围环境对人会产生深远的影响，因此，要注重构建健康和谐、积极向上的生活环境。积极心理学视角下的思想政治教育也非常注重对高校校园文化环境的建构。思想政治教育相关内容的传递依赖于校园文化，校园文化是一个学校精神和文化氛围的体现，也是环境育人和文化育人的表现。通过构建积极的校园文化，充分发挥校园文化滋养心灵、涵育德行、引领风尚的功能。因此，要通过不断创建文明、高雅的校园文化环境，丰富大学校园文化，培养大学生的积极心理品质。

---

[1] 中华人民共和国教育部.高等学校学生心理健康教育指导纲要[EB/OL].http://www.moe.gov.cn/srcsite/A12/moe_1407/s3020/201807/t20180713_342992.html.

第四节 案例：网瘾大学生的积极教育

"00后"逐渐进入大学，这一代"温室之花"是在科技信息化和新时期国际环境影响下成长起来的，缺少经历坎坷和磨炼，他们的思维认知、价值观念和心理特点等方面都深刻地烙印着新时代特征。针对"00后"大学生特殊的思想特点和成长规律，如何更好地引领他们健康成长，成为当下高校育人工作的关键一环。

《"健康中国2030"规划纲要》中提到高校健康教育重在增强学生的健康意识，提高学生的健康素养和健全学生的人格品质。2021年教育部办公厅印发的《关于加强学生心理健康管理工作的通知》中也指出要大力培育学生积极心理品质，全方位提升学生心理健康素养。从积极育人的角度培养学生健康人格和心理品质成为当今高校教育工作的重要内容。辅导员作为大学生成长道路上的知心朋友和思想引路人，要学会在工作中以积极心理学理念为抓手，促进学生全面发展，健康成长。

一、案例背景

当代大学生大多成长在"421"家庭中，祖父母和父母将全部注意力放在他们身上，给予无微不至的疼爱。在这种家庭长大的孩子往往比较自我，思想观念还不成熟。另一方面，互联网的快速发展给大学生学习、生活方式带来了巨大的革新。在享受网络带来便利的同时，也有越来越多的人因沉迷于网络世界，给自己的身心健康带来无法弥补的伤害。

本书根据辅导员工作中一则真实的案例改编，对大学生中的"躺平一族""网瘾少年"进行分析，并从积极心理学的视角探讨思想政治育人的"心"方法。

（一）案例基本情况

小何，20岁，大三学生，广东深圳人。家庭经济条件优渥，父亲是当地某局局长，母亲是家庭主妇，从小在家人的溺爱下长大。小何在初二时接触到网络游戏，并逐渐成瘾，成了老师眼中的"问题学生"。高中三年，小何在老师及家长的严格监管下学习，勉强升入大学。

进入大学后，小何购置了专业的游戏装备，经常通宵打游戏。辅导员刘一（化名）了解该情况后，与小何进行谈心谈话，他信誓旦旦地答应辅导员不再沉迷于游戏。

2020年9月，辅导员发现小何上学期有多门专业课挂科，于是再次找该生谈心谈话。小何不情愿地来到办公室，提到近期的学习情况时，他情绪很激动，表示游戏才是他的任务，追求"躺平即正义"才是他的使命，就算毕不了业也不会怎样，父母会想办法安排工作。对于小何这种现状，辅导员将积极心理学的方法运用到教育工作中来，引导他健康使用网络，树立积极心态。

（二）案例定性分析

本案例反映的是在物质条件充裕、网络世界丰富多彩的时代背景下，大学生出现网络成瘾、学习动力不足、人生规划不清晰的情况。从积极心理学视角分析该生问题的主要原因如下。

1. 自我同一性混乱导致其认为人生无意义

埃里克森提出自我发展的八阶段理论，认为人的发展要经历八个阶段，并要解决各个阶段出现的矛盾。如果一个阶段的矛盾能得到积极有效的解决，将顺利进入下一个阶段；如果没有顺利度过则会形成消极的意志品质。大学生正在从青少年晚期向成年早期过渡，这一阶段将会形成个体的自我同一性，如果他能将自己现有的资源和对未来的目标进行梳理统合，就能顺利度过大学生活；反之则会陷入同一性混乱，浑浑噩噩地度过大学四年。

小何进入大学后，自我意识和认知仍停留在高中阶段，没有形成完整统一的自我，出现了较强的无意义感，将几乎所有的精力放到游戏中，继而荒废了学业。

2. 过往的负性评价导致低自尊

心理学家库里、米德等人认为自尊是社会环境对自我的一种"镜像反映"，人的自尊水平与重要他人对他的看法有关。自尊作为一种长期形成的、较为稳定的心理品质，对人的情绪情感和社会功能会产生直接的影响。

小何从初中开始就被标签化为"问题学生"，老师觉得他成绩差，没礼貌；同学认为他孤僻，不好相处；甚至连家人也从不给他做决定的机会。小何一直在被忽视，被否定，从未体会过被别人接纳的感觉，也因此形成了较低的自尊水平。他无法从学习、交往等现实生活中获得成就和满足，所以网络成为他排解负面情绪，释放压力的唯一"出口"，借助网络虚拟空间逃避现实，寻求自我价值感。

3. 不良家庭教养模式引发行为问题

家庭教养模式会对子女的人格形成、人际关系、心理健康等产生重要影响。父母对子女投入无条件的积极关注、理解和信任，就会增强孩子的主观幸福感，有利于培养健康人格；而不良的家庭教养模式则会降低学生的主观幸福感，继而引发学生各种行为问题。如专制型的父母总是对孩子进行严格的控制，让孩子感到压抑，到了青春期后孩子就会突然爆发，变得不受控制；溺爱型的父母总是没有原则地迁就，也无法做到科学的引导。

小何的父母就是专制和溺爱的典型代表。虽然家庭经济条件优越，父母也从不吝啬，但是小何和父母的关系并不好。小何的父亲非常强势，认为小何所有的事情都要听父母的，从不考虑小何的真实感受和想法。而小何的母亲非常感性，对他宠爱有加，小何的任何要求她都满足。这样的家庭教养模式导致了小何低水平的自控力，出现网络成瘾、人生规划不清等问题。

二、理论分析

自塞利格曼 1997 年提出"积极心理学"概念后，全世界范围内兴起了积极心理学的热潮。与传统心理学研究人和社会中存在的各种"问题"和"弱点"不同，积极心理学倡导应当把关注的重点放在人的"积极"方面，激发人内在的积极力量和内在潜力，帮助人们自身获得幸福。积极心理学主要以"一个中心、三个支撑点"为研究内容，即围绕主观幸福感这一中心，以情绪（体验）、人格、社会制度为三个支撑点。在对积极情绪的研究中，提出了主观幸福感、积极情绪扩建等理论；在积极人格领域，强调乐观型归因风格理论，并概括出智慧、勇敢等 24 种积极人格品质；在积极社会制度中，主要讨论学校、家庭、工作环境对人的影响。

辅导员应将积极心理学理论运用到实际工作中去，注重人文关怀和积极关注，预防学生问题行为的发生，同时帮助问题学生进行积极行为的转化。

（一）强调每个人的积极力量

积极心理学提倡要用开放和包容的心态看待每一个人，挖掘内在的积极人格品质。认为只有当人内心中的积极力量得到激励，不良问题才能被有效控制和消除。当智慧、勇气、仁义、公平、节制、卓越等积极的品质被挖掘出来后，人就会有爱学习、自我调节、坚持、团队精神等积极的力量。否则就会陷入一种"习得性无助"的漩涡中。

（二）提倡对问题作出积极的解释

积极心理学认为，人总是不可避免地遇到和制造问题，人们可以选择对存在的问题作出积极的回应。一方面，要学会找到问题的积极意义角度；另一方面可以通过问题找到积极的行动体验。

（三）重视积极教育

传统教育习惯于从学生存在的问题入手，常以说教、矫治为主，往往忽略了学生普遍的心理特点与诉求。不仅仅是关注那些有问题的学生，高校育人也要预防问题的发生，并使所有学生的潜力得到充分发挥。

三、应对举措

（一）应对方式

1.无条件积极关注，建立良好师生关系

积极心理学与人本主义有很多共同点，在育人方面，他们都强调对当事人提供无条件的积极关注，在这样的基础上，才能和学生形成较好的关系。罗杰斯认为，大多数人是在"有条件"关注的环境中成长起来的，重要他人只有在孩子满足了他们的期许时才会给予肯定；当对孩子的表现不满意时，则会收回他们的关注。这种"有条件"的关注就容易导致学生们不能正确认识自己，也很难表露出自己真实的感情和想法。辅导员要在工作中将无条件积极关注作为工作开展的前提，对其不作评价，在建立良好师生关系的基础上帮助学生更好地成长。

在本案例中，辅导员没有直接对小何进行批评教育，而是抱着好奇的心态与他谈论游戏，真诚的交流使得小何放下戒备心理，开始愿意讲述自己的心路历程；在辅导员和小何多次的谈话中，始终能做到共情和尊重，因此建立了较好的师生关系，这是促进小何行为转化的基础。

2.改变不合理认知，加强积极情绪体验

经济社会高速发展，大学生面临着比以往更大的学业、人际交往和择业压力，他们往往在现实中找不到合适的宣泄渠道。而网络空间作为一个自由度高的平台可以使大学生逃避现实生活，抒发对现实生活中的不满。已有研究表明，负面情绪与网络成瘾呈现明显的正相关。因此家庭、学校和社会应重视对大学生主观幸福感能力的培养，通过各种形式提升他们的积极情绪体验，并教会他们科学合理的情绪宣泄方式。如果大学生能够在现实生活中体验到快乐、理解和支持，就没有那么多人选择逃避到网络虚拟空间了。另外，归因方式也会带来不同的情绪体验。韦纳认为，个体将成功归因于能力出众等内部因素时，就会产生自信等积极情绪体验，如果认为自己失败是因为能力不足或努力不够时，则会产生内疚、自责等消极情绪体验。

在本案例中，小何因为有"我不行""未来没有希望"这样不合理的认知，很难体验到积极情绪。因此辅导员通过多次的谈话，帮助矫正小何存在的"我不行"等自动化思维，改变"未来没有希望"这种糟糕至极的不合理认知，引导他学会正确积极的归因方式。辅导员结合了学生的兴趣和特长，鼓励该生多参加学校的电竞社团，承办转播赛事等活动，让他在活动中体验积极情绪。

3. 多措并举，培育积极人格

有研究者提出，大学生身上存在的积极心理品质可以使他们合理使用互联网。在平时的生活中，思想政治教育工作者不仅仅是充当"消防员"的角色，发现不良苗头及时处理，更应该是学生的"伯乐"，发现学生身上的闪光点，挖掘他们身上的积极人格，引导学生更好地认识自己，接纳自己。

在本案例中，辅导员在该生屡次旷课、游戏成瘾的时候没有一味地斥责，而是通过真诚的交流，帮助该生发现自己身上的坚持、聪慧等积极的人格特质，并给予认可和肯定，鼓励小何将这些优良品质应用到学习生活中来。

4. 多方联动，形成积极的家校系统

家庭、学校是大学生的资源和力量。家庭治疗的观点认为：家庭中任何一个成员改变，会带来整个家庭成员互动模式的改变。为了纠正和转化学生出现的问题行为，父母必须主动形成稳定的家庭结构，纠正以往不恰当的教养方式，改变不平衡的家庭成员互动模式，给孩子正面、积极的肯定，让孩子能够重拾对生活的信心。同时，学校作为另一重要支持系统，也要从辅导员、班主任、同学等层面形成全方位的关注互动模式，给予关注和帮助。

本案例中，辅导员多次和小何父母沟通，让家长明白了良好教养方式的重要性，也让他们意识到无条件、有限度的爱才是促进孩子健康成长的关键。父母对孩子不能过分掌控或干涉，要尊重孩子的个人意愿，鼓励表达自己的思想和情感；也不能完全纵容孩子，把握好亲子互动的"度"。除此以外，学校的关注网络也为小何的积极转变提供了支持。

（二）处理结果

经过一个学期的动态跟踪和关注，辅导员发现该生产生了明显的行为转变。学习上，能保证按时上课，任课老师反馈他课堂上也认真了不少，大二下学期的所有课程也全部及格；生活上，作息较为规律，基本没有再出现通宵打游戏的情况；人际交往上，小何开始和电竞社的朋友一起交流，接触的朋友也越来越多；人生规划上，他建立了短期的目标，并开始探索未来的职业选择方向。小何很开心地告诉辅导员，他现在整个人的面貌焕然一新，从游戏中抽离出来后的生活状态很充实，自己也感到很满意。

四、反思与启示

网络成瘾已成为一种普遍且复杂的社会现象，我们应深刻认识网络成瘾对"00后"大学生带来的消极影响，总结和反思网络成瘾学生的特点，形成一套科学、有效的干预模式。

（一）建构大学生的理想目标

1.做好入学始业教育

高校应做好新生的始业教育，让大学生在熟悉校园环境，融入新环境的基础上对学校有归属感和认同感，对所学专业有清楚的认知，让他们更好地适应大学生活，明确四年学习生活的方向。

2.做好职业生涯规划教育

要通过各类职业规划教育和活动帮助大学生学会结合自己的兴趣、性格、专业，评估当前拥有的资源和面临的风险，客观地分析和总结自己的发展前景，确立未来的理想目标，制定行动方向、方案和计划。

3.做好理想信念教育

在经济全球化的当代，网络信息鱼龙混杂，一些消极、非主流的价值观念侵害大学生的身心。新形势下高校育人工作要抓住理想信念这一核心内容，贴近大学生的实际生活，通过主题班会、团日活动、党日活动等形式引导大学生树立个人理想和远大抱负，把个人前途同国家、民族的利益紧密联系在一起。

（二）形成多方协同系统

网络成瘾的学生，他们往往比一般学生面临更多家庭、生活、学业上的困扰，单独依靠他们自己的意志力实现转变是不现实的。一个人的习惯一旦形成，很难在短时间内改变。所以在面对这些学生的各种行为反复时，更需要多方形成合力，共同营造一个良性的环境。

1.辅导员、班主任的细致关注

当教师能够对学生提供鼓励支持时，学生就更易拥有良好的行为习惯。辅导员和班主任可以通过寝室走访、学风检查、主题班会、谈心谈话等方式，及时关注学生的思想行为动态；借助于学生干部的力量，侧面了解学生的日常生活，对于榜样行为、取得的进步及时进行肯定和赞扬。

2. 学生干部、室友的共同帮扶

同伴可以通过一种平等的身份对行为问题进行监督帮扶，借助同伴的力量更有利于改变学生行为。辅导员应建立一支信得过的"小雷达"队伍，邀请学生干部、室友等进行"一对一"的监督帮扶，一旦出现沉迷网络的苗头时，及时提醒，同时对于异常情况及时进行反馈报告。

3. 家长的鼓励支持

充分调动家庭的力量进行支持。辅导员应与家长保持联系，对学生在校的学习生活情况进行及时反馈。当学生出现问题行为时，第一时间与家长联系，建立好的家庭支持系统。

（三）加强大学生心理健康教育工作

心理学教授黄希庭提出网络成瘾是一种心理上对网络的依赖。性格缺陷、情绪困扰等问题会导致网络成瘾，而网络成瘾往往又会损害身心健康，产生社会交往、学业等方面的消极影响。因此，高校要减少大学生网络成瘾现象，要进一步加强对大学生的心理健康教育。

1. 开设积极心理健康课程

大学生心理健康课程应该借鉴积极心理学所倡导的教学目标，注重培养大学生的积极心理品质。在课程中引导大学生学会情绪的调节方式，学会正确认识自己，积极能动地适应生活。通过丰富的活动帮助学生发掘现实生活中的社会支持资源，过好积极、有意义的大学生活。

2. 注重开展普及性心理健康教育

利用校园文化的浸润功能让大学生了解心理知识的基本内容，学会基本的心理调节方法。可以在校园文化墙、宣传标语、讲座、网络平台等渠道宣传积极心理学的理念以及预防和转化网络成瘾的方法，让学生在校园文化的浸润下远离网络游戏，提高心理素质。

辅导员通过谈心谈话帮助学生调节心理状态，形成正确的自我认知。要相信学生是他们自己问题的专家，辅导员在谈话中可以多使用共情、尊重、倾听等技巧，真诚地与学生互动，引导他们学会自我疏导、自我教育、自我暗示和自我训练等方法，减轻或消除焦虑、抑郁等不良情绪，促进人格的全面发展。同时，通过改变学生对网络游戏的不合理认知，寻找正面案例等方式，给予学生鼓励和肯定，增强现实感。

借助积极团体辅导，从积极发展的视角淡化学生存在的问题，调动和挖掘学生内在所蕴含的积极力量。在团体中，当事人和相同困扰的人一起沟通，更容易正视自己，同时，一旦团体中的成员发生改变，也会带动其他成员积极改变。

3. 对关注学生进行动态追踪

建立特殊学生关注库，对于学困生、资助对象、多次旷课及夜不归宿等学生要重点关注，及时了解情况，掌握他们的个性特征和心理特点，对接下来出现的不良行为或心理困扰进行预判，进而有针对性地跟进解决。

CHAPTER 7
第七章

做好辅导员的第七课
——懂点伦理学的方法

教育是人类发展进步的内生动力，教育正义对于个人与人类的解放和发展具有决定性的影响。思想政治教育是一种揭示和贯彻价值体系的教育活动，在伦理的视野下审视思想政治教育很有必要。"人民有信仰"不仅是社会主义核心价值的追求，也是我国高校思想政治教育的根本要求。在伦理学视角下审视思想政治教育，不仅可以作为跨学科的参考和补充，而且可以通过道德实践回归思想政治教育的初衷，有助于提高思想政治教育的有效性。

第一节 伦理学经典理论概述

伦理学与思想政治教育紧密相关，学习伦理学理论和方法是拓展和提升思想政治教育的有效途径。在当前社会市场经济快速发展，伴随着多重利益主体的碰撞和冲突，以及多种文化和多种思想思潮交织的情况下，通过对经典伦理学理论的概述，参鉴最新的理论成果来解释思想政治教育的问题，力求在社会主义核心价值观与思想政治教育的日常实践之间取得契合，对于促进思想政治教育与伦理学的交叉融合意义非凡。

一、范式与原则：制度伦理学视角

从人猿相揖别开始，为了更好地生存和发展，人就结成团体组成社会。霍布斯认为在最原始的丛林规则下，每个人都时刻处于危机之中，如果没有制度来约束人的行为，人类族群会在内卷中消耗殆尽。制度的产生本身就是为了保障人类生存，每个个体出让自己的一部分自由来获得受到一定约束的最大自由。因此，制度伦理在人类生活和人类文明史上尤为重要。

（一）制度伦理学的定义

伦理即"人伦道德之理"，指人与人相处的各种道德准则。制度伦理，顾名思义是"与制度有关的伦理"，从现代伦理学意义上讲，中国古代只有政治伦理思想和制度伦理思想，没有成体系的伦理学。在西方，制度伦理源远流长，罗尔斯无疑是制度伦理学的集大成者。关于制度伦理学的定义，学术界进行了很多争论，总结我国目前比较主流的看法，大致分为以下三种。一是认为制度伦理就是伦理的制度化。陈筠泉、刘怀玉等学者认为当前在中国出现的极端的个人主义和功利主义是道德滑坡的主要特征，归根结底在于道德立法不够，所以倾向于将某些社会道德准则和道德体系上升为制度，强调道德的制度性、法制化。二是觉得制度伦理是制度的合道德性。胡承槐、吕耀怀等人认为，制度伦理是针对群体道德的，是伦理体系的重要组成部分，它的基本指向是社会制度的道德性，所以强调制度本身的伦理性，即合道德性。三是认为制度伦理是制度的合道德性与伦理的刚性化之间双向互动的统一体。梁禹祥、龚天平认为，制度伦理包括社会评价和道德兑现两个方面。它们在制度伦理范畴中统一和联系，并称为制度伦理的两个基本成分。但是学者们有一个共识：制度的道德与否，决定着社会和生活的合道德性与否。只有当社会制度具有普遍的道德内涵时，人们的社会化行为才能符合伦理道德，人们才能真正有道德地生活。

（二）制度伦理学的特点与内涵

制度伦理本质上与个人德性相区别，其基本内涵指向社会制度的合理性，而不是个人私德。在这里需要说明一下，这种伦理并不考量人在一个非个体的集合中所必须具备的德性，这仍属于个人道德的范畴。因此，制度伦理是指人们从既有制度的根本属性和运行框架中汲取的道德责任和伦理体系，或者以道德为准绳，对某些制度或者体制进行道德判断。

1. 族群的向度

制度伦理本质是针对群体道德而言的，这个"群体"是一个独立的考量范畴，而不是组成这个群体的单个的人。人是社会的主体，社会是由人组成的。伦理学研究从个人转向社会，从个人之善转向制度之善，是制度伦理学与传统伦理学之间的价值分野。

对于制度正义的阐释，罗尔斯在《正义论》的首章就明确提出，"正义是社会制度的首要价值，正像真理是思想体系的首要价值一样"[1]。罗尔斯在书中认为，族群的道德评价和选择应该超越个人的道德评价和选择，只有当社会普遍规则的确定转化为普遍的德性内涵时，人们的社会化行为才能获得德性承认，这样的制度伦理才能被个人积极接受。公正和谐的社会中，正义的制度不仅指向族群内物质资料的分配，而且更关注族群内成员的心理诉求，不正义的制度不仅让物质资料分配不均，而且会产生不正义的社会心理。人的美德不是与生俱来的，而是在获得社会化过程中逐渐生成的。在不正义的制度框架下，整个族群被人为分割为不同的族属，人们会根据他们的自我群体身份来排斥、歧视和否认其他群体。社会偏见使人们过度相信自己所属群体的信仰、行为和语言的合法性，并将其作为判断善恶价值的标准，给其他群体贴上负面的道德标签。优势群体赋予自己优先的价值地位，谋求道德话语的垄断，被歧视群体处于或者失语或者反抗的尴尬境地。这样的结果是社会资源的马太效应逐渐增长，拉大族群的认同鸿沟，又反过来强化社会偏见，造成族群进一步分裂。所以在制度伦理框架下，不同族属内部的个人美德不是不存在，而是让位于整个族属的利益和利益分配的制度。

2. 规则的力量

制度之所以成为凝聚族群的精神力量，是因为它基于人类的共同性，是人们表达的对生命最终意义的共同关注。制度伦理学认为，制度在指导人们的价值选择和道德取向方面起着极其重要的作用。制度的正义与否直接决定着个人行为的指向："这些方面的制度好可以使坏人无法任意横行，制度不好可以使好人无法充分做好事，甚至会走向反面。"[2] 这个制度不是一个悬置的空文，而是从实践层面对人的行为进行规范和导引。"法律不只是一整套规则，它是在进行立法、判决、执法和立约的活生生的人。"[3]

判断道德建设成败的标准不在于所建立的道德准则的数量，而是在于人们是不是愿意服从社会所提出的道德标准，以及他们是否自愿养成内化的道德习惯。道

---

[1] 约翰·罗尔斯. 正义论 [M]. 何怀宏，等，译. 北京：中国社会科学出版社，1988：1.

[2] 邓小平. 邓小平文选：第 2 卷 [M]. 北京：人民出版社，1994：333.

[3] 伯尔曼. 法律与宗教 [M]. 梁治平，译. 北京：生活·读书·新知三联书店，1991：38.

德意志和道德觉悟是深藏于人们心灵世界的活动，它是一种无形的，非过程性的精神力量，潜伏在人们的性格和意图中，"但是理论一经掌握群众，也会变成物质力量"[1]。所以，从制度正义的角度来看，只有制度范式是正义的或接近正义的，人们才会主动接纳并遵守它。"离开制度正义性来谈个人道德的修养和完善，甚至对个人提出严格的道德要求，那只是充当一个牧师的角色。"[2]制度的制定和运行必须切合道德要求，并遵循道德准则。只有通过社会妥善地配给有限的社会资源，制定适用于整个群体的原则和规范，并通过结构关系黏合运转。只有维护其公平正义，才能形成良好的道德环境，才能充分发挥道德精神的力量。如果没有制度上的调整来奠基和维护正义，那么面对利益冲突，道德自律将难以保全和运转，整个社会将处在森林法则的价值失范中。

3. 正义的内容

制度伦理是对社会普遍规则和制度的伦理和道德要求，它为人类生存和发展进行全面普遍的伦理理想和道德规范的价值确立。在西方，从柏拉图、亚里士多德到康德，所有人都从伦理的角度研究制度，让正义成为制度的真正含义。富勒指出："一个真正的制度包含着自己的道德性，即内在道德或程序自然法，一旦国家实行的制度没能蕴含道德性质，就会导致一个根本不宜称为制度的东西。"[3]罗尔斯在《正义论》中也指出，他全书的目的，是"希望建构一套自由主义的分配正义理论，取代效益主义以规范社会的基本结构；正义之所以必要，是由于资源匮乏导致人们之间的利益冲突和竞争，因而需要正义的制度进行调节，良序社会应通过合理分配社会基本价值——权利、机会、财富、自由、自尊等——得以实现"[4]。

对罗尔斯来说，自由、平等和机会均等只是起点的形式上的，因为人与人之间存在着天然差异，而这种差异是由社会不公造成的。"所有社会价值——自由和机会、收入和财富、自尊的基础——都要平等地分配，除非对其中的一种价值或所有价值的一种不平等分配合乎每一个人的利益。"[5]

因此，罗尔斯认为平等分配必须建立在差别原则的基础上，通过差别原则以补

[1] 中共中央马克思恩格斯列宁斯大林著作编译局. 马克思恩格斯选集：第 1 卷 [M]. 北京：人民出版社，2012：9.

[2] 约翰·罗尔斯. 正义论 [M]. 何怀宏，等，译. 北京：中国社会科学出版社，1988：22.

[3] 李龙. 西方法学名著提要 [M]. 南昌：江西人民出版社，1999：534.

[4] 王新生. 马克思政治哲学研究 [M]. 北京：科学出版社，2018：287.

[5] 约翰·罗尔斯. 正义论 [M]. 何怀宏，等，译. 北京：中国社会科学出版社，1988：62.

偿社会中最弱势的成员，才能从根本上扭转社会的不正义，实现制度的正义。

（三）制度伦理学的现状与前瞻

制度伦理学的研究立足人类社会有序、规范的发展目标，以伦理学内涵的制度设计来规范人们的政治、经济、文化活动，在调节社会关系的基础上促进人的全面发展。一方面，制度伦理化可以让社会认同成为一种内在需求，可以更好地弥合道德创伤，让社会结构趋向有序。对于一个社会而言，道德精神能否在制度中得到体现比个人德性的实现具有更重要的意义。同个人道德对比，制度的伦理具有更普遍、更中立和更明显的特征。现代社会，随着个体的原子化以及主体意识的觉醒，更需要将伦理关系渗透到社会关系之中，使伦理与社会的关系处于和谐互动中。从这个维度来看，在缺乏制度伦理的情况下，社会易于遭遇道德危机和道德创伤。在现今的社会，制度伦理的缺失是诱发道德创伤的主要因素。近年来，西方国家民粹主义抬头，群众示威活动频繁发生，其根本原因是西方政治制度的设计存在问题，即制度本身缺乏伦理道德和公正性，进而引发了社会不公和矛盾，导致了道德创伤和族群分裂。以美国为例，看似公平的大选背后，其实充满了利益的博弈和伦理的失范，"如果统治阶级和政党意志取向错误，不具备权威性，个体发现自己置身于一个虚假、价值颠倒的社会，就不会认同统治阶级所做出的决策，道德要求无法深入人心，甚至还会引发大众的群体骚乱和激愤，产生道德创伤"[1]。当个体认同了社会普遍的意志时，外在的制度约束就会转变为内在的自我约束，当主体置身于一个与自我约束不一致的外部世界时，他会感受到道德认同的压力，然后调整自己的行为，转而选择能够得到社会认同的行动路线，以表达他对道德规范和要求的亲和。面对社会价值多元化趋势，要让人民有信仰必须通过制度伦理的塑造，统摄整个社会认同体系，将外部道德规范和道德要求从强制性压制状态转变为主体的纯粹自由自觉是整个伦理学的一项重要任务。而另一方面，学者对伦理制度化的研究无疑为伦理学的丰富和发展开辟了一个新的研究领域。在眼下这个阶段，伦理制度化在指导人们的价值选择和价值取向中起着重要的作用。通过制度安排有效地维护社会公平、正义与秩序，加强道德立法，并确保必须基于全新的制度伦理和道德制度，通过制度安排来约束特定的不道德行为。通过重塑制度伦理，使人们成为真正的道德主体，逐步将外部规范、强迫和克制转变为内部的自律和自我意识。伦理的制度化不是在制度体系之外另建道德体系，而是要求任何法律体系的建设都必须体现伦理

---

[1]　何建华 . 论社会转型期的道德认同 [J]. 中共浙江省委党校学报，1996（6）: 7-10.

的道德精神和基本原则，以便道德得到法律的看护支持。而法律在肯定道德的公平与正义的同时，通过一系列强制性规则和方法，明确了社会成员都必须遵守的最基本的道德要求。如对破坏社会公序良俗的聚众淫乱，诋毁他人等不当言行进行法治约束就是典型案例。《中华人民共和国刑法》第三百零一条规定："聚众进行淫乱活动的，对首要分子或者多次参加的，处五年以下有期徒刑、拘役或者管制；引诱未成年人参加聚众淫乱活动的，依照前款的规定从重处罚。"《中华人民共和国刑法》第二百四十六条规定："以暴力或者其他方法公然侮辱他人或者捏造事实诽谤他人，情节严重的，处三年以下有期徒刑、拘役、管制或者剥夺政治权利。"[1]

二、理性与德性：美德伦理学视角

与规范伦理学的关注规则不同，美德伦理学更关注美德的生发主体，即具有美德的个人。这与我国的传统儒家伦理有异曲同工之处，通过自身的道德修行可以依次达到齐家、治国、平天下的价值实现目标，将内圣与外王在德与得之间打通。同探求何为正确的行为的功利主义和义务论不同，美德伦理学主要基于行为主体的人格，对行为善恶进行判断。美德伦理学认为，一个伦理行为的好坏，与此行为主体的个人人格密不可分，美德行为与美德主体是必然不充分关系，即好的行为结果一定是由具有美德的行为主体所引发，而具有美德的行为主体未必都能引发好的行为结果，正因如此，美德伦理学尤为注重道德教育，通过美德养成，推己及人，从而达到规范治理的目的。苏格拉底认为："任何一种天生的倾向都可以由训练和锻炼而使之在刚毅方面有所长进。"[2]

（一）美德伦理学的定义

美德伦理学，顾名思义，强调的是美德。"美德"一词来自古希腊词汇 arete。在古希腊语中，其原始含义是指能够表达事物的性质和功能的属性，可以扩展为良好的、值得肯定的事物，也表示该事物应该具有这种习惯或品格。关于美德伦理学的概念众说纷纭。陈真将美德概念作为伦理学的基本概念，并寻求其理论的自给自足，认为："任何具有理论自足性的美德伦理学应当包含两个成分，即解释的第一性的主张和一种美德论（即美德伦理学的美德论，这里的美德基本概念包括美德品质

---

[1] 《中华人民共和国刑法（2020 年修正）》，中华人民共和国主席令第 66 号，2020 年 12 月 26 日颁发。

[2] 周辅成. 西方伦理学名著选辑（上卷）[M]. 北京：商务印书馆，1996：50.

和有美德的人）。"[1] 这个第一概念本身就是进行范畴分类的基本方法，美德作为一种品质，是所有者的本来属性，只能由美德所有者进行呈现，即美德行为是美德得以呈现的表征和外显。

而龚群则持反对意见："人们是通过'德性'的一般概念以及各种各样的'德性'概念（如勇敢、节制、正义等等）来阐明一个人的行为是如何具有德性品格的。在这个意义上，'有德性的行为者'是第一层次的概念，而'德性'是第二层次的概念。美德，重点不是强调美德是否是第一概念，而是从行为者的意义上指出美德的重要性。"[2]

美德作为美德伦理学的基本概念，比较好地桥接了美德和美德行为者，使得人们不再囿于美德与行为者的分裂纠结。而现阶段，美德伦理学已经从合法性实证转向美德伦理学的现实具体应用，"以人类个体或群体的道德品格和伦理德性为其基本研究主旨，意在通过具体体现在某些特殊人类个体或社会群体的行为实践之中的卓越优异的道德品质，揭示人类作为道德存在所可能或者应该达成的美德成就或道德境界"。[3]

（二）美德伦理学的特点与内涵

美德伦理学源于对规范伦理学的批评，从美德伦理学的角度来看，规范伦理学过分关注规则本身，对普遍规则的依赖，使得他们缺乏考虑规则失灵时的特殊道德场景，而这种特殊的道德场景恰恰是伦理需要关注的重点，毕竟大多数规则都被大多数人遵守和执行。而且在真实的道德生活中，不同的道德律令之间时常会发生冲突，而令行为者陷入两难的道德困境。所以一个正义的有美德的行为者不应该死板地遵从非此即彼的道德律令，而应在全面考虑当下道德情景的前提下，用自身的美德结合规范的要求，做出更具实践智慧的道德践行。

1. 美德的回归

随着社会的发展，规范伦理的问题逐渐显现。在社会中，人们习惯于使用严格的规则来维持彼此之间的关系，对关系进行预先设定，使得个人的情感越来越让位于刚性的制度，而爱、温情和道德理想却逐渐稀缺。但是现实世界中的道德困境表明，人类社会的精神世界不能仅靠规则来建立，更不能仅靠规则来运行。安斯库姆

[1] 陈真.何为美德伦理学 [J].哲学研究，2016（7）：94-101.

[2] 龚群.也谈何为德性伦理学——兼与陈真教授商榷 [J].社会科学辑刊，2017（5）：75-80.

[3] 万俊人.关于美德伦理学研究的几个理论问题 [J].道德与文明，2008（3）：17-26.

深刻地指出："康德关于可普遍化的格言的规则，如果没有关于什么应该被认为是一个行为的相关描述的规定，并以此来构建一个关于该行为的格言，那么它是毫无意义的。"[1] 所以"义务和责任的概念——亦即道德义务和道德责任的概念——和道德上的对与错的概念，还有'应当'的道德意义，如果在心理学上是可能的话，都应该被丢弃"[2]。美德伦理学应具有如下特征。（1）它更多地以行为者为中心而不是以行为为中心。（2）它更多地关注"是什么"（being）而非"做什么"（doing）。（3）它更多地追问"我应当成为怎样的人"而不是"我应当采取怎样的行动"。（4）它更多地采用美德论概念而不是义务论概念。（5）它反对将伦理学归结为某些行为规则或原理。[3] 斯洛特也指出，"把美德论的术语作为基本概念，而把义务性的概念仅作为派生的或可有可无的，并且主要关注人的内在品质和动机而更甚于行为的规则或结果"[4]。这是所有美德伦理的共同特征。美德伦理与道德伦理规范的需要和建构并不矛盾，而是强调在建立道德伦理规范之前，首先要确认道德和伦理规范的特定历史和文化背景。因此，现代美德伦理学强调特殊道德共同体的文化多样性和道德差异，强调个人对其所属文化共同体的文化认同和价值认同。同时，美德伦理学认为美德具有常规规则和直觉认识的人性基础和心理基础，也就是说美德本身并不是指向某个目的或者义务的，他主要依靠人们约定的习俗，而不是靠诉诸后果或义务的辩护。这种正义性在于对任何一个正常的人或判断者来说，上述命题都是一个无法否认的真命题。对于美德概念和意义的把握不仅依赖于判断者的直觉，也依赖于判断者直觉背后对所判断的品质或行为的移情反应，如中国儒家的恻隐之心。在《孟子·公孙丑上》中，孟子阐述道：所有的人类（正常意义上的人）如果看到小孩掉进井里都会生发天然的恻隐之心，这种恻隐之心不是指向功利的目的或者作为人的义务，而是一种直觉的悲悯，这种共性的人性心理基础便是美德伦理学中普遍的人类伦理判断。

2. 对幸福的关注

当代社会，科技进步带来的社会进步显而易见，但人们实际的满足感和幸福感却没有随之增长。"没有一种普遍的信任感和安全感，相反，倒有一种强调人的微

---

[1] 伊丽莎白·安斯库姆. 现代道德哲学 [M]. 谭安奎，译. 江苏人民出版社，2008：41.

[2] G.E.M. Anscombe.Modem Morl Philosphy[M].New Yok: Oxford University Press，1997：44.

[3] Rosalind Hursthouse.On Virtue Ethics[M]. New York：Oxford University Press，1999：25.

[4] Michael Slote.Virtue Ethics[M].USA Blackwell Publishers，2000：325.

不足道、藐视人在宇宙中地位的倾向。"[1] 现代的道德困境和人性焦虑也迫使一些当代学者重新审视现代美德的重要性，他们把目标转向了亚里士多德的传统美德伦理学，希望可以通过美德回归拯救现代性的道德危机。同时，伦理学的关注点也从规范伦理学所强调和关注的"人应该做什么"的问题，转向美德伦理学所追求的"人应该成为什么"的问题。复兴的美德伦理学认为"美德应是一种完全基于行为者的内在品质的情感倾向性"[2]。"幸福不是对于善的饱尝，而是善本身。"[3] 虽然亚里士多德的美德论带有浓烈的理性主义色彩，但可贵之处就在于，他保留了情感和激情等人的要素。新亚里士多德主义在此基础上继承了亚里士多德伦理学的基本立场：道德实践的目的，不是为了提供普遍的行动指南，而是为了促进幸福。"幸福是灵魂的一种完全合乎德性的现实活动。"[4] 美德伦理学认为，当代人的幸福不应局限于过分强调物质生产的发展水平，而应更多地基于个人自我幸福的发展程度，也就是对幸福信念的重建与对善的生活的必然追求。幸福的生活不单单是物质的满足，更多的是自我道德的实现和对美德生活的追求和体验。人类生活的本体论目的不是指向物的追求，而是指向实践美德。"一切技艺与研究，同样地，人的每种实践与选择，都以某种善为目的。所以有人就说，所有事物都以善为目的。"[5] 赫斯特豪斯认为幸福本质上是一种有美德的行动："（1）它是去做某种特定类型的行为；（2）这个行为者必须知道她正在做什么；（3）行为者出于某种理由而行动；（4）行为者在行动时要有恰当的情感或态度。"[6] 这种幸福源于个人对内在美德的预设，尽管实践美德并不一定能保证实践中的外部利益，但他获得了内在满足。在这里，幸福既是手段也是目的，幸福是用幸福的践行去实现幸福，幸福也是因为选择了幸福本身而体验幸福，这种幸福不是为了别的其他目的而幸福，幸福表现为一种终极的目的。

3. 对多元的尊重

美德伦理学坚持尊重各种形式的文化或社群的道德特殊性以及不同社会历史条件下文化传统的多元，这种对多元的尊重"一方面表现在现代美德伦理学仍然秉承古希腊美德伦理学，尤其是亚里士多德式的美德伦理学传统，坚持保留道德与人性

[1] 鲁道夫·奥伊肯. 生活的意义与价值 [M]. 赵月瑟，译. 上海：上海译文出版社，2005：2.

[2] 迈克尔·斯洛特. 从道德到美德 [M]. 周亮，译，上海：译林出版社，2017：105.

[3] 瓦迪斯瓦夫·塔塔尔克威茨，漆玲. 道德与幸福关系理论的历史考察 [J]. 道德与文明，1991（3）：43-46.

[4] 亚里士多德. 尼各马可伦理学 [M]. 廖申白，译. 商务印书馆，2003：32.

[5] 亚里士多德. 尼各马可伦理学 [M]. 廖申白，译. 商务印书馆，2003：1094.

[6] 罗莎琳德·赫斯特豪斯. 美德伦理学 [M]. 李义天，译. 上海：译林出版社，2016：137-139.

之间的某种内在关联，强调道德伦理的责任主体，强调个人的道德资质、伦理身份等天然的或内在的人格因素对于个人道德伦理实践的密切而复杂的价值关系，而不是简单地寻求个人的社会化身份及其制度化确认（如作为国家公民或者作为世界公民），另一方面坚持道德场景的独特性，不管两个人在他们实际的和假定的行为总体上如何相似，他们在心理上是不同的"[1]。

美德伦理学反对"普遍理性"的优先性，如果有共同性，也是人类共同的心理基础，而不是一种道德实践。正是基于这一事实，学术界许多人将美德伦理归属于"道德相对主义"和"道德特殊主义"。实际上，从美德伦理学的角度来看，个人人格的建立和价值目的的确定比他们的社会化身份和社会要求目标更具有优先级，因为个人美德能够更充分、更紧密和更真实地反映和解释人们的道德和伦理言行。同时，由于个人对自己的价值目的的确认始终是一致的，不像规范伦理那样存在着一个他律，也就是说在美德伦理学里，美德就是美德行为者的属性，美德行为者本身具有美德，这种目的和人格是圆融一体的。美德伦理学认为，与其耗费精力，抽象地或思索地建构一些脱离人类生活语境的普遍有效的行为，不如去探索那些存在于现有生活语境中的适宜行为真正的心理机制的成长。只要正确地理解美德，那么确认和实施正确的美德行为就是合乎逻辑的。正如安斯库姆所言："我们目前的道德哲学研究是不会有什么收获的；在我们拥有一种恰当的心理哲学之前，我们绝对应该先把道德哲学放在一旁。"[2]

（三）美德伦理学的现状和趋势

人作为道德情感与道德行为的发起者，以美德为纽带联结起整个人类社会。但从现阶段的现实情况而言，美德却日益稀缺。在麦金泰尔看来，"我们身处其中的现实世界的道德语言，同我所描绘的这个想象世界的自然科学的语言一样，处于一种严重无序的状态"[3]。随着传统社会结构的转型，世俗化、商品化、断裂化让美德成为一个过气的术语。一方面，个人原子化、无序化使得社会治理成本加大，政府亟须短平快地用制度伦理联结公域与私域；另一方面，个人主义的无限放大使得美德在失控的无力中挣扎。在这种情况下，个人美德和道德的实践及其目的、价值和意义要么被淹没，要么被忽视。因此，以个人美德为中心的美德伦理学作为一种实

---

[1]　斯蒂芬·斯蒂克.心灵哲学 [M].高新民，等，译.北京：中国人民大学出版社，2014：59.

[2]　G. E. M. Anscombe.Modem Morl Philosphy[M].New Yok: Oxford University Press，1997：124.

[3]　麦金泰尔.追寻美德 [M].宋继杰，译.南京；译林出版社，2011：1-2.

践无法得到足够的理论关注。但是正如卡西尔所言："人是一种不断探求其自身的存在，这种存在物在其存在的每一时刻都必须审视和反省自身的生存状况。"[1] 其实，这种美德的匮乏说明人类比以往任何时候都更需要道德提升和道德创造力。显然，这种改进和创造的能力和义务能而且只能来自人类，而德性伦理是实现这一目标的关键环节。德性伦理学认为，即使在差异的社会历史中，人们也始终面临着类似的基本问题和伦理需求。因此，基于人类的基本生活事实和共同的集体潜意识，美德不可避免地会被囊括。此外，无论制度伦理如何发展，我们都必须看到"私有领域"的永久存在以及个人对它的真实需要。个人美德的修行，将会大幅度降低社会规范成本，让美德回归个体的主体责任，不仅是个人的美德实践，更是最终指向美德标准的客观构成。麦金泰尔认为，美德伦理与制度伦理有着很深的内在联系："因为只有那些拥有正义美德的人才有可能知道如何运用法律。"[2] 这也就是说，个人美德是制度之所以成为制度的道德前提，对于不具备基本个人美德或者抗拒个人美德的人来说，规则本身毫无意义。任何约束性的规范只是外部他律，而只有形成了美德，才能转化为自律。只有自我美德觉醒，让个人更清楚地体认自我在当下已经具备的美德，以及体认自我通达才是自身的幸福时，才能从根本上让制度成为内化的规则，才能真正具有制度的力量。

三、对话与尊重：关怀伦理学视角

关怀伦理是一种基于女性主义研究发展起来的伦理理论，强调人与人之间的情感关系和关怀联结。该理论的提出缘起于 20 世纪 70 年代兴起的女权主义运动。在西方伦理学诞生以后，以古希腊的柏拉图和亚里士多德为代表的哲学家就开始试着以正义为中心阐释伦理理论。但是这种伦理学的原初假设基础为人的原始攻击性，伦理学的根本任务就是让种族延续，为此要对人际的必然的攻击性进行社会契约的限制。从城邦时代起，西方就一直高扬理性的旗帜，而作为理性对立面的感性的代表，女性的体验性往往被认为是持续变化的，不可捉摸的，女性被认为对普适性的抽象缺少思考，而在关怀伦理学看来，过往的伦理学在理论本质上是以男性伦理替代社会伦理，是用基于男性的研究以偏概全替代了基于人性的研究。所以，关怀伦理学从理性的反面出发，用情感性体验和关系联结的对话走出一条完全不同的伦理

---

[1] 恩斯特·卡西尔.人论 [M].甘阳，译.上海：上海译文出版社，2017：2.

[2] 麦金泰尔.追寻美德 [M].宋继杰，译.南京：译林出版社，2011：192.

之路。

（一）关怀伦理学的定义

关怀伦理诞生于 20 世纪 80 年代前期，由美国心理学家吉利根最先提出，是以情感、关系、关怀为核心的伦理思想。她发现女性在做出道德判断时倾向于从关系的角度思考道德问题，处理问题的关键并不是理性意义上的对错，而是道德关系中的得当与否。继而她认为，这种关爱关系对人类社会的发展具有重要意义。诺丁斯指出，"关怀分为自然关怀（natural caring）和伦理关怀（ethical caring）两种基本形式。自然关怀是原始的、最初的感觉，来源于爱的情感，是一种自然反应，伦理关怀要依赖于自然关怀，伦理关怀以自然关怀为基础，根源于对自然关怀感情的回忆，是一种需要被唤醒及培养的道德感"。[1] 与男性基于普遍道德原则的抽象思维不同，女性的伦理推理将自我视为相互关系中的存在，并将道德视为对他人的责任，奉行在特定场景中处理道德关系和道德责任。本哈比比将其表示为"友谊的规则、爱的规则和关怀的规则。也就是当我面对你的需要的时候，这些规则以不同的方式要求我展示，不仅仅是简单的对我的权利和职责的确定。在按照友谊、爱、关怀的规范对待你的时候，我所确定的就不是你的人性，而是你的个人性，伴随着这些交往的道德范畴是责任、联系和分享，相应的道德情感是爱、关怀、同情"。[2]

关怀伦理也不同于中西方道德史上普遍认同的情感是理性的反面，人要过上道德生活必须"克己复礼"或者"禁欲"，而是高扬情感作为道德认知的必要元素，在道德推论中将道德情感、道德直觉、道德经验等情感因素全部纳入道德推理的结构中，给人们在道德认知维度方面开启了全新的视角。

（二）关怀伦理学的特点与内涵

关怀伦理学有着特定的历史背景，"关怀伦理学是伴随西方女性主义运动的发展出现，建构在女性主义视角之上的，肯定女性独特的道德体验，强调人与人之间的情感、关系和相互关怀的一种伦理理论"[3]。

过去，西方伦理通过夸大自我与他人之间的差异以及强调人作为个体的特殊性来实现自我认同，关怀伦理则反其道而行，以强调人的共性和联结来抚平个性之间的鸿沟，以期缩小人类个体间的区间距离。

---

[1] 赵勤，罗蔚. 浅析当代伦理学的新理论：关怀伦理 [J]. 江西社会科学，2005（8）：83-86.

[2] Seyla Benhabib.Situating the self[J].Polity Press，1992（2）：159.

[3] 肖魏. 当代女性主义伦理学景观 [J]. 清华大学学报，2001（1）.

1. 对联结的重视

道德在某种意义上是"奠基于人与人之间的具体关系的，道德是对关系的直接洞察，它优先于什么是正确或错误的理念和原则"[1]。

关怀伦理以关系为理论，通过关系来实现自我的建构和自我确认，从而确保了自我与他人之间的联系和关系。这样的好处是从理论起点就对个人分离做了预防和拒绝。"在这些女性主义伦理学家看来，女性道德思维具有两个最重要的特点：首先，它强调人际关系与责任而不是原则与权利的重要性。其次，在处理道德两难问题中，诉诸特殊的境遇，而不是诉诸普遍的原则。"[2]也就是说，关怀理论认为：孤立地评价一个事件本身是没有道德意义的，只有从关系的角度出发，将道德置于这个特定的关系中时，伦理本身才是合理的。而且，关怀伦理学从元伦理那就有着完全不同的起点，即自然关怀是留存于人性良知当中，是自然血亲之爱的本能眷注。伦理关怀是自然关怀的道德升华，但是这种升华是保留情感因素的，"他人向我们提出请求时，我们会有'我必须'做点什么的想法"，是"一种与他人共存，为他人着想的情感"；道德关怀则是我们不想做出回应时，通过树立道德理想呼吁"我必须"，这种关怀的情感相对较弱，需要通过体会自身的道德自我来强化这种情感。[3]从自然关怀到道德关怀，关怀伦理用爱和关怀联结起彼此的关系，而且由于这种关怀行为源于人们的内在真实情感，所以可以更好地得到关怀的回应和认可，在加强关怀关系的同时，也诱发了关爱行为再次发生并进行类传递。

2. 对情感的唤醒

不管正确与否，人们普遍认为，在面对道德冲突时，女性的道德观念更倾向于感受性而不是理性。这或许是偏见，但毫无疑问的是，女性在性别上有着更丰富的情感感受。关怀伦理被定义为："建立在女性主义研究基础之上，强调人与人之间的情感、关系以及相互关怀的一种伦理理论。"[4]关怀伦理虽然缘起或者得益于女性道德视角的启示，但是，它已经超越了性别，代表的是一种带有女性感性思维的普世价值观。"作为一种互动的关系行为，关怀伦理为人与人之间的道德行为赋予了更为浓厚的人性色彩。"[5]

---

[1] 威尔·金里卡.当代政治哲学 [J].刘莘，译.上海：上海译文出版社，2015：722.

[2] 刘余莉."另一种声音"是什么？——关怀伦理述评 [J].贵州师范大学学报（社会科学版），2005（6）：3.

[3] 内尔·诺丁斯.培养有道德的人：从品格教育到关怀伦理 [M].汪菊，译.北京：教育科学出版社，2017：15.

[4] 肖巍.关怀伦理学：主题与思考 [J].教学与研究，1999（3）.

[5] 余维武.对关怀伦理模式的一些质疑 [J].上海教育科研，2008（7）：24-26.

关怀伦理关注的不是超然理性规则下的机械对错，而是尽可能地指向减少伤害，寻求人们关系的最优解。随着关怀伦理的升华，情感因素被提升到道德正义的维度。正如哲学家黑格尔认为："德首先是公正，而后是仁爱的倾向。"[1] 关怀伦理作为制度伦理的批判，将罗尔斯的正义理论中很少得以体现的自尊和爱作为基本的伦理出发点。关怀伦理更关注社会制度对人的心理伤害，特别是对人自尊的伤害。正派社会的第一原则不是"做什么"，而是"不做什么"，"不羞辱"社会中的任何一人是正派社会的第一原则。[2]

关怀伦理主张在特定的场景中处置特定的情感关系，通过这种沉浸式体验来强调人们自身的经验，增进人们对关怀联结的维系理解，并在此基础上进一步升华关怀关系。关怀伦理重申了尊重、爱等其他情绪因素在道德关系和道德实践中的重要性，这在一定程度上有利于承认和肯定人与人之间的差异，并避免了简单而粗糙的规则的产生。用柔性的关怀来弥补和纠偏道德实践中对正义的刚性的固执和死板，使得道德交往中充满人们对彼此的关怀和情感，对于交往本身意义重大。

3. 对话的机理

关怀伦理注重在关系中进行关怀，这种关怀不仅要求人们看到道德行为不过是特定场景下个人的特定道德选择，而且主张打通关怀行为的所有环节，在关怀与接受之中达到自我和他人的道德实现。因此，在具体生活场景中，关怀伦理倡导通过对话或谈判来达成价值共契，并要求自我以他人的需求为道德义务，在满足他人的同时实现自我的满足。这种价值满足主要在道德关系的交往中实现，哈贝马斯认为："交往理性概念的基础是论证言语的非强制性共识力量。目的理性所揭示的是从因果的角度有效干预客观世界的前提，而交往过程的合理性则是用言语行为的有效性前提、言语行为所提出的有效性要求，以及用话语兑现这些要求的理由等衡量自身。成功的言语行为的合理性前提和目的行为的合理性前提属于不同的类型。"[3] 关怀伦理学认为道德对话不仅需要打破政治和文化的偏见，把握多元文化通约性和不通约性之间的平衡，而且更应该保证交往过程的合理性，其实质就是在合理的场景下用合理的对话程序来进行对话。"通俗地说，说话的人必须向听者证明自己的关于外部世界的描述是真实的，关于道德规则的表述是正当的，关于内在情感的表述

[1] 黑格尔. 精神哲学 [M]. 杨祖陶，译. 北京：人民出版社，2006：330.

[2] 徐贲. 正派社会和不羞辱 [J]. 读书，2005（1）：150—156.

[3] 哈贝马斯. 后形而上学思想 [M]. 曹卫东，等，译. 南京：译林出版社，2020：57.

是真诚的" [1]，正是由于这种对话蕴含了正义，对话才是合理的。相对于权力自带的强迫和不对等，关怀通过有尊严的对话弥补了这一缺陷，正是因为不同的道德生活中有着不同的特定场景，而且每个个人都有其道德选择的特殊性，真诚、包容、平等的对话才能成为关怀伦理的普遍基础，并在道德建构中给予人们一种关怀和爱，为人们提供更多的道德想象力和道德行为力。

（三）关怀伦理学的现状和趋势

关怀伦理是超越自己自然情感的意愿和能力，它饱含情感，却指向一种德性，这种德性不是同情，不是上位者对下位者的怜悯，它出于自身，却指向他人，这种德性的背后是他人本身值得享有这份关怀，即"一个人的尊严并非在获得荣誉时，而在于本身真正值得这荣誉" [2]。

作为一种新的伦理，关怀伦理尝试在人与人之间构建有温度的道德关系，通过关系调整关系，在关怀中交换关怀，关怀伦理学已经应用到很多领域，有着很强的现实意义。针对全人类的发展，关怀伦理学强调对话与合作，以有着情感温度的伦理关怀去针对全人类危机，关注全体人的生存和发展，构建人类命运共同体。关怀伦理学以具体情境关照每个社会成员的具体要求，有着制度伦理无法比拟的优越性，在当下中国，为了应对发展中的系列问题，习近平新时代中国特色社会主义思想以鲜明的时代特征，开辟了关怀伦理的新思路。如精准扶贫理论，不再是按照区域或者分配，而是从每个现实的个人需求出发构建扶助的民生工程，重视人自身在发展中的感情体验和价值突破，重视人们在发展中的关系，切实做到以百姓之心为心，为人的发展提供了很好的道德借鉴。

考虑到当代社会公民价值的具体性和发展系统设计中人民需求的丰富性，我国在制定和颁布法律的过程中，也将关怀伦理的要求和意蕴渗透到法律设计中。《中华人民共和国民法典》第 111 条中明确规定："自然人的个人信息受法律保护。任何组织或者个人需要获取他人个人信息的，应当依法取得并确保信息安全，不得非法收集、使用、加工、传输他人个人信息，不得非法买卖、提供或者公开他人个人信息。" [3] 从这个意义上说，对个人的尊重已经成为我国社会的主流共识，在这里，关怀原则并不是满足每个具体个体的特殊需求，而是一种制度设计时的价值原则。关

---

[1] 王晓升. 从实践理性到交往理性—哈贝马斯的社会整合方案 [J]. 云南大学学报（社会科学版），2008：6.

[2] 亚里士多德. 尼各马可伦理学 [M]. 廖申白，译. 北京：商务印书馆，2003：147.

[3] 中华人民共和国全国人民代表大会常务委员会：《中华人民共和国民法典》，2020 年 5 月 28 日。

怀道德更加注重个人的特殊性，对于现代治理有着很强的指导意义。

四、实践与超越：马克思主义伦理学视角

马克思、恩格斯的哲学中蕴含着丰富的伦理学思想，但是却没有单独对伦理学有所论述，"在马克思本人那里没有一门作为学科出现的伦理学，但他却在整体上具备着深厚的伦理关怀，甚至主要就是从伦理关怀的角度出发的"[1]。正如艾伦·伍德所说："也许马克思在抨击资本主义社会的过程中展示了他所接受的某种价值观，但他几乎从未论及这些价值观是什么，或者它们如何可能在哲学上得到辩护。"[2]

（一）马克思主义伦理学的定义

时至今日，西方关于马克思的哲学中是否具有成熟的伦理观仍然存在着巨大争议。持反对意见者认为马克思和恩格斯的文本中有着大量的"反道德"论述。例如，马克思认为："德国的道德和忠诚——不仅是个别人的而且也是各个阶级的道德和忠诚——的基础，反而是有节制的利己主义；这种利己主义表现出自己的狭隘性，并用这种狭隘性来束缚自己。"[3]有人根据这些认为马克思在道德领域是"反道德者"或"道德冷漠者"，然而矛盾的是，马克思在其文章中却使用了大量具有道德特征的价值评价，这些评价尤其集中地出现在其对阶级社会的批判当中。例如，马克思认为私有制下的国家："在它的背后总是隐藏着最肮脏的贪欲和最小心的盘算。"[4]"它使人和人之间除了赤裸裸的利害关系，除了冷酷无情的'现金交易'，就再也没有任何别的联系了。"[5]

所以马克思有着看似矛盾的道德观：一方面他从历史唯物主义出发断言任何形式的道德都产生于生产力与生产关系的辩证运动之中，反映和维护着特定的生产方式和阶级利益，因此并不存在任何客观的道德信念体系；另一方面，马克思基于人的解放视野，对资本主义剥削制度进行道义谴责，坚守对人自由全面发展的价值诉

---

[1] 董治良. 中国政治伦理研究 [M]. 昆明：云南民族出版社，2006：139.

[2] 艾伦·伍德. 马克思与道德 [J]. 马克思主义与现实，2018（1）：81-86.

[3] 中共中央马克思恩格斯列宁斯大林著作编译局. 马克思恩格斯选集：第 1 卷 [M]. 北京：人民出版社，2012：13-14.

[4] 中共中央马克思恩格斯列宁斯大林著作编译局. 马克思恩格斯选集：第 2 卷 [M]. 北京：人民出版社，2012：268.

[5] 中共中央马克思恩格斯列宁斯大林著作编译局. 马克思恩格斯选集：第 1 卷 [M]. 北京：人民出版社，2012：403.

求，并在无产阶级革命实践中证明这一价值的"正当性"，以谋求实现真正人道的共产主义，表现出十分鲜明的道德价值主张。[1] 其实马克思反对的是没有特定历史条件支撑的超验的道德，历史唯物主义为马克思斥责作为意识形态的道德，建构道德生产理论提供了科学原则："人们自觉地或不自觉地，归根到底总是从他们阶级地位所依据的实际关系中——从他们进行生产和交换的经济关系中，获得自己的伦理观念。"[2] 历史唯物主义认为"道德"既不是源自虚无的神性或抽象的人性，也不是主体理性或主观意志的产物，而是由经济、政治和文化共同建构的社会伦理观念，因此并不存在抽象的"永恒道德"。正如马克思所言，"人们按照自己的物质生产率建立相应的社会关系，正是这些人又按照自己的社会关系创造了相应的原理、观念和范畴。所以，这些观念、范畴也同它们所表现的关系一样，不是永恒的。它们是历史的、暂时的产物"[3]。

马克思主义道德理论奉行真正的人类道德，描述了维护人类普遍利益的道德理想，体现了历史唯物主义的价值含义和人文关怀。正如肖恩·塞耶斯所言，"马克思重视的是历史地研究道德而不是道德地研究历史"[4]。马克思主义伦理学就是在坚持运用马克思主义的立场、方法、价值观和历史视野与科学的伦理学理论相结合的方法来处理道德领域问题的道德哲学。

（二）马克思主义伦理学的特点与内涵

马克思主义伦理思想是马克思、恩格斯在道德领域的产物，它不仅在价值论上指向人本主义和人类的终极解放，而且在方法论上关注发挥人的主观能动性去改造世界。马克思主义本身就是一种广义的伦理学，在马克思的哲学话语中，道德的生活就是全人类的解放。作为一种广泛的道德观念，它必须具有解决根本的社会矛盾的实践性，而不仅仅是停留在纸上。马克思指出："人对自身的任何关系，只有通过人对他人的关系才能得到实现和表现。"[5] 正如恩格斯所言，"如果不谈所谓自

[1] 金德楠.马克思主义道德理论证成与辨伪[J].江汉论坛，2020（9）：5-10.

[2] 中共中央马克思恩格斯列宁斯大林著作编译局.马克思恩格斯选集：第3卷[M].北京：人民出版社，2012：470.

[3] 中共中央马克思恩格斯列宁斯大林著作编译局.马克思恩格斯选集：第1卷[M].北京：人民出版社，2012：222.

[4] 罗伯特·韦尔，凯·尼尔森.分析马克思主义新论[M].鲁克俭，等，译.北京：中国人民大学出版社，2002：71.

[5] 中共中央马克思恩格斯列宁斯大林著作编译局.马克思恩格斯选集：第1卷[M].北京：人民出版社，2012：58.

由意志、人的责任能力、必然和自由的关系等问题，就不能很好地议论道德和法的问题"[1]。

1. 正义的指向

正义是人类社会永恒的价值追求，也是马克思主义伦理学研究的重要课题，贯穿于马克思主义理论演进的全过程。马克思主义伦理学中的正义是预设矛盾的，"言说正义，预设着对非正义、欠正义状态的不满与调整渴求，预设着属人的评价标准、根据和尺度；正义意味着人与其世界的分化和紧张"[2]。马克思所追求的人的正义，就是在《共产党宣言》中，指出的："每个人的自由发展是一切人的自由发展的条件。"[3] 在《〈政治经济学批判〉序言》中，马克思认为："物质生活的生产方式制约着整个社会生活、政治生活和精神生活的过程。"[4] 马克思声称资产阶级"用人道主义态度漫谈精神、教育和自由，或是在空泛地臆造一切阶级的协调和幸福的制度"[5]。显然，马克思所追溯的共产主义蕴含着一种鲜明的道德理想，在这里他是作为一位道德目的论者而存在的。然而，马克思扬弃了传统伦理学从情感、意志、良知等精神要素出发分析道德现象的唯心主义理论进路，而代之以从生产活动和交往实践出发的政治经济学分析范式，因此，他并不主张单纯依托精神革命或道德教化的方式去实现道德理想，而是诉诸现实的革命实践来获取人类理想的道德生活。在马克思看来，"道德"既不是源自虚无的神性或抽象的人性，也不是主体理性或主观意志的产物，而是由经济、政治和文化共同建构的社会伦理观念，因此并不存在抽象的"永恒道德"。需要指出的是，"在考察财富的分配时，我们最好还是遵循现实的客观的经济规律，而不要遵循杜林先生关于正义和非正义的一时的、易变的主观想象"[6]。对于马克思而言，"根本不存在独立客观的道德规范性，它们只是为资产阶级

[1] 中共中央马克思恩格斯列宁斯大林著作编译局.马克思恩格斯选集：第3卷 [M].北京：人民出版社，2012：490.

[2] 林进平.再论马克思为何拒斥、批判正义 [J].学术研究，2018（1）：36-44.

[3] 中共中央马克思恩格斯列宁斯大林著作编译局.马克思恩格斯选集：第1卷 [M].北京：人民出版社，2012：422.

[4] 中共中央马克思恩格斯列宁斯大林著作编译局.马克思恩格斯选集：第2卷 [M].北京：人民出版社，2012：2.

[5] 中共中央马克思恩格斯列宁斯大林著作编译局.马克思恩格斯选集：第1卷 [M].北京：人民出版社，2012：711.

[6] 中共中央马克思恩格斯列宁斯大林著作编译局.马克思恩格斯选集：第3卷 [M].北京：人民出版社，2012：536.

利益服务的偏见"[1]。

2. 实践的基因

"哲学家们只是用不同的方式解释世界，问题在于改变世界。"[2] 实践是马克思主义伦理学的基本观点，是马克思主义哲学区别于以往理性主义哲学家的根本特质。在马克思看来，以物质生产活动为基础的实践活动是人区别于自然界其他动物的类本质，也决定了人作为超越自然界一般存在物的种属特征。马克思指出，"人们自觉地或不自觉地，归根到底总是从他们阶级地位所依据的实际关系中——从他们进行生产和交换的经济关系中，获得自己的伦理观念"[3]。道德生产作为精神生产的一种特殊形式，是与物质生产同时存在并且受到物质生产决定性影响的社会生产形式。马克思曾对此提出："人们的想象、思维、精神交往在这里还是人们物质行动的直接产物。表现在某一民族的政治、法律、道德、宗教、形而上学等的语言中的精神生产也是这样。"[4] 但是马克思绝不以为，道德就是由经济单独决定的，"过分夸大经济对道德的决定作用，坚持把全部道德现象还原为它们世俗的物质基础，从而将道德的生成发展视为一种脱离人的能动性而由生产关系决定的自然的事情"[5] 是一种机械决定论，彻底否定了人作为道德主体所蕴含的主观能动性和道德实践性，从而背离了马克思主义道德理论以"现实的个人"为中心的价值导向。实践是经验的实际个人所进行的感知活动，实践的过程既是客观自然世界对主体活动的限制，也是人类主观能动性对客观世界的改造。在实践中，人与自然，主动与被动，主体与客体实现了统一，"人创造环境，同样，环境也创造人"[6]。道德源于生产实践和在这个过程中人与自然、人与社会、人与人关系的理性和目的需要。社会主义劳动中人的意义的实现必须在劳动实践中产生，这种道德生活就是现实人的现阶段的特定生存

---

[1] 凯·尼尔森.马克思主义与道德观念——道德、意识形态与历史唯物主义 [M].李义天，译.北京：人民出版社，2014：303.

[2] 中共中央马克思恩格斯列宁斯大林著作编译局.马克思恩格斯选集：第 1 卷 [M].北京：人民出版社，2012：136.

[3] 中共中央马克思恩格斯列宁斯大林著作编译局.马克思恩格斯选集：第 3 卷 [M].北京：人民出版社，2012：470.

[4] 中共中央马克思恩格斯列宁斯大林著作编译局.马克思恩格斯选集：第 1 卷 [M].北京：人民出版社，2012：151.

[5] 金德楠.马克思主义道德理论证成与辨伪 [J].江汉论坛，2020（9）：5-10.

[6] 中共中央马克思恩格斯列宁斯大林著作编译局.马克思恩格斯选集：第 1 卷 [M].北京：人民出版社，2012：172.

方式。所谓伦理就是在实践过程中人的社会关系的总和，通过实践形成了人与自然以及人与人关系的联结，满足了人的发展的基本要求。

3. 历史的维度

马克思、恩格斯认为，正义作为一种具有正当性、被普遍认可的社会意识，不是永恒不变的，而是由特定社会形态以及社会生产关系所决定的。正所谓"平等的观念，无论以资产阶级的形式出现，还是以无产阶级的形式出现，本身都是一种历史的产物，这一观念的形成，需要一定的历史条件，而这种历史条件本身又以长期的以往的历史为前提"[1]。在某些历史条件下被认为是正义的观念、现象、制度在其他历史条件下则可能是非正义的。"若是站在人类社会发展的局部阶段与个别社会形态的视角上，正义则根植于社会特有的生产关系与生产方式，表现为与特定生产方式相适应的社会准则与社会制度。"[2]在马克思看来，道德不是简单的伦理关系和规范制度，而是与时俱进的社会现实运动的组成部分。如果不能从整体的、发展的、立体的角度来看待马克思的道德思想，必然会出现认识上的困境。道德是经济基础决定的产物，不同的经济基础产生不同的道德观念，每个时代的道德都有自己独有的特点和内容。"道德可以说是人的行为的一个受社会历史生活制约的属性，是那些使活生生的具体的个人联系在一起的价值意义"[3]。马克思从历史唯物主义出发来研究道德，"人的本质不是单个人所固有的抽象物，在其现实性上，它是一切社会关系的总和"[4]。人的社会属性，不是抽象的，而是具体的、历史的、实践的。"如果说历史的最终目标，就是要把人类世界塑造成受正义和真理支配的世界，那么，国家的目的就是创造一个在本质上真正均等与自由的美好社会，使每个人都充分施展其潜能和个性。实现自我不仅是个人存在的理由，更是国家存在的理由。"[5]道德受社会历史条件和人的实践活动的制约，在马克思那里最终指向共产主义，"共产主义的最终目标是建立一种社会，在这种社会里，在对所有行为的调节中，道德的自由将代替法权的强制"[6]。"只有在不仅消灭了阶级对立，而且在实际生活中也忘却了

[1] 中共中央马克思恩格斯列宁斯大林著作编译局．马克思恩格斯选集：第3卷[M]．北京：人民出版社，2012：484．

[2] 郑元凯．马克思主义正义思想的理论逻辑[J]．福州大学学报（哲学社会科学版），2020（5）：5-10．

[3] 季塔连科．马克思主义伦理学[M]．黄其才，译．上海：上海译文出版社，1981：20．

[4] 中共中央马克思恩格斯列宁斯大林著作编译局．马克思恩格斯选集：第1卷[M]．北京：人民出版社，2012：135．

[5] 袁祖社．文化与伦理——基于公共性视角的研究[M]．北京：人民出版社，2016：105．

[6] 史蒂文·卢克斯．马克思主义与道德[M]．袁聚录，译．北京：高等教育出版社，2009：44．

这种对立的社会发展阶段上，超越阶级对立和超越对这种对立的回忆的、真正人的道德才成为可能。"[1]

（三）马克思主义伦理学的现状和趋势

马克思主义认为，伦理道德本质上都是经济基础在社会意识中的反映，是人们实践地掌握世界的基本方式。"道德是人类掌握社会现实所采用的一种特殊形式的精神——实践方法，其目的是按照善的法则创造性地积极地完善社会关系和自身。"[2] 在马克思看来是"解放的道德才是真正的应该被提倡的道德观点"[3]，正是这种真正的人的道德，赋予马克思主义伦理思想崇高的伦理建设目标和开放发展的理论态度。正如马克思所言："我们的出发点是从事实际活动的人，而且从他们的现实生活过程中还可以描绘出这一生活过程在意识形态上的反射和反向的发展。"[4] 马克思主义的立场、价值观、方法论和世界各地具体国情实际相结合，保证了马克思主义伦理学的科学性和价值性的辩证统一。经由苏联时期的过渡，进入中国后，中国共产党以马克思主义理论为指导，根据我国社会道德的实际情况，批判性地、继承性地吸收中国传统道德的精髓，摒弃其中腐朽和保守的东西，融入并充实了马克思主义伦理学。中国共产党在中国革命、改革开放、中华民族伟大复兴的实践中，结合时代发展进程的特点，着手解决社会主义市场经济和社会主义道德问题，为马克思主义伦理学提供了新的时代内容。作为马克思主义伦理学的最新理论成果，当代中国马克思主义伦理学形成于中国特色社会主义的伟大实践，"培育和弘扬核心价值观，有效整合社会意识，是社会系统得以正常运转，社会秩序得以有效维护的重要途径，也是国家治理体系和治理能力的重要方面"[5]。

作为一门价值学科，"伦理学的角色定位不仅要体现为国家治理现代化提供道义层面的正当性证成，为国家治理现代化注入精神力量，而且需要直面中华民族伟大复兴的时代语境，为中国特色社会主义提供精神指引与价值动力，为全球人民提

---

[1] 中共中央马克思恩格斯列宁斯大林著作编译局.马克思恩格斯选集：第3卷 [M].北京：人民出版社，2012：471.

[2] 季塔连科.马克思主义伦理学 [M].黄其才，译.上海：上海译文出版社，1981：95.

[3] Steven Lukes：《Marxism and Morality》，Oxford：Clarendon Press，1985：29.

[4] 中共中央马克思恩格斯列宁斯大林著作编译局.马克思恩格斯选集：第1卷 [M].北京：人民出版社，2012：152.

[5] 习近平谈治国理政：第1卷 [M].北京：外文出版社，2018：163.

供普遍性的伦理方案与道德智慧"[1]。马克思主义伦理学的宗旨和目标就是以马克思主义理论和实践的伦理方法为基础，突出马克思主义伦理学的价值尺度，深化当代马克思主义伦理学的研究，为全人类提供马克思主义伦理学的价值方案。

第二节　伦理学与思想政治教育的关系

精准地把握伦理学与思想政治教育的学科交叉与分野是进行学术研究的必要前提。伦理学关心的是人类活动的合目的性，这与思想政治教育的功能定位有很大一部分重合。一方面作为人类一直以来的道德追求，伦理学可以为思想政治教育提供源源不断的理论来源和方法论支持；另一方面伦理学可以为思想政治教育进行价值指导和形而上的道德辩护。但是两个学科有着明显的学科分野，伦理学的价值追求是尽可能地剥离阶级性和政治性，追求世界通用的底线伦理。思想政治教育学科是一门具有中国特色和政治属性的专题学科，必须始终坚持马克思主义的理论指导，在发展中始终坚持党的政治领导。在理论研究或者学科规划时，必须进行清醒的政治甄别，防止意识形态领域的不自觉渗透。为了有效地实现自身的功能价值，思想政治教育的目标和内容必须具有道德理性，即德性和责任。只有这样，才能保证思想政治教育活动前置道德责任。如果跳脱伦理道德的基础和范畴，就会沦为谎言和口号，严重影响思想政治教育的功效。尽管在社会主义社会中，社会主义政治法制与社会主义道德体系具有相同的价值追求，但要获得良好思想输入的思想政治教育成果，就必须做出合乎目的的解释，做到德性上的合理性。

一、伦理学是思想政治教育的价值指向

任何制度的运行都需要人们遵从一定的行为准则和规范，这种要求是一种应然要求，也就是价值指向。马克思主义认为：经济基础决定上层建筑。这意味着相同的社会经济基础会触发类似的上层建筑，如政治、伦理、宗教、艺术等。相同经济基础下产生的思想政治教育和伦理的目的具有很大的一致性。思想政治教育的目的就是达到统治阶级在政治社会生活中的统治目的。

（一）思想政治教育是社会正义的来源和表达

科尔伯格曾指出："公民教育的目的，就是发展一个人的认识结构和参与社会的

---

[1]　叶方兴，高国希 . 治国理政的价值基础 [J]. 毛泽东邓小平理论研究，2017：17.

动机，通过个人的参与，使社会变成一个更加美好或更加公正的社会。"[1]不同的社会有着不同的正义，但不可否认正义是人类永恒的追求，在马克思看来，"真正的理性和正义至今还没有统治世界，这只是因为它们没有被人们正确地认识"[2]。人不是一个单个原子的人，从出生起，他就必须生活在某种社会关联中，而人本身就是社会关系的集中映现和共同产物。作为社会关系成员中的个体，人的生理需求只是基础，更重要的是人在社会关系中自我价值的实现和社会价值的满足。"只有在这些社会联系和社会关系的范围内，才会有他们对自然界的影响，才会有生产。"[3]这就要求思想政治教育必须可以完整合理地体现这种社会关系的价值。"思想、观念、意识的生产最初是直接与人们的物质活动，与人们的物质交往，与现实生活的语言交织在一起的。"[4]而不是在一个理性的世界中创造一种超验的价值。这种现行的价值源于既有存在的社会现实，在经过凝练后升华为统治阶级的价值观，通过思想政治教育的价值传导，最终成为全体公民认同的主流价值。因此，就其固有的精神而言，思想政治教育本身不仅包括社会存在，还包括社会价值期望。实际上，任何社会的思想政治教育都是社会关系的集中体现，是社会期望的特殊体现，思想政治教育的过程实质上就是教育者表达社会期望的过程。

（二）思想政治教育的内容彰显道德和正义

思想政治教育不仅要有道德上的来源合理性，其教育内容也必须与社情、世情、国情相契合。思想政治教育的内容应充分包括和反映当前政治现实。在制度和内容的设置中，思想政治教育应考虑包括社会政治生活在内的所有内容，并辅以形势与政策教育。只有根据特定国情建立的思想政治教育内容体系才能有现实的基础和与时代的紧密联系。对思想政治教育价值定位的思考是我国思想政治教育顺利实施的基本前提。马克思恩格斯早就指出："代替那存在着阶级和阶级对立的资产阶级旧社会的，将是这样一个联合体，在那里，每个人的自由发展是一切人自由发展

---

[1] 科尔伯格.道德教育的哲学 [M].魏贤超，柯森，等，译.杭州：浙江教育出版社，2000：298.

[2] 中共中央马克思恩格斯列宁斯大林著作编译局.马克思恩格斯选集：第 3 卷 [M].北京：人民出版社，2012：393.

[3] 中共中央马克思恩格斯列宁斯大林著作编译局.马克思恩格斯选集：第 1 卷 [M].北京：人民出版社，2012：340.

[4] 中共中央马克思恩格斯列宁斯大林著作编译局.马克思恩格斯选集：第 1 卷 [M].北京：人民出版社，2012：151.

的条件。"[1] 作为自由的人的联盟，在社会主义制度下，公有制取代了生产资料的私有制，使人民摆脱了剥削。让所有人自由发展是社会主义的基本要求。这就要求进行思想政治教育，以培养可以积极参加社会创造活动的道德主体为首要任务，而这种教育势必成为社会每个人都可以参与并可以真正促进社会公平正义的实践。习近平同志强调："以促进社会公平正义，增进人民福祉为出发点和落脚点。"[2] 在我国的思想政治教育过程中，本着实践的原则，必须将这种公平正义的党的意志，写入党章，体现在治国理政的方方面面，在思想政治教育中用这种浓缩了正义的党的意志武装思想，从而彰显这种道德和正义。

（三）思想政治教育的本质是一种道德实践

思想政治教育的目的和最终指向在于道德实践。如果仅仅是宣传，思想政治教育将不可避免地成为空中花园。人类的本质在于对生命的超越。人之为人，其本质在于生命的超越性。"人，只有人——倘使他是人本身（Person）的话——能够自己作为生物——超越自己。"[3] 人成为人的根本原因是基于他们的自我实现，也就是对生命本身的自我超越，这种超越就是马克思所描述的整体发展、全面发展。"在这个阶段上，某一特殊的社会阶级对生产资料和产品的占有，进而对政治统治、教育垄断和精神领导地位的占有，不仅成为多余的，而且在经济上、政治上和精神上成为发展的障碍。"[4] 思想政治教育的目的是实现人的全面发展，也即实现与之相适应的合目的的"善"。思想政治教育的所有目的就在于它在各种可能的生活中开展和呈现，而不可能在别处。思想政治教育作为一项特殊的实践活动，应当而且必须以人的全面发展为基础，这也是我国思想政治教育与国外公民教育区别的内在价值。而且这种固有的属性也意味着，我国的思想政治教育没有超越性的思想政治教育目标，其所有目标都包含在改造世界的具体实践中。通过实践，思想政治教育的参与者可以检验自身由书本或者理论得到的内容是否合理，进而反思理论内容的真实有效性。而在实践活动中，思想政治教育的参与者可以利用他们学到的知识来解决实际问题，改变客观世界，并感受到他们学到的知识的价值和意义。再次，实践可以

[1]　中共中央马克思恩格斯列宁斯大林著作编译局 . 马克思恩格斯选集：第 1 卷 [M]. 北京：人民出版社，2012：422.

[2]　习近平谈治国理政：第 1 卷 [M]. 北京：外文出版社，2018：95.

[3]　马克斯·舍勒 . 人在宇宙中的地位 [M]. 李伯杰，译 . 贵州：贵州人民出版社，1989：34.

[4]　中共中央马克思恩格斯列宁斯大林著作编译局 . 马克思恩格斯选集：第 3 卷 [M]. 北京：人民出版社，2012：814.

收获新的知识，体验新的情感，即体验"意识生产意识，文化催生文化"的再生价值，从而增强自我效能感和自信心。

二、道德哲学是思想政治教育的题中之义

思想政治教育与道德是相互建构，相互依存的。从科目构成的角度看，德育本就是思想政治教育的一部分。从思想政治教育的价值属性看，没有道德属性的政治教育注定无法成为教育受众的选择，这意味着思想政治教育自然针对某种"应有的"，或者说这种应然必须是奠基于合理性的基础上。从其原始意义上讲，这种性质应属于道德范畴，这也决定了思想政治教育必须具有道德性。

（一）正义是思想政治教育的本质诉求

思想政治教育的原初内涵在于其价值正义，思想政治教育的功能和作用就是为了满足统治的需要。这也是现代政治文明的重要标志：现代政治文明的政治理念，不是依靠强制手段或者虚假宣传，而是它从根本上建立在人类的政治实践中，通过一定的政治生活，成为人们自愿遵守的政治意识和政治信仰。这种政治性本无正义之分，需要区分的是：在思想政治教育的政治活动和精神建设中，人们是否能够以正义的政治生活方式过上良好的精神生活。也即这种政治教育活动是否有着合理的政治制度和内在的求善政治理念。向善的政治理念是否包含对公平、正义等伦理价值的追求？社会发展不仅是物质资料的创造和累积，更指向人的全面发展。如果过分强调物的发展，忽视了人在发展中的价值，那就不是真正的发展。在马克思所说的发展中，人是"自由的人组成的共同体"中的人，自由是社会的本质，社会中的每个人都应该根据自身的性质和需求获得平等的发展机会和物质基础。自由的人民与自由的社会是相互促进，高度和谐的。而我国的思想政治教育正是这种自由保障的意识外显。"进一步实现社会公平正义，通过制度安排更好保障人民群众各方面权益。要在全体人民共同奋斗、经济社会不断发展的基础上，通过制度安排，依法保障人民权益，让全体人民依法平等享有权利和履行义务。"[1]习近平同志指出："'大道之行也，天下为公。'发展的目的是造福人民。要让发展更加平衡，让发展机会更加均等、发展成果人人共享，就要完善发展理念和模式，提升发展公平性、

---

[1] 黄敬文.习近平在武汉召开部分省市负责人座谈会强调：加强对改革重大问题调查研究 提高全面深化改革决策科学性[N].人民日报，2013-07-25（1）.

有效性、协同性。"[1]

中国共产党根据发展正义的实际出发，从解决人民最直接最现实的利益入手，提出了共同发展的概念，加强政府职责，调节不同群体的社会公共资源配置和社会权利义务，最大限度地满足人们发展的价值诉求。这种思想政治教育不是空洞的口号，也不是功利的教化，而是从"现实的个人"的实际诉求出发，以人的全面发展为中心主旨的。

（二）正义蕴含教育交往的合法性原理

从诞生之初，思想政治教育就是要为政治文明的发展服务，政治的合法性是所有的国家和政党都必须回答的问题。哈贝马斯认为，"合法性意味着某种政治秩序被认可的价值"[2]。政治的合法性和道德性，直接影响着执政的正当性。而思想政治教育的合法性指的就是这种政治秩序被认可的价值，经由政治生活传导，而被教育受众接受并内化的价值过程。也就是思想政治教育最终是否被受众心理承认，没有得到承认的教育只是灌输，唯有心理承认才能完成思想政治教育的最终闭环。"精神生活是统治的完成形式，只有当完成对人们的心灵统治才最后实现了统治；心灵上的统一是对一种政治统治的自愿自觉认同，因此，心灵的一致认同是政治权力的最后基础。"[3]

人类政治文明的演变过程，也是人类孜孜不倦追求公平正义的奋斗过程。思想政治教育作为一项要求人们相信某种价值体系和行为准则的活动，不仅需要其形式的合法性，而且还需要指出其应然的状态。就思想政治教育的内容而言，这不仅是主体固有的道德观，在此基础上的所有相关的政治法律要求也应与社会德性律令相一致。这就要求思想政治教育在维护和促进公平正义的过程中，更好地把思想政治教育目标"同我国发展的现实目标和未来方向紧密联系在一起，为人民服务，为中国共产党治国理政服务，为巩固和发展中国特色社会主义制度服务，为改革开放和社会主义现代化建设服务"[4]。这个目标蕴含着一种崭新的价值，"当把思想政治教育的生发归因于人的存在与发展的客观需求时，也就明白无误地揭示了思想政治教育深厚的人性根基，人的超越和发展本性就决定了思想政治教育有得以存在的理由和

[1] 习近平. 共担时代责任 共促全球发展——在世界经济论坛 2017 年年会开幕式上的主旨演讲 [N]. 人民日报，2017-01-18（3）.

[2] 尤尔根·哈贝马斯. 交往与社会进化 [M]. 张博树，译. 重庆：重庆出版社，1989：184.

[3] 赵汀阳. 坏世界研究：作为第一哲学的政治哲学 [M]. 北京：中国人民大学出版社，2009：24.

[4] 习近平谈治国理政：第 2 卷 [M]. 北京：外文出版社，2017：376-377.

继续发展的动力之源，这可能也是从根本上扭转那种纯粹以工具理性来看待思想政治教育的一种新的思维方式"[1]。我国思想政治教育的与众不同之处，就在于正义的理念贯穿于思想政治教育始末，并在教育交往活动中体现。

（三）正义推进思想政治教育的资源共享

思想政治教育是实现人们思想道德素质发展的主要途径，通过对道德教育的研究深入，可以极大地拉伸政治的框架。随着经济社会的高速发展，个性的张扬击碎了传统的伦理联结，导致社会个体逐渐原子化，整个社会呈现出去道德化的价值取向，人所具有的自由联合的契约精神趋于消逝。我们所面临的伦理境遇是：由于社会结构的松弛化、社会分层的等级化、人口流动的快速化，导致了人的存在空间的多重性甚至空间叠加，加上科学技术的精细发展，专业化、区隔化和碎片化成为现代生活的基本样态，由此带来了伦理断裂的危险，这种断裂将会在伦理与道德的断裂、伦与理的断裂、德与得的断裂、个人伦理与社会伦理的断裂、国家伦理与人类伦理的断裂中展开。[2] 这种断裂的最终结果就是"道德变成纯主观的东西，没有了客观性和权威性，传统意义上的美德也发生了质的变化"[3]。

这种社会的不确定性，常常使我们的伦理设计陷入困境，良好的意愿足以证明我们行动的道德性，但行动一开始就会生成新的关系，甚至走向意愿的反面，而且多重道德律令的矛盾更是让我们无所适从，所以，做思想政治教育工作已经变成一件非常复杂的事情。一万个人可能有一万种可能性，这就要求我们适时转变思维应对方式，用可能性的复杂思维来替代必然性的简单思维。康德以来西方伦理学的最大病根在于热衷于在"理性王国"中想象道德生活，脱离人的真实性存在，特别是人的情感性存在，把人当作抽象、纯粹理性的人，把人与人的关系当作纯粹的逻辑关系而推演，所以，这样的"理"在现实的人伦生活中几乎找不到印证。而我国的思想政治教育正是立足于现实的世界，探索在人的发展的基础上突破科目的障碍，消除个体的孤立性，寻求教育因素之间的最大通融性，在断裂中提供一种联结可能，从而在社会异质性存在中实现教育主体的和合统一。

[1] 段建斌. 思想政治教育发展问题探析 [J]. 求实，2013（11）：77-80.

[2] 李建华. 伦理连接："大断裂"时代的伦理学主题 [J]. 浙江社会科学，2019（7）：100-106.

[3] 麦金太尔. 德性之后 [M]. 龚群，等，译. 北京：中国社会科学出版社，1995：2.

三、伦理学和思想政治教育是一个互动的实践系统

伦理学和思想政治教育虽然是两个不同的范畴，但是在人的自我实现和道德觉察中实现了完美交融。一方面，"生产劳动给每一个人提供全面发展和表现自己的全部能力即体能和智能的机会" [1]，这固有地包括人类对自身主体意识的觉察和使命生成；另一方面，自由与否是人之自由活动的意志前置，是人与非人之间最显著的区别。而且，人作为现实的、社会的人，他需要能够意识到自身的存在，对人的本质力量有所认识，才有可能尽其能发挥自己的一切创造潜能。而在这里，社会主义的核心价值通过道德实践统摄了人的主体性和自我实践性，人的自由与完成在此交汇，致力于为实现价值主体自由而全面的发展创造一切可能，是梦想和存在出路的结合。按照马克思主义的观点，"在实践的、现实的世界中，自我异化只有通过对他人的实践的、现实的关系才能表现出来" [2]。由于人在自身自我实现的实践中剥离了限制，高扬人的价值，在自由的基础上实现了人的发展，从而使得人们的谋生活动被升华为自由自在的创造性活动。

（一）伦理学与思想政治教育有着共同的社会愿景

思想政治教育在表达一种期待的应然状态方面和伦理学完全一致。因此，在思想政治教育中，我们不仅渴求这种活动达到既定的价值期望，而且更要重视受众的价值期望。具体来说，我们必须注意这个活动符合所有人的道德目的和道德意志。这种价值愿望不是机械的，冷冰冰的，而是"在人文关怀的基础上实现思想政治教育之社会教化的诉求" [3]。从马克思主义发展观立场出发，人的全面发展的理想社会实际上就是伦理学所称的"完全善良"的社会。"全部社会生活在本质上是实践的。凡是把理论引向神秘主义的神秘东西，都能在人的实践中以及对这种实践的理解中得到合理的解决。" [4] 在这里伦理学与思想政治教育同心同向。从实践合理性的角度出发，思想政治教育的道德合理性必须反映在针对受众的接纳意义上，只有充分认可，并尊重和满足人们的实际利益，受教育者才能接受这一价值和规范体系。当且

[1] 中共中央马克思恩格斯列宁斯大林著作编译局. 马克思恩格斯选集：第 3 卷 [M]. 北京：人民出版社，2012：681.

[2] 中共中央马克思恩格斯列宁斯大林著作编译局. 马克思恩格斯选集：第 1 卷 [M]. 北京：人民出版社，2012：59.

[3] 王习胜. 当前思想政治教育的主要矛盾与发展趋向 [J]. 马克思主义研究，2015（9）：133-138.

[4] 中共中央马克思恩格斯列宁斯大林著作编译局. 马克思恩格斯选集：第 1 卷 [M]. 北京：人民出版社，2012：135-136.

仅当人是自己目的的手段时，这种社会实践根本上才是合道德的。作为一种价值指导，思想政治教育的目标具体体现为受教育者相信既定的价值体系，这种相信不是盲信而是自身利益得到充分满足时的确信。在思想政治教育过程中，让教育受众得到自身合法利益，并在这种得到中得到一种逻辑上的确认，他们才能对思想政治教育产生政治认同和情感共鸣。相反，如果教育受众没有确认利益的满足或者不知道其中的政治逻辑，那么思想政治教育可能只会适得其反，反而沦为受众的攻击目标。因此，"每个人的一切合理的需要在越来越大的程度上得到满足"[1]，成为思想政治教育伦理正义的前提和保障。

（二）伦理学与思想政治教育在协调社会关系中相辅相成

思想政治教育不仅是一种静止的教育现象，而是一个教育过程，更是一种文化的潜移默化。[2]思想政治教育关注的是思想治理，而伦理学是对人类关系和人类关系合理性的研究，关心人的关系价值是伦理学的主题含义。思想政治教育的关系蕴涵，就是通过各种方式和途径传播，贯彻和落实统治阶级的生活期待和生活中的权利义务关系，从而形成有益于统治的社会文化氛围和社会心理认同。这种伦理和文化认同会使社会趋向组织化，并在组织化中完成社会关系的重塑。而伦理学本身也是在社会关系中得以体现，所以，从某种意义上说，思想政治教育和伦理学都源自社会关系，并在社会关系中得到融合和发展。一方面，思想政治教育所蕴含的理性有助于推动整个社会组织的趋向稳定。这种政治理性表现为一种伦理化的能力，没有这种能力，人类就将在非理性的、自私自利的抑或受本能支配的大漩流中茫然失措，从而导致人类之间各种各样的充满敌意的对抗和抵牾。通过政治理性在制度中的延伸，则可以获得社会的广泛认同，形成共享的价值共识。另一方面，伦理通过自身的优势和文化迁移，使个体美德逐渐转化为制度正义，从社会结构的转型过程中把握社会伦理的时代建构和有效转化，促进人们对不公平与不正义的伦理反思，加强核心价值观的开放性、包容性和主导性，着力于精神建设和制度改善，缓解社会矛盾，促进社会治理中的"善治"，从而推进制度的价值更新与理性变革。在这个过程中，个人不再是孤零零的个体，而是有着关系的连接，这种连接使得个体主体通过社会关系和社会伦理联结到群体，在实现自我类归属的同时，完成了自我对于

---

[1]　中共中央马克思恩格斯列宁斯大林著作编译局．马克思恩格斯选集：第3卷[M]．北京：人民出版社，2012：724．

[2]　朱磊．把握思想政治教育文化软实力价值意蕴的四个维度[J]．理论与改革，2012（2）：116–118．

全社会普遍接受的价值准则、正义伦理的价值认同。

（三）伦理学与思想政治教育在实践中价值耦合

思想政治教育是塑造心灵、激发精神的实践，从价值取向上具有实践性，这就要求其在价值向度上要以人的实践为缘起。通过实践，思想政治教育的参与者可以检验自身由书本或者理论得到的内容是否合理，进而反思理论内容的真实有效性。这种实践必须具有主体价值，并且这种价值必须深深地嵌入到人们为自己创造的目标和理想中。这种蕴含价值的活动即源自思想政治教育的具体实践活动。马克思说："人的思维是否具有客观的真理性，这不是一个理论的问题，而是一个实践的问题。"[1]这种价值的外在表现，不是个体固有地在自我认同和社会认同中存在或者获取，而是在自我实现和社会关系的不断矛盾和妥协中表现出来。这个过程本身就是实践，个人通过实践在社会关系中进行人与人的关系训练，不仅学习生存和发展必需的社会知识和技能，更重要的是，在实践中体验、接受并内化社会的价值观和价值规范，以适应社会发展和变化。具体到思想政治教育，这种实践就是发挥教育者良好行为的示范作用，将价值理念深植于教育的全过程全环节，"有计划、有组织地对受教育者施以道德影响的活动，包括提高道德认识，陶冶道德情操，确立道德信念，养成道德行为习惯等"[2]，从而使人的价值理想最终转化为现实。

在现实的思想政治教育互动中，道德践行毫无疑问也是整个政治活动的核心。习近平强调："好老师首先应该是以德施教、以德立身的楷模。师者为师亦为范，学高为师，德高为范。老师是学生道德修养的镜子。"[3]实践性是使马克思主义与其他哲学区别开来的重要坐标，"哲学家们只是用不同的方式解释世界，问题在于改变世界"[4]。在实践活动中，思想政治教育的参与者不仅可以体悟道德改造的美好，还可以在实践中确证和检验价值观的内容，使得他们的获得感有了更好的巩固和强化。从伦理学的角度出发，是将个人的精神发展需要和自我实践能力，统一在社会

[1] 中共中央马克思恩格斯列宁斯大林著作编译局.马克思恩格斯选集：第1卷[M].北京：人民出版社，2012：134.

[2] 骆郁廷，张莉.思想教育、政治教育、道德教育的性质与特点辨析[J].武汉大学学报（社会科学版），2002（7）：440-447.

[3] 习近平.做党和人民满意的好老师——同北京师范大学师生代表座谈时的讲话[N].人民日报，2014-09-10（2）.

[4] 中共中央马克思恩格斯列宁斯大林著作编译局.马克思恩格斯选集：第1卷[M].北京：人民出版社，2012：136.

劳动过程中意义的产生和创造中，使得思想政治教育参与者在社会劳动过程中探寻生命意义，在社会实践中体验事实和认识意义，完成自我意义系统的构建和生成，从被动到主动，从他律到自律的过渡和转化，从而在秩序中完成对自我生命意义的追求和价值世俗社会意义的实现，并最终实现自我全面发展。

第三节 伦理学视角下高校思想政治理论研究的热点问题

每个纪元都有每个纪元的特色，作为一种中国特色的政治教育实践活动，思想政治教育的热门问题也必然随着社会的发展而变化。切实提升思想政治教育的证验性，需要我们把握时代的脉搏，活学活用马克思主义哲学理论，做到与时俱进，与世俱进。

一、思想政治教育在新时代的思与变

与传统的哲学叙事相比，当代哲学叙事的转变是从观念的王国到经验的生活。哲学不是纠结于存在与不存在，而是关注眼前的现象。作为意识形态范畴最集中的表现领域，思想政治教育的重心更指向当代社会价值观问题。虽然当代科技的发展非常迅猛，但巨大的道德挑战越来越严重。与人类遇到的其他生存问题相比，灵魂失落和无处安放似乎是一个世界性的时代问题。英国社会学家鲍曼书中提道："当代社会充满了争议和喧哗，伦理学的中心议题应该是如何将多声部编织成和谐的音乐，以消弭现实社会中的杂乱之声。"[1] 于是乎，社会道德重建问题就成为思想政治教育的当务之急。

（一）从认知到交往

从一定意义上说，当代思想政治教育的伦理转向不仅蕴含着当代人类价值的哲学追求，而且还预示着整个社会的未来走向。在社会化大生产之前，以家庭为细胞的生产文化对于美德的追求更多地指向个人的品质，如苏格拉底认为美德即知识。"一切公正的事情和一切遵照美德来做的事情都是光荣的和好的。"[2] 美德是天生的，思想政治教育的目的就是拨开人们生活中的迷雾，认识真理。在苏格拉底那里，这种美德的目的"不是使他们成为有学问的人，而是使他们成为幸福的、有德性的生

[1] Z.Bauman.Alone Again：Ethics after Certainty[M].London：Demos，1994：40.
[2] 色诺芬.回忆苏格拉底[M].郑伟威，译.北京：台海出版社，2016：23.

活者、实践者"[1]。柏拉图认为"正义能给予那些属于国家法制的其他的美德——节制、勇敢、智慧——以及那些被统摄在这一普遍观点之下的德性以存在和继续存在的力量"[2]。我国的儒家也提出了修身齐家治国平天下的主张，外在的伦理通过内在的道德得以实现，与古希腊文明有着异曲同工之妙。跟道德的认识论不同，列维纳斯作为现代最著名的伦理学家，意在推翻这个传统，在他看来，人类社会的基础是面对面的交往伦理关系。人与人并不是先认识后交往的关系，而是在相遇的那一刻已经开始交往。"人的存在就在于我只要与他人相遇就必须要表达出我的问候。这正是问候和认知的区别所在。"[3]也就是说在列维纳斯那里，伦理并不是一种认知型的价值观，而是第一哲学，这种哲学彻底推翻了主客体认识论。在他看来，客体化是一切暴力和毁灭的来源，也是自我中心主义的滥觞，他者的存在作为一种非概念性的体验，是不能被概念所掌握的。"当我们一定要用自我化的固定概念去认识经验的时候，自然就会将自我的意志强加到他者的身上。无论从情感还是从意识上，自我的同一性思维往往会导致暴力的倾向。无论他是不是在看着我，他都在'凝视着我'，我必须有所应答。"[4]

（二）从理念到践行

道德作为一种植根于思想的践行精神，与不停发展着的中国特色社会主义理论体系同步律动。思想政治教育通过关心、提炼和引导特定时代人们的精神生活，从而提高人们的道德意识，实现精神层面的美好生活。在传统的西方哲学中，理性主义毫无疑问是一以贯之的传统，从柏拉图的正义到康德的绝对理性，道德渐渐成为一种凌驾在生活体验至上的超验的存在。而马克思主义则认为：任何价值，包括人的意义的实现必须在劳动实践中产生，道德作为一种意识，是"现实的人"的社会生活的产物。作为道德主体，人们有意志和能力做出道德选择并付诸实践。人们对道德观念的选择和实践，总是与人的真实需要相联系的。马克思指出："各个人的出发点总是他们自己，不过当然是处于既有的历史条件和关系范围之内的自己，而不是意识形态家们所理解的'纯粹的'个人。"[5]然而，实现的意思在这里并不说明正义

[1] 宋希仁 . 西方伦理思想史 [M]. 北京：中国人民大学出版社，2003：29.

[2] 黑格尔 . 哲学史讲演录 [M]. 北京：商务印书馆，2020：253.

[3] E. Levinas.Entre Nous[M].New York：Columbia University Press，1998：10.

[4] E. Levinas.Entre Nous[M].New York：Columbia University Press，1998：227.

[5] 中共中央马克思恩格斯列宁斯大林著作编译局 . 马克思恩格斯选集：第 1 卷 [M]. 北京：人民出版社，2012：199.

化为畅行于实在的教育正义，而只是标明它依据一定价值实体的伦理精神达成了教育制度的框架构建，表明了它在思想上的可行性。但是，教育正义不能止步于追求制度精神和制度内容的设计，这仅仅是制度正义的开始，而不是终结。因为良善的教育制度不仅意味着良好的价值观和基本制度安排的精神，而且还必须成为可以在现实中传播的制度。通过实践，思想政治教育的参与者可以检验自身由书本或者理论得到的内容是否合理，进而反思理论内容的真实有效性。在实践活动中，思想政治教育的参与者可以利用他们学到的知识来解决实际问题，改变客观世界，并感受到他们学到知识的价值和意义。也可以运用践行收获新的知识，体验新的情感，即体验"意识生产意识，文化催生文化"的再生价值，使得道德认识更好地巩固和强化，才能深刻体会到自身所学所获内容的效能和适用性。从伦理学的角度出发，是将个人的精神发展需要和自我实践能力，统一在社会劳动过程中意义的产生和创造中，使得思想政治教育参与者在社会劳动过程中探寻生命意义，在社会实践中体认意义，完成自我意义系统的构建，由被动到主动，由他律到自律的过渡与转化，从而完成在世俗社会意义秩序中自我生命意义的追寻与价值实现，并最终实现自我价值世界的丰盈。

（三）从传递到共享

思想政治教育主体与客体之间的关系问题一直是争论的焦点，也是思想政治教育无法绕开的难题。当个体在结成社会时，并没有将个性泯没于社会共同体，每个人都有独立的人格生活方式，当然生活方式的选择应以不损害他人的物质和精神利益为限，对人的价值评判必须以社会整体认同的价值为标准。社会要求能否转化为德育对象的质量和行为，不取决于教育者的主观愿望，而取决于德育对象对思想政治教育的接受程度。高校思想政治教育的实质是思想政治教育的对象化和社会化，因为思想政治教育的社会化本身具有内在的道德性。这种道德性就是马克思所谓的自由，即人的精神自由，这种精神自由不是被动灌输的，而是个人追求的最高的价值目标。人的解放是自由的解放，即摆脱自然、社会和人的压迫和束缚，获得大自由。在"自由人的联合体"中，每个人都是自由发展的人，每个人都可以根据自己的本性和需要获得平等的发展机会和物质基础。作为共同体共同遵守的契约反映的是共同活动基础上的公共性和公共价值，是每个个人自由意志的集合，是一种"共同意志"和"公共精神"。[1]自由的人格是社会的本质，也是作为社会主体的人的本

---

[1]　晏辉. 契约伦理及其实现 [J]. 道德与文明，2002（6）：30-33.

质。自由的人和自由的社会是相互制约和高度和谐的。在这个共同体中，自由是被共享的，这种共享不仅是对权利和机会的平等拥有，更指向对特权的否定，"在许多情况下，人们不仅有财富最大化行为，还有利他主义（altruism）和自我约束的行为，而这些不同动机会极大地改变人们实际选择的社会结果"[1]。

二、思想政治教育中的疑与信

教育正义不仅是指以良好价值为灵魂的教育安排，而且还必须是可以在日常生活中传播并直接实现教育治理的有效工具。换句话说，善制本质上要求善治。我们不仅需要把握教育正义的内涵，而且需要有效践行教育正义。但是在现实思想政治教育过程中，思想政治教育往往由于各种原因而陷入信任困境，要想化解这个困境，必须将思想政治各要素所在的伦理关系予以调节，并通过这种伦理关系确定各要素应在的位置。

（一）从陌生到认同

思想政治教育最终目标是让教育对象认同教育理念，这种认同本质上是一种自我的潜意识身份归类，"政治认同的身份维度就是找寻个体与政治最相关的特征、身份，表征规范性的政治原则、制度所适用的主体的利益和特征"。[2]大学生作为中国特色社会主义事业的建设者和接班人，培养他们的政治身份认同不仅是我国思想政治教育的重要目标，也对增强我国社会主义制度的优越性有很大的帮助。但是，在现实教育中，大学生通过思想政治教育获得与党一致的政治认同并不是一个短暂的过程。从认知发展规律的角度来看，提升思想政治教育的情感认知也需要一个长期而持久的训练过程。客观上来说，现在的思想政治教育也不无短板，有的教育内容从小学就开始灌输但是到了大学还不甚深入，让学生产生了抵触感和厌烦感；一些思想政治教育教师缺乏对理论的深度把握，只能照本宣科完成任务。而互联网的兴起和随之而来的价值多元化也对我国传统的思想政治教育冲击极大。大学生作为网络的"原住民"，他们的政治认同基本来源于基于现实＋网络的政治传播，由于传播过程中各个环节和要素的影响，大学生思想政治同一性被分散，手机资讯、电梯广告、校园喷绘、地铁广告，这些显性或者隐性的传播，都会对大学生的政治认同产生潜移默化的影响。同时，这种影响是非理性的，以情感和心理暗示为载体，在

---

[1] 道格拉斯·C.诺思.制度、制度变迁与经济绩效 [M].杭行，译.上海：格致出版社，2014：7.

[2] 露丝·阿比.查尔斯·泰勒 [M].韩升，译.上海：复旦大学出版社，2013：122.

生活的各个角落潜行，可能是一个催泪短片，可能是一个感人场景，都会无形中对政治认同的天平造成倾斜。思想政治教育是国家长期稳定的基础和保障。为了提高大学生的思想政治认同感，有必要掌握大学生的政治交往规律和思想政治教育规律，促使大学生逐步实现从陌生向认同的情感转变。

（二）从虚无到信仰

现如今，文化相对主义和道德虚无主义开始抬头，本质上是对权威和集权的解构，在一定意义上对促进文化的本土性、地区性、多样性有益，它的兴起对尊重和维护文化多样性贡献了力量。但从文化共同体、命运共同体的视域来看，文化相对主义和道德虚无主义一味强调文化的差异性与特殊性，摈弃了人类文化的同一性与一般性，在自说自话的同时，引发了道德风险和道德虚空。它强调不同的社会、不同的国家可以而且应该有不同的道德规范和道德信仰，认为每个社会都有根深蒂固的道德文化。"正如根本不存在绝对的美学规范一样，也不存在任何绝对的道德准则，一切都与时代、民族及其独有的理想标准相关。"[1] 从道德活动的主体来看，不同民族的道德发展阶段和道德成长阶段必然存在显著差异。人类社会生活实践本身的独特特征决定了文化相对主义的合理性。但文化相对主义在强调独特性的同时，也带来道德语言割裂造成的道德风险，最终将陷入道德实践中的各自为政。

"当你面对另一类人群的时候，对非客观性的意识并不会关闭你的伦理反应。"[2] 人与人，文化和文化之间的差异并不意味着道德共识是一道不可逾越的鸿沟。当代中国社会正处于转型的大变革时期，人们的价值观点多元化，价值标准唯一性主导地位减弱，意识形态话语权在一定程度上减弱，特别是伴随以亲缘为纽带的传统社会解体，当代中国社会的伦理秩序和伦理安全正面临着巨大的考验。伦理学需要基于当代中国的社会现实来重构价值联结，价值的断裂渴求思想政治教育的引领，渴求在陌生人社会得到一个新的伦理建构，越是在"后伦理时代"，在个人原子化的伦理背景下，以新的价值观为感召的重建的人和人之间的伦理联系才越成为内心需求，渴求在新的社会共同体下，原子化的个人得到联结，失去庇佑的个人得以重归稳定安全的伦理秩序。

[1] 卡洛·安东尼. 历史主义 [M]. 黄艳红，译. 上海：格致出版社：2010：68.

[2] Bernard Williams.Ethics and the limits of philosophy[M].London and New York：Routledge Press，2006：159.

（三）从规则到关怀

思想政治教育中的道德修养是最重要的部分，对于提升道德修养的方法，不同的哲学家给出了不同的答案。罗尔斯认为德性的养成依赖于制度设计："社会和经济的不平等应这样安排，使它们：①在与正义的储存原则一致的情况下，适合于最少受惠者的最大利益；②依系于在机会公平平等的条件下职务和地位向所有人开放。"[1]特别是在思想政治教育中，规范伦理的最终目标要求思想政治教育通过正义原则改善受教育者的生活，尊重人性本质，促进其全面发展。这种正义的分配要求思想政治教育全过程的全要素都符合道德价值，即思想政治教育基本善的分配正义。

诺齐克认为，权利是正义的前提和道德的边界："人们可以把权利当作所要采取的行动的边界约束，即其他人的权利构成了对你的行为的约束，你在任何行动中都不要违反这种约束。"[2]沃尔泽提出复合正义："任何一种社会的善 X 都不能这样分配：拥有社会善 Y 的人不能仅仅因为他拥有 Y 而不顾 X 的社会意义占有 X。"[3]霍布豪斯认为："权利必须是正义中第一位的，善是一种基于人格平等的正义；权利平等是最高最重要文明的一个特征；合理的善，是所有人根据他们社会人格的能量大小，而按比例分享的一种善；这是共同善中比例平等的基本原则，是社会正义的主导概念。"[4]正义规则的分配意味着每个受过教育的人都应该得到合理的思想政治教育资源分配，不过，要使教育正义真正地变为现实，我们必须采取具体行动，而这种行动就意味着人与人的交往。过去的思想政治教育偏重内容的宣教，在教育过程中对人的道德关怀尚未得到足够的重视。德沃金认为："每个人都拥有一项最基本权利，基本权利是应以特定态度对待的权利，这种态度表达这样的意思，即每个人都是有尊严的个体。"[5]这就意味着思想政治教育要有人性的力量，"教师应该赋予学生与现实相符的积极的自我形象，而不是将自己的主观期望强加给学生，唯有如此，学生才能产生力量感，才能形成积极的道德追求，这就是对学生的认可"[6]。从规则到关怀，意味着思想政治教育更加关注人们建立的伦理联接，通过调节人与人之间的关系为思想政治教育实践中的道德力量提供不竭的动力。

---

[1] 约翰·罗尔斯. 正义论 [M]. 何怀宏，等，译. 北京：中国社会科学出版社，2009：302.

[2] 诺奇克. 无政府、国家和乌托邦 [M]. 姚大志，译. 北京：中国社会科学出版社，2008：29.

[3] 沃尔泽. 正义诸领域 [M]. 褚松燕，译. 南京：译林出版社，2002：24.

[4] 伦纳德·霍布豪斯. 社会正义要素 [M]. 孙兆政，译. 长春：吉林人民出版社，2011：8.

[5] 罗纳德·德沃金. 民主是可能的吗?[M]. 鲁楠，王淇，译. 北京：北京大学出版社，2012：30.

[6] 诺丁斯. 关心：伦理和道德教育的女性路径 [M]. 武云斐，译. 北京：北京大学出版社，2014：89.

三、思想政治教育的善与成

"如果公正和正义沉沦，那么人类就再也不值得在这个世界上生活了。"[1] 教育是人培养人的事业，这就意味着教育正义的研究必须转换范式，要从教育的立场去思考与研究教育正义问题，也就是思想政治教育的合法性、合理性和合目的性。从教育的善开始不是从某种善的教育概念或理论开始，而是从教育的初心和原始目的开始研究教育问题。

（一）从手段到目的

思想政治教育的目的就是达到合目的的"善"。思想政治教育的所有目的都在各种可能的生活中开展和呈现，而不可能在别处。作为一种政治教育实践活动，思想政治教育的正义性是在教育改造世界的过程中自明的，教育不是为了适应某种教育制度而存在，而自身既是目的也是手段，因此思想政治教育的合理性就不能简单从起点正义、程序正义、结果正义分段去考量，而必须切实考虑思想政治教育的存在价值。

教育正义问题是人类一直思考的问题，先哲为我们提供了深化研究教育正义问题的丰富思想资源。但是教育面前机会均等始终没有被视为教育自身的目标，而被看成是建设社会平等的一种手段，"以往对大学生的管理比较突出强调思想政治教育的社会价值，从党、国家和社会的角度看思想政治教育的价值，忽略其间的个人价值，即对个人利益的实现，对人生实践所具有的直接或间接的意义，这种现象的存在不仅无法充分体现两种价值的统一，而且容易导致许多人对思想政治教育的冷漠"。[2] 学者大多从社会的角度，探讨由教育权利、教育机会和教育文化再生产引起的不公正，并讨论教育正义对社会正义的影响，期望通过教育公平、正义来减少社会的冲突与不平等，但是鲜有从教育的立场去思考和研究教育正义问题。基于社会立场的教育公平的研究与讨论，目的是减少社会冲突，而非解决教育领域本身的问题，因此，不可避免地会较少关注教育的目的和任务，忽略教育关系本身的公平性、道德性和伦理性。而教育正义不仅要求教育各要素以及教育关系具有合理性，还要求教育关系是好的，良善的，具有合目的性，"每个人都应该被当作目的，没有人可以被作为他人目的的纯粹手段"。[3] 思想政治教育的践行最终指向个人的美好

[1] 康德.法的形而上学原理 [M].沈叔平，译.北京：商务印书馆，1991：165.

[2] 吴秀华.论共生伦理视域下的高校思想政治教育 [J].思想教育研究，2005（6）.

[3] 玛莎·C.纳斯鲍姆.正义的前沿 [M].陈文娟，谢蕙媛，朱慧玲，译.北京：中国人民大学出版社，2016：50.

生活,"美好生活不是一个在生活的终点实现的终极的目标,而是追求德性的实践生活本身"。[1]

（二）从个体到集合

伴随着商业主义、消费主义的快速发展,个体权利意识得到空前的觉醒,随之而来的是个人主义的盛行。在这种文化的浸染下,人们以自私和不信任的姿态面对他人,将他人"工具化",表现出道德冷漠。这种冷漠割裂了社会群体以及人际的道德联系,代之以功利化的算计、测量。于是我们看到,贫富差距导致的偏见让社会充满敌视,社会话语中充满了相互攻击和挖苦讽刺,而忘记了"共同体是一种集体身份,它是一种对'我们'是什么人的定义"[2]。沃尔泽认为共同体是一种道德约束的集合体,"它将强者与弱者、幸运的与不幸运的人、富人与穷人联系起来,创造出一个超越所有利益差别的联盟,从历史、文化、宗教和语言等中汲取力量"[3]。但是未必所有的共同体都是真实的,"某一阶级的各个人所结成的、受他们的与另一阶级相对立的那种共同利益所制约的共同关系,总是这样一种共同体,这些个人只是作为一般化的个人隶属于这种共同体,只是由于他们还处在本阶级的生存条件下才隶属于这种共同体;他们不是作为个人而是作为阶级的成员处于这种共同关系中的"[4]。在类似这种虚假的共同体中,个人不可能获得真实的自由,"在过去的种种冒充的共同体中,如在国家等中,个人自由只是对那些在统治阶级范围内发展的个人来说是存在的,他们之所以有个人自由,只是因为他们是这一阶级的个人。从前各个人联合而成的虚假的共同体,总是相对于各个人而独立的;由于这种共同体是一个阶级反对另一个阶级的联合,因此对于被统治的阶级来说,它不仅是完全虚幻的共同体,而且是新的桎梏"[5]。思想政治教育的目标是使人们认识到自己存在于一个真实的共同体中,社会主义的本质要求不仅是经济共同繁荣,更是在文化和心理上确认他人和自己具有平等的社会地位和权利,并以积极的姿态善待他人。如果在思想政治教育过程中我们都不能平等地对待不同的教育成员,那么社会正义更是空中楼阁。所以思想政治教育的关键就是在自我权利确认的前提下认识他人对于自我的

[1] 金生鈜.德性与教化 [M].长沙:湖南大学出版社,2003:340.

[2] 斐迪南·滕尼斯.共同体与社会 [M].林荣远,译.北京:商务印书馆,2019:42.

[3] 迈克尔·沃尔泽.正义诸领域 [M].褚松燕,译.南京:译林出版社,2009:89.

[4] 中共中央马克思恩格斯列宁斯大林著作编译局.马克思恩格斯选集:第1卷 [M].人民出版社,2012:201.

[5] 中共中央马克思恩格斯列宁斯大林著作编译局.马克思恩格斯选集:第1卷 [M].北京:人民出版社,2012:199.

社会意义，将他人视为社会合作共同体的重要一员，在社会生活中充分尊重他人的意愿，在自我与他人之间构建平等互惠的和谐关系。

（三）从分裂到连接

思想政治教育的实质是促进教育领域每个成员自我完整性的实现，自我完整性的实现取决于主体之间的相互认可和相互连接。思想政治教育的目标就是建构一种连接体系，而且这种连接体系满足了共同体内所有人的正义诉求。"所有对伦理的关注都应当看到，道德行为是一种连接的个体行为：与他人连结，与社区连接，与社会连接，直到与人类种属连接。"[1] 但是这种连接不是抹杀个体的联接，而是充分尊重个体性差异基础上的连接，因为差异的存在，所以我们需要理解和包容；因为差异的存在，我们作为不同的个体面对世界的时候才会充满不确定性和不安全感，也才更需要联系。伦理联系通过在由伦理思想、伦理主体、伦理权力等要素构成的伦理结构中加入过渡机制，保证社会伦理秩序的正常运行，使其始终保持有机的、开放的、可复制的联系。但是，由于社会资源是有限的，如何在不同的个人之间分配资源是一个必须考虑的问题。每一位社会成员都会力图让自己的生活变得更好，从而尽可能地满足自己的利益，所以我们要充分考量连接过程中不同群体所受到的社会影响，从而避免让联接中不可控的贪婪和偏见成为人们自由发展的阻力。因此，思想政治教育的目的是要让每个人在连接过程中通过价值指导和价值规范最大化自己的利益，同时又让既得利益者知道自己的资源来自连接，从而可以进行第三次分配，也通过教育的引导，让那些处境不利的人不再胆怯谦卑，能够勇敢地表达，捍卫社会正义。思想政治教育的目的从来不是在教育领域对人民进行思想控制，而是服务于公众，服务于国家和社会，最终实现教育本质上对社会正义的解释，让思想政治教育照进现实。

第四节 案例：家庭经济困难学生的伦理困境

作为高校中的一个特殊群体，家庭经济困难学生或多或少面对着一定的社会偏见与自我认知偏差，虽然国内高校资助工作不断创新进步，但是核心的伦理问题一直悬而未决，这里既有社会经济结构的原因也有着诸多价值领域的深层问题，所以有必要以家庭经济困难学生的伦理困境为切口，研究高校思想政治教育的实务。

---

[1] 埃德加·莫兰. 伦理 [M]. 于硕，译. 上海：学林出版社，2017：35.

一、案例背景

高校学生资助是推进社会公平正义的有力支撑，资助不仅关系到家庭经济困难学生的学习生活问题，更关涉人格平等、心理健康等深层问题，因此，必须充分发挥资助的实践育人功能，以价值伦理的回归推进教育公平。

（一）案例简述

大二年级的工科女生小张来自西部地区，入学后被认定为家庭经济特别困难学生。家庭经济困难让她更懂得学习的可贵，经过大一一年的努力，小张连续获得校一等奖学金两次、励志奖学金一次，还获得校优秀三好学生。但是，有一天辅导员突然找小张谈话，说接到同学举报，反映小张用学校资助的钱买了一部价值不菲的新手机，辅导员劝诫小张要注意自己的困难生形象，更要懂得感恩国家和社会。内心敏感脆弱的小张崩溃了，到学校心理健康中心做了心理咨询。小张自诉自己表面很积极上进，其实内心一直很自卑，因为家庭比较贫困，从小学开始就一直申请各种困难补助，同时也一直遭受校园霸凌，每次公益组织让自己上台领钱的时候，都能看到同学怪异的目光。在同学眼里自己就是个异类，就是个靠哭穷拿钱的骗子。自己很讨厌贫困生这个身份，但是如果没有这身份自己就没法读书，更没法上大学。自己从小几乎没有什么新衣服，有一次舅舅给自己买了一件新衣服，同学就说你家不是穷吗？还哄笑着把墨水泼到新衣服上。自己夏天也不敢买饮料，如果被朋友看到就说你家不是没钱吗还喝饮料。饮料对于自己来说一直就是可望而不可即的奢侈品，并不是因为买不起而是因为不敢买。现在自己为了生活和学习买了新手机，不但宿舍同学排挤自己，甚至还有人举报她，所以她再也不想努力了，因为努力也无法改变现状，更无法改变别人对自己的歧视。这个案例是高校资助中很常见的案例，鲜明地反映了家庭经济困难学生在高校生活中的伦理困境。

（二）案例背景

小张来自宁夏山区，父亲年龄已逾六旬，体弱多病，常年服药，母亲已重病去世，留下堆积的债务和年幼的三个子女。作为家中的长女，她的姐姐不得不初中没毕业就辍学打工，好补贴家用。小张学习比较好，所以一直坚持上学，读书的钱一直来自亲戚资助和社会资助，大学入学时，除掉路费口袋里只揣着不到100元，连被褥都是从家里用绳子背来，学费来自生源地助学贷款。小张说上大学后自己的生活条件好了很多，每个月都有勤工俭学工资，加上奖学金和助学金，基本上日常生活够了。但是自己的手机是亲戚用下来的旧手机，特别卡顿，平时用起来不方便就算了，好几次还因为手机死机错过了重要信息，所以就用励志奖学金的钱加上暑假兼职的钱买了一部华为手机。家庭经济困难学生怎样的消费算是奢侈消费？是不是接受了资助就失去了平等消费权？家庭经济困难学生接受师生的监督是否合乎正义？都是我们需要考虑的问题。

（三）案例剖析

"高校作为助力脱贫攻坚、精准扶贫的一支重要力量，不仅发挥着'智力库''人才库'的优势，更应在发挥教育本身优势、阻断贫困代际传递方面起到关键作用。"[1] 高等教育作为贫困学生从家庭走向社会、从贫困走向小康的最重要的一环，对于我国扶贫事业的意义巨大。虽然目前对家庭经济困难学生的经济资助制度已经非常完善，但是，对贫困生的伦理关怀和心理帮扶还差强人意。目前对贫困生的资助育人工作集中在感恩教育和自强教育，对于伦理和心理的关怀却还处于起步状态。从伦理层面上看，在现行的资助话语体系之下，贫困生被划定为低消费人群，要求师生对家庭经济困难学生进行监督，如果有认定奢侈消费行为不当的，将被追回资助款项，这样的政策使得家庭经济困难学生不只成为经济上的困难生，更成为人格尊严上的困难生。脱贫攻坚既要扶智也要扶志，既要输血更要造血。这种"扶志"和"造血"指的就是要求高校资助工作树立资助伦理理念，将贫困生的资助工作从经济帮扶为主提升到精神支持为主，积极发挥道德情感的协调和激励作用，真正做到资助育人。"如果以剥夺贫困生正常消费需求为前提进行帮困，那就无异于变相歧视，谈不上人道主义。"[2]

二、案例中涉及的伦理学问题及成因分析

高校思想政治教育不是纸上谈兵，更重要的是在现实中洞见、体悟、批判。不管任何理论，在实际应用中都会面对诸多困难，所以下面将本着探求理论应用于实践方法的目的对案例进行进一步的深度思考挖掘。

（一）垄断与话语

贫困问题是很多哲学家追问的社会问题，在《正义诸领域》一书中，沃尔泽认为，人们关于经济和社会平等的愿望，根植于已有的机会或生活水平之中。"产生

---

[1] 杨智勇. 高校贫困生积极心理品质现状与发展路径研究 [J]. 江西理工大学学报，2020（6）：70-76.

[2] 江应中. 教育资助政策的伦理困境与价值实现 [J]. 教育发展研究，2007（11）.

平等主义政见的并不是有富有与贫困并存这一事实，而是富者'碾碎穷人的容颜'，把贫穷强加到他们身上，迫使他们恭顺这一事实。"[1] 在现实生活中人们获得财富和荣誉的能力是不平等的，这也导致了任何追求社会善的平等分配必然是困难的，也就是说富裕的阶层更倾向于将贫富差距归因于穷人品质，而让穷人觉得自己贫穷理所应当，实质上却忽略了天赋的遗传与教养环境。在此基础上生成的道德标准本身就是不合理的，"人们用道德来规约自己的行为，目的在于使自己和他人的利益与需求都能够得到保障与满足，从而实现一种在文明中生存的状态"[2]。"处于特定群体的人由于长久受到某些观念的熏陶和感染，会先入为主地建立某种价值和道德信念体系。这些几乎完全由外部植入的观念往往未经理性的判断和分析就转化为自我观念的一部分。它们也就成为指导人们进行道德评价，进入道德生活的标准。"[3] 这种道德标准具有潜意识性，并不随人的道德伪装而转移。也就是说垄断的资源带来的更多的是垄断的道德高地，在这个高地，垄断者具有绝对的话语权，而弱势者处于边缘化的失语状态。以小张为例，她作为一个受助者，天然处于"道德的低地"，所以在面对道德指责的时候，无法发出自己的声音，最多只能归咎于自己的命运和不幸的家庭遭遇，这种道德评判会由过多的外部输入而转化为自我观念，使其活在自我否定的阴影中而无法前行。正如阿尔汉格尔斯基所言，"只有当道德在其自身的思想要求方面所依据的是对社会发展的规律的科学认识、是对这些规律的自觉利用，只有这种道德才能够成为真正进步的和真正真实的道德"[4]。

（二）分配与正义

桑德尔指出："要看一个社会是否公正，就要看它如何分配我们所看重的物品——收入与财富、义务与权利、权力与机会、公共职务与荣誉，等等。"[5] "如果拥有一种善的个人因为拥有这种善就能够支配大量别的物品的话，那么，我将称这种善是支配性的。当一个男人或女人，或世界上一个重要的君主——或一群男人和女人、寡头——随时都能成功地用一种善来对抗所有敌手，那么这种善就是垄断性的。"[6] 正因为如此，沃尔泽对善的跨界十分敏感，但在现实生活中，这种跨界兑换

[1] 迈克尔·沃尔泽.正义诸领域 [M].褚松燕，译.南京：译林出版社，2002：3.

[2] 甘绍平.伦理学的当代建构 [M].北京：中国发展出版社，2015：2.

[3] 周谨平.消解社会偏见和话语权的共享 [J].伦理学研究，2020（2）：39-44.

[4] 阿尔汉格尔斯基.伦理学研究方法论 [M].赵春福，译.北京：中国广播电视出版社，1992：214.

[5] 迈克尔·桑德尔.公正：该如何做是好？ [M].朱慧玲，译.北京：中信出版社，2011：20.

[6] 迈克尔·沃尔泽.正义诸领域 [M].褚松燕，译.南京：译林出版社，2002：20.

比比皆是，而且成为资源分配的常态，比如学而优则仕，比如体育明星转向娱乐圈发展等，都是通过财富名誉地位的相互转化，使得社会资源在马太效应中形成集聚，而物质财富的缺失注定连带损失地位和尊严。案例中的小张之所以受到霸凌和非议，不外乎她财富的缺失使得名誉和尊严的保障被打破，只能默默承受这种非正义分配的后果。习近平总书记提出："核心价值观，其实就是一种德，既是个人的德，也是一种大德，就是国家的德、社会的德。"[1]这种德不仅仅指向个人美德，更指向分配的正义。按照马克思的观点，这种德关涉人的全面发展，意味着人奴、物役的完全消除，因为"没有任何办法比个人的实际参与能更有效地防止他人从不同视角曲解个人的自我利益"[2]。

（三）尊严与需要

尊严从某种意义上是人的本质属性和规定，"全部问题都在于使现存世界革命化，实际地反对并改变现存的事物"[3]。米勒论述道："存在着对人类而言什么可以算作是最低限度的体面生活的共享的社会规范，通过援引这些规范，我们就能把那些防止人们滑落到这种最低限度之下的东西定义为需要。"[4]虽然对于很多人来说，生理的满足是人最基本的满足，比如马斯洛的需求层次理论，但是人对人格和尊严平等的渴望，一定程度上也会超过对物质满足的需求。尊严是学生精神成长的奠基性价值，被承认的人，通过他的存在得到直接考虑因而得到承认，可是这种存在本身却是产生于"承认"这一概念。它是一个被承认的存在[5]。主体间一种理想的彼此关系，就是一个主体视另一个主体为平等者。这种平等不是物质上的平等，而是人格上的平等。在此案例中，小张因为物质上的不平等导致他人眼中的人格上的不平等，她就不应该穿新衣服，使用新手机。尽管贫困生获得了经济上的资助，但其人格尊严权利并没有被剥夺，如果物质资助造成对其自尊的伤害的话，这个资助本身也是不正义的。因为"推动人和人类进步的不单是生存需要，而是对永无止境的自我实现和自我确定的追求"[6]。

---

[1] 习近平谈治国理政：第 1 卷 [M]. 北京：外文出版社，2018：168.

[2] Jurgen Habermas.Moral Consciousness and Communicative Action[M].Cambridge，Mass：MIT Press，1990：67.

[3] 中共中央马克思恩格斯列宁斯大林著作编译局 . 马克思恩格斯选集：第 1 卷 [M]. 北京：人民出版社，2012：155.

[4] 大卫·米勒 . 社会正义原则 [M]. 应奇，译 . 南京：江苏人民出版社，2008：231.

[5] 黑格尔 . 精神现象学 [M]. 贺麟，译 . 上海：上海人民出版社，2013：505.

[6] 李光伟 . 第四代人之梦——自我实现与超越 [M]. 天津人民出版社，1991：16.

三、案例的伦理反思与思想政治教育破题

教育正义是思想政治教育的本质要求和精神内核，也就是说思想政治教育不仅是一种制度安排，而是指向学习生活价值的重构。所以要改变家庭经济困难学生在高校生活中的伦理困境，必须首先从根本上转变伦理观，在教育正义的视角下对当前的资助管理体系进行重构，进而拓展人的全面发展。

国家和社会在立德树人教育目标中主要担当条件保障的角色，立德树人的实施要靠国家和社会的支持，立德树人的目标要在国家和社会层面上确立。没有国家和社会的整体推进，单靠学校和个体无法完成立德树人的目标，更不能最终形成良好的社会氛围。习近平总书记指出："一种价值观要真正发挥作用，必须融入社会生活，让人们在实践中感知它、领悟它。"[1] 在两个一百年的交汇点，我国的思想政治教育应该也必须为推进新时代中国特色社会主义努力。努力寻求社会主义核心价值观与思想政治教育活动的伦理契合点，通过社会正义促进社会资源的合理分配，这种资源包含了财富、名誉、地位以及话语权。打破资源的集聚效应，让社会成员共创共享。通过思想政治教育的价值引领作用，在把握社会生活尤其是日常生活的伦理意蕴基础上，完成人们对于社会正义的价值认同。"精神生活不仅能够吸引人，而且能够统治人，事实上，精神生活是统治的完成形式，只有当完成对人们心灵的统治，才最后实现了统治。"[2] 作为新时代中国特色社会主义的根本目标，"美好生活"根本上反映出思想政治教育的终极价值旨趣，也是思想政治教育的价值愿景。

思想政治教育是价值观输出的重要通道，思想政治教育正义的推进将在很大程度上影响着社会正义的全面落实。学校思想政治教育所体现出的社会意识虽然是社会存在的产物，但是思想政治教育必须具有价值的引领性和前瞻性。而不应该迷失于各种杂乱的社会思想中。"各种体制和标准把生活规划为盲目的机械行为，人们在利益的昏迷中失去了幸福，在社会规范中遗忘了生活，就好像行为仅仅是为实现体制的规范目标的行为，而不是为了达到某种生活意义。"[3] 作为价值输出端的重要堡垒，学校必须高扬公平正义的旗帜，打破社会资源的垄断与偏见，将平等尊重的制度设计传递给学生，并且须以学校具体学习生活实践为平台，在教学交往中操练学生的价值养成。"人类的教育活动起源于交往，在一定意义上，教育是人类一种

[1] 习近平谈治国理政：第 1 卷 [M]. 北京：外文出版社，2018：165.

[2] 赵汀阳. 坏世界研究：作为第一哲学的政治哲学 [M]. 北京：中国人民大学出版社，2009：24.

[3] 赵汀阳. 论可能生活 [M]. 北京：中国人民大学出版社，2010：8.

特殊的交往活动。"[1] 将真正的赞许面向每个学生，鼓励每个学生都可以因为他的独特性而得到赞许，只有这样的成就赞许，才能使每个人获得自豪感。

美国哲学家赫舍尔认为，"影响人的行为和动机的那些决定、规范及选择，不单单是人类本性的组成部分；他们是由我们所选择的人的形象所决定的"。[2] 一些家庭经济困难学生因为早期被歧视的经历，性格一般比较内向，跟身边同学互动交流少，对自我认知和社会中的一些不公正现象表现出自卑和焦虑等情绪。这就要求思想政治教育工作者针对这部分同学进行积极的价值引导和心理疏导，帮助他们树立正确的人生观和价值观，培养他们坚定信念，剔除掉那些错误的自我认知内化，将合理的社会价值转化为成长的动力与发展的方向，继而促进他们全面发展。家庭经济困难学生属于大学生中的弱势群体，作为高校应给予这些学生更多的尊重、关心和帮助，在工作中要做到共情和同理。一方面在学校思想政治教育过程中让学生了解歧视与偏见的价值危害性，让学生懂得理解和尊重；另一方面重视唤醒贫困大学生的主体意识，增强学生的尊严保护意识，克服内心自卑，以勇敢之心捍卫尊严。

---

[1]　叶澜．教育学原理 [M]．人民教育出版社，2007：61.

[2]　A·J. 赫舍尔．人是谁 [M]．陈维政，安希孟，译．贵州：贵州人民出版社，2019：10.

CHAPTER 8
第八章

做好辅导员的第八课
——懂点社会学的方法

　　社会学作为一门独立学科已有 180 多年的发展历史，是一门强综合性的基础学科，与其他学科有着密切的关系，并产生了较为丰富的交叉研究成果，也出现了一些应用性的分支学科。而思想政治教育作为一种社会化实践活动，主要致力于影响人们的社会意识与社会关系，与社会学存在着天然的亲缘关系，二者的交叉研究是思想政治教育学科建设与实践发展的现实需求。借鉴社会学的理论成果和研究方法来关照思想政治教育，可以让思想政治教育工作者从更深刻的角度剖析和审视高校思想政治教育的内涵和外延，亦能为思想政治教育工作者解决现实问题提供不同的方法与途径。当下，社会学与思想政治教育的学科融合，已成为高校思想政治教育研究的必然趋势。

第一节　社会学经典理论概述

　　在社会学发展过程中，各理论流派百家争鸣、百花齐放。其中，功能主义、社会互动、社会冲突、社会交换等理论成为社会学理论建构的主要取向。本节将从高校思想政治教育研究适切性和社会学发展历史的角度，简要概述结构功能主义、符号互动论、社会交换理论、社会冲突理论的理论渊源和主要观点。

一、结构功能主义

20 世纪 40 年代中后期和 50 年代，美国称雄于世界，美国学界推崇以美国为范本描述国家社会结构合理性、文化价值观念正确性。旨在描述社会制度的合理性、正确性，社会结构的稳定性、平衡性的结构功能主义应运而生。结构功能主义（structural functionalism）主要对社会系统的制度性结构进行功能分析。1937 年，美国著名社会学家塔尔科特·帕森斯的著作《社会行动的结构》面世，提出了功能主义的社会学范式，开创了社会学研究的一条新路。1945 年，帕森斯在前期研究基础上提出了结构功能主义的概念。结构功能主义逐渐风靡社会学界，到 20 世纪 50 年代达到鼎盛，在美国乃至西方学术界都产生了重要影响。

（一）结构功能主义理论溯源

作为一种社会学理论和分析方法，功能主义发轫于孔德、斯宾塞和涂尔干等社会学家关于社会有机体的基础观点，以及文化人类学派的功能分析方法。

作为西方社会学的主要奠基人之一、被誉为"社会学之父"的法国实证主义哲学家奥古斯特·孔德借鉴生物学相关论点，提出了社会是具有生命的生物有机体的论断，将生物学概念诸如细胞、器官、组织等类比为社会学概念诸如家庭、城乡、阶级等。"孔德的社会静力学与社会动力学代表和反映了他对人类社会组织、结构及其社会运动规律的基本思想。"[1] 孔德的理论由社会秩序论、社会进步论和社会有机体理论以及相应的方法论三部分组成。英国社会学家赫伯特·斯宾塞继承了孔德的社会有机体思想，进一步发展了社会有机体理论和社会研究方法。他认为，在社会是一个生物有机体的基本思想上，对社会的研究可以采用自然科学的实证研究方法，并第一次阐明结构功能主义的核心要义：需求、分化、适应、系统、结构、功能等。现代结构功能主义最重要的奠基人是法国社会学家爱米尔·涂尔干。涂尔干关注传统社会中社会在集体意识的维系下呈现出的整体团结的社会形态，即"机械团结"，强调集体意识的核心作用。涂尔干运用功能主义的分析方法研究了社会分工、宗教信仰等社会现象，强调其对社会秩序和社会团结的作用。这种强调与当代结构功能主义关于结构整合、结构稳定的思想不谋而合。

除了上述三位早期结构功能主义思想的代表人物之外，英国文化人类学的功能学派将功能主义当作一种社会分析方法进一步发展，代表人物有马林诺夫斯基和

---

[1] 贾春增. 外国社会学史 [M]. 北京：中国人民大学出版社，2018：26.

拉德克利夫·布朗。马林诺夫斯基把对社会文化现象的研究建立在个人需求层次上，强调需求的多样性，认为"系统存在三个不同层次：生物学层次、社会结构层次和符号性层次"[1]。并在此基础上提出了传统功能主义的两个前提假设：一是功能普遍性，功能普遍存在于任何文化现象之中；二是功能不可缺少性，功能是任何文化现象中不可缺少的要素。布朗与之相反，把功能分析建立在社会存在和发展的社会系统基础上，并提出了"功能的统一体"假设，即"社会整体是一个功能统一体，各个组成部分相互配合，协调一致，不会产生不可调和的冲突"[2]。

（二）结构功能主义理论观点

在韦伯思想的基础上，帕森斯发展了结构功能主义，并力图创建属于结构功能主义的思想理论体系。默顿在对传统功能主义的批判中，建立了社会学的功能分析范式。

1. 帕森斯的"社会行动理论"和"社会系统理论"

一般认为，美国社会学家塔尔科特·帕森斯的研究分为两个阶段：早期阶段以社会行动理论研究为中心，其思想主要体现在名著《社会行动的结构》一书；后期阶段以社会系统理论研究为中心，其思想主要体现在代表性著作《社会系统》中。虽然帕森斯的思想因为研究重点的转移被公认为两个阶段，但其思想基本保持了一致性。社会行动理论是帕森斯对社会秩序何以运转这一问题的回答。帕森斯认为，行动是具象的人发挥积极作用的过程，不是一味地适应，行动的最基本特征是行动者具有意志性和目标导向性。行动最终是为了实现社会的文化价值观念。任何行动单元都可以分解为目标和状态两个要素，状态则又可分为手段和条件两个结构要素。从社会行动理论到社会系统理论，关键词由行动变成了系统。在帕森斯看来，行动也是一个系统，由不同体系组成。除了社会体系，社会行动中也预设了另外三个体系：人格体系、文化价值观体系、行为有机体体系。社会系统则是扮演着不同角色的行为主体之间相互影响的动态模型，其基本结构是由行动之间的关系结构组成的。社会系统的核心是制度化的角色关系，核心的社会结构概念是"自我"及"他人"。"自我"需要承担的义务，正是"他人"享有的权利，而"自我"享有的权利，则是"他人"需要承担的义务。在社会系统中，行动者彼此之间相互作用，一方对另一方的期待会表现出顺应。

---

[1] 于海.西方社会思想史 [M].上海：复旦大学出版社，2010：269.

[2] 贾春增.外国社会学史 [M].北京：中国人民大学出版社，2018：165.

2.默顿的"社会学功能分析范式"

美国当代著名社会学家默顿在其论文《社会学功能分析的范式》中，对传统功能理论学说中的三个经典"假设"（功能统一性、功能普遍性、功能不可缺少性）提出质疑，认为它们含混不清，没有建立在经验研究的基础上，因而经不起事实的检验。由此，默顿建立起了自己的"功能分析范式"，包括著名的功能分析的项目和机制、显功能与潜功能、正功能与反功能……默顿的研究范式一改传统功能主义理论流于空泛的弊端，引导人们对现实社会结构的客观后果进行功能认知与评价。

结构功能主义发端和兴起的过程本身很好地反映出其与西方社会发展特别是美国社会历史发展背景的密切关系，在理论学说的建构过程中抓住了当代社会学研究的核心问题。由于地缘关系等因素的影响，美国在第二次世界大战以后一跃成为超级大国，进入了所谓的"黄金时代"，与千疮百孔、百废待兴的欧洲和亚洲各国不同，美国社会发展稳定，经济繁荣。这样的历史背景反映到社会学研究上，很自然地就着眼于分析美国价值、美国理想和美国秩序的成少原因，而在很大程度上忽略了社会存在的矛盾冲突，这也成为后来社会冲突理论等对结构功能主义的诟病之处。但不管怎么说，结构功能主义是联系社会学古典理论与当代理论的重要枢纽，具有承前启后的作用。

二、符号互动论

强调社会关系和互动过程的社会互动论脱胎于美国实用主义思想。符号互动是社会互动的基本过程。符号互动论（symbolic interactionism）又称象征互动论，主张从互动着的个体的日常环境去研究人类群体生活。符号互动论由美国哲学家、社会心理学家乔治·赫伯特·米德创立，并由他的学生赫伯特·布鲁默于 1937 年正式提出，被学界认为是最具代表性的微观社会互动理论。符号互动论的理论宗旨是要揭示人际互动的原理以及社会化的主要机制。

（一）符号互动论溯源

美国哲学家和心理学家威廉·詹姆斯将"自我"分为四种类型："物质我""精神我""社会我"和"抽象我"（"纯粹我"）。詹姆斯认为，自我认同感的产生是源于个人想象着别人如何评价他，特别是他所在意的那些人对他行为的评价。人们在与他人的互动中逐渐形成对自我的认知，这就导致了一个人在多元社会中通过扮演不同的角色表现他不同的侧面。詹姆斯·马克·鲍德温则在詹姆斯的思想基础上继续探讨了"自我",并提出了儿童"自我发展三阶段论"（投射阶段、主观阶段、射出阶段），专门考察了社会与人格、社会与心灵之间的关系，对后来杜威、库利、米德等产生了较为重要的影响。约翰·杜威作为一名实用主义哲学家、教育家，其著作中也包含了社会学理论的相关探讨，比如他认为社会存在于交往、沟通之中，人们因互动而产生了思想共同体、情感共同体、学习共同体等。同时，他也强调精神的工具性特征，认为人类具有自我调整以适应环境的能力，并在此过程中形成个人的主观意识。

（二）符号互动论的主要观点

在符号互动论作为一种社会学理论的提出、建设、发展过程中，库利、托马斯、米德、布鲁默等做出了具有代表性的重要贡献。

1. 库利的"镜中我"

美国社会学家查尔斯·霍顿·库利可以视作詹姆斯、鲍德温、杜威等人的思想与社会学理论的中介者，其代表著作是《人类本性与社会秩序》。库利特别注重社会现象中的"精神"与"主观"现象，其突出贡献之一就是提出了著名的"镜中我"理论：人是一面镜子，互相映照。个体在对别人关于他的思想认知、态度评价的想象中获得了自我认知。社会互动在人们的相互想象中进行。"镜中我"强调个人与社会之间有机的和稳定的联系，通过这种心灵的联系，自我概念在与他人的互动中形成。"镜中我"理论虽然激发了美国社会学的想象力，但其带有明显的主观主义倾向。

2. 托马斯的"情境定义"

威廉·艾萨克·托马斯在《身处欧美的波兰农民》一书中大量分析了互动论，提出了"态度""价值""社会人格""情境定义"等重要概念。托马斯的突出贡献在于提出了情境定义和情境分析等概念，托马斯认定主观因素在人类生活中的重大作用，如果人们把情境界定为真实的，那么它们在结果上也就是真实的。一言以蔽之，人们按照某种既定的路线对自身的行为作出决定，作出决定的前提是对情境定义的有效解释。这种情境定义可能与社会环境的现实定义不相一致。所以，在社会组织中，社会成员个体形成的情境定义和社会提供的定义之间存在一种对抗。

3. 米德的"符号的互动"

乔治·赫伯特·米德一般被视作将符号互动理论体系真正实现系统化、完整化的美国社会学家，是符号互动论的实际奠基者。其《心灵、自我与社会》被奉为互动论的经典著作。在米德看来，符号的互动是人类社会行为的本质特点。人们根据环境中的客体刺激来调适自身的行为。米德将自我概念区分为"主体我"与"客体我"。"主体我"是自然的原本存在对他人态度的反应,"客体我"是个人想象中社会化之后的社会存在的态度。他认为人的生理性冲动与反应型理智之间的互动是心灵的本质,主我与客我之间的互动是自我的本质,自我与他人的互动是社会的本质。所有这些本质又通过符号性的行动外化于世。人类个体在社会化的过程中总是不断地进行自我反省、自我调节与自我控制,从而进行良性的社会互动。

4. 布鲁默的"符号互动论"

赫伯特·布鲁默是米德的学生,第二次世界大战后符号互动论的重要代表人物,他在《符号互动论:观点与方法》一书中全面总结归纳了符号互动论的基本思想,强调人在社会互动中的主观能动性,认为人与人之间的互动是通过符号进行的,是符号的互动,并形成了三个基本论断。他认为,第一,人们根据自身对客体所赋予的意义对其采取行动;第二,人们的态度、观点在社会互动中受到他人的影响进而赋予客体不同的意义;第三,赋予客体的意义在社会互动过程中随时可以调整、修正、变化。此外,布鲁默概括了符号互动的一些基本概念和议题,如社会互动、作为行动者的人等,具体说明了符号互动论观察人类社会与行为的方式。

符号互动论在后来的发展过程中形成了两大学派——遵从布鲁默的符号互动思想的芝加哥学派和遵从库恩的符号互动思想的衣阿华学派。"如果说布鲁默着重于互动过程与解释过程,注意到意义发展与改变的方式,那么库恩则尝试将这些见解转化为可测量的变项。"[1] 两大学派在各自的方向上推动了符号互动论的发展。符号互动论实质上是试图对人类行为的目的进行解释。符号互动论在个体社会化、社会越轨行为、人际互动等问题的研究方面具有重要的理论和方法论价值。

三、社会交换理论

20 世纪 50 年代中后期,伴随美国社会矛盾的激化,一些社会学家认识到了结构功能主义的保守与局限,开始强调个性发展,重视个体力量,重新审视人的社会地位。在对结构功能主义的批判中,社会交换理论(social exchange theory)发展起来,重点研究人与人之间的交换现象,强调个体动机在社会互动中的意义,认为社会互动的实质就是人们彼此之间进行资源交换,交换酬劳和惩罚的过程。

---

[1] 于海.西方社会思想史 [M].上海:复旦大学出版社,2010:262.

（一）社会交换理论溯源

18 世纪以来的功利主义经济学、文化人类学、行为主义心理学的思想孕育了社会交换理论。在功利主义经济学看来，交换是一种永恒的合理的社会现象，是人满足自我欲望的重要手段，为了获取自身所缺少的资源，人们实施了交换行为。并且，人是理性的行动者，人与人的交往是带有理性特征的社会交换。从以物易物到货币流通体现的都是一种各取所需的交换行为。社会交换理论就是借用了经济学的理论模式来解释社会运行中的社会现象。

英国学者亚当·斯密在其名著《国富论》中，提出了市场经济如同"看不见的手"。亚当·斯密说："在许多场合，因为受到一只看不见的手的指导，他达到了一个并非他本意达到的目的。其实，他追求自己的利益，往往能够比他在真正出于本意的情况下更有效地促进社会的利益。"[1] 在自由竞争的市场中互通有无，相互交换是人们的"自发倾向"，通过交换，人类的欲望得到满足，彼此之间可以获得最大利益。不过，现代交换理论学者已经认识到了人并非完全理性，交换也并非追逐最大利益，人们之间的互动关系受到社会环境等外部条件的诸多制约。英国人类学家和民俗学家詹姆斯·弗雷泽在 1919 年出版的《〈旧约〉中的民俗》一书中首次使用交换思想研究社会制度，认为人们为了实现最基本的经济需求而进行交换。英国社会人类学家马林诺夫斯基清晰区分了物质（经济）的交换形式和非物质或象征性（社会）的交换形式，提出建立和维持交换关系的力量除了经济的驱动，还有最基本的心理需求。美国心理学家博尔赫斯·弗雷德里克·斯金纳的行为心理学研究为交换理论提供了多方面的借鉴，如人们的行为总是趋向于最大的报酬和最小的惩罚。

（二）社会交换理论的主要观点

现代交换理论的主要代表学者有霍曼斯和布劳。

1. 霍曼斯的行为取向的社会交换论

乔治·霍曼斯被认为是社会交换理论的创始人，在《社会行为：它的基本形式》一书中，霍曼斯重点关照了基于个体心理水平的交流交换行为。霍曼斯的思想融合了斯金纳的行为主义基本原理，着重分析了社会互动中人们之间的交换原则和交换行为。

在著作《社会行为及其基本形式》中，霍曼斯提出了社会交换的六个命题，认

---

[1] 亚当·斯密. 国富论 [M]. 富强，译. 北京：北京联合出版公司，2014：218.

为恰当运用这六个命题就可以对一切社会现象做出合理解释。一是成功命题，个体会因为通过一定行动能得到相应报酬而经常性采取这一行动。二是刺激命题，相似的刺激与相应的报酬会导致个体经常性做出这一行动。三是价值命题，行动的有意义的结果会引发个体经常性做出这一行动。四是剥夺—满足命题，经常性地得到相应报酬会减弱个体的价值感、满足感。五是攻击—赞同命题，这个命题考虑了个体的情绪。一方面，当个人的行动没有获得相应的报酬，或受到了惩罚时，他就会被激怒，甚至可能采取侵犯性的行动，从而让自己感觉到这样的行动结果是有价值的。这可以理解为受挫后通过侵犯而获得价值补救。另一方面，当一个人的行动得其所愿，甚至超乎他的期望或者规避了可能的惩罚时，他就会欣喜地认为自己的行为受到了鼓励，并欣然接受行为结果带来的价值满足感。六是理性命题，个体在选择行动时会理性权衡得失，采用对自身最有利的行动，以便获得价值更大的报酬。霍曼斯的六个命题是相互联系的，只有对其进行综合考量，才能够对人的互动行为和行动心理做出全面的解释。

2. 布劳的结构取向与结构主义交换论

美国社会学家彼得·布劳主要研究社会交往的结构、社会组织问题，认为霍曼斯在解释宏观领域现象时暴露出了忽略社会结构所导致的不足，他的《社会生活中的交换与权力》是当代交换理论的重要成果之一。布劳注重社会关系的整体效应，更愿意把社会交换理解为一种特定类型的社会交往。社会交换与经济交换不同，经济交换是由确切的交换数量而形成的契约，社会交换则产生不确定的义务与义务感，并具有一种人格化的特征，即人们在须由别人提供服务才能满足其需要时，则人与人之间就以交换服务而满足要求。人与人之间进行交换服务的行为形成了交换结构，即共同价值，基于此，布劳提出了"共享价值观"。

社会交换理论能够成为社会学理论中的一个重要流派，更在于它把人作为社会个体行动者的理论观点，从人类行为动机本身去理解人，从社会交换关系理解社会结构，面对社会现实问题，关注社会资源分布不均及由此产生的权力地位分化，从而侧重于提升人的社会地位。

四、社会冲突理论

20 世纪 60 年代后期，世界进入了一段全球性大动荡的时期，美国国内潜在的社会矛盾逐渐爆发出来，社会冲突加剧，美国人从对美国狂热的吹捧和信仰中醒来，开始抨击社会现实，力图推动社会改良。由此，社会冲突理论（conflict theory）开始流行，并被视为对探讨社会整合、社会稳定的结构功能主义的反思，着重探讨社会生活中的冲突现象、冲突的社会功能及其根源等。社会冲突理论是社会激进思潮的产物，其最终目的也是推动社会发展、进步。

（一）社会冲突理论溯源

和谐与冲突就像社会的正反两面，自从有了社会，就有了冲突，冲突理论思想源远流长。在古典社会学著作中，冲突理论在古典政治学中主要表现为权力关系中的冲突，在古典经济学中主要表现为竞争关系中的冲突。

西方理论界的"左派"学者把马克思的阶级斗争理论和政治经济学视为冲突理论的重要来源，主要观点包括三个假设：一是由"经济基础决定上层建筑"推导而出的"经济组织决定所有其他社会组织"；二是根据马克思主义的阶级斗争观点，每个经济组织内部都含有阶级冲突的成分和动机；三是无产阶级因遭受资本家压榨而产生的共同的阶级意识以及随之产生的冲突意识。马克思认为社会最终会进化到没有冲突的状态。与马克思不同，马克斯·韦伯认为社会共同利益的实现是建立在个人自我利益实现的基础上的，社会阶级的存在导致了社会分层现象。不同社会群体以及个人利益的追逐都能够形成冲突关系。社会冲突是社会变迁的一种必然表现，具有长期性。德国社会学家格奥尔格·齐美尔认为冲突是一种具有积极功能的社会交往形式，冲突最终是为了实现和平。意大利经济学家、社会系统论代表人物维尔弗雷多·帕累托的冲突论观点相比其他冲突论者而言比较温和。帕累托发展出一种归纳性的、自然主义的冲突理论，认为研究的目的就是要对社会基本元素进行识别、归类和分配，找出规律性变化。

（二）社会冲突理论的主要观点

现代冲突理论的重要代表人物有米尔斯、科塞、柯林斯、达伦多夫等。

1. 米尔斯的"权力精英理论"

查理斯·怀特·米尔斯被认为是美国左翼激进社会学的创始人，其深受韦伯有关科层制的研究和马克思异化理论的影响，关注社会结构和社会变迁。在著作《白领：美国的中产阶级》中，米尔斯对白领阶层的形成和他们的社会生活、社会地位等进行了分析，由此开始了他对美国社会阶级关系的研究。米尔斯对社会冲突中的权力结构尤其感兴趣，在《权力精英》一书中提出了权力精英理论（Power Elite）。权力精英理论认为，单一的精英群体决定了整个国家的政策制定，他们彼此之间构成了利益共同体。权力精英理论揭穿了"平衡理论"的虚伪面纱。

2. 科塞的"功能冲突论形态"

刘易斯·科塞受到结构功能主义的影响，确立并形成了功能冲突论形态理论，认为冲突有利于社会整合。在《社会冲突的功能》中，科塞将冲突的原因归因于物质性与非物质性两大层面。"物质性冲突原因，是指权力、地位和资源分配方面的不均。非物质性冲突原因是指价值观和信仰的不一致。"[1] 非物质性层面的冲突只要没有影响到核心价值观或者基本信仰，就是对社会发展有益的，甚至可以激励社会革新。由此，科塞提出了"社会安全阀制度"，希望通过维持在一定安全系数内的潜在的社会冲突，及时发泄社会中累积的敌对情绪，从而避免不可收拾的冲突发生。

3. 达伦多夫的"辩证冲突论"

自由派社会/国家理论的代表之一达伦多夫发展了辩证冲突论。在其著作《工业社会中的阶级和阶级冲突》和《走出乌托邦》中，达伦多夫对辩证冲突论进行了详细阐述，认为辩证冲突论是建立在社会压制模式基础上的，所以需要在社会结构中探寻具体冲突产生的原因。在达伦多夫看来，人们可以通过制度化手段对冲突加以引导，或者尽量降低冲突的激烈程度，但是现实社会中冲突永远不会自动消除。权力和权威在社会中的存在必然会引起社会竞争与冲突，所以权力和权威成为解释一切社会冲突产生、存在的关键节点。

社会冲突理论是基于对结构功能主义的批判而产生发展起来的，用来解释现实社会中的各种社会矛盾和社会斗争，并提出了一系列有利于维持社会秩序的理论观点。但是社会冲突理论认为社会是持续不断变迁流动的，倾向于把社会冲突等同于社会变迁，忽视了真正的社会历史现实。

第二节　社会学与高校思想政治教育的关系

思想政治教育作为构建大众思想道德修养的社会化实践活动，具有鲜明的政治性和社会性。社会存在决定社会意识，思想政治教育对意识形态的教育与传播不能忽视社会存在的作用。思想政治教育离不开社会土壤，不断发展变化的社会现实与思想政治教育互动前行。社会学的理论与方法对促进思想政治教育的理论深化和实践提升具有重要的学术研究和现实指导意义。社会学与思想政治教育正在潜移默化

---

[1] 贾春增 . 外国社会学史 [M] 北京：中国人民大学出版社，2018：198.

地形成交叉学科，既有融合又有区别，同时正在形成研究思想政治教育的新视角，并不断得到较为广泛的研究和应用。

一、思想政治教育是一种社会化实践活动

思想政治教育本质上是一种社会化实践活动，是社会按照其现实需要培养合格的社会成员的实践活动。"思想政治教育作为统治阶级推进主流文化社会化的一种重要方式，在整合各种社会化资源，协调各种社会化力量等方面具有独特的优势，是一种社会性、综合性很强的社会化实践活动。"[1] 社会是由人组成的社会，社会是研究思想政治教育不可或缺的一个重要维度。"思想政治教育根源于人的社会化，思想政治教育促进人的社会化。"[2] 尤其是高校作为以立德树人为根本任务的育人机构，主责是培养德智体美劳全面发展的社会主义建设者和接班人，助推和谐社会的构建，建设中国特色社会主义社会，助力实现中华民族伟大复兴，就必须重视对人的社会化，重视对人的思想政治教育。

（一）思想政治教育的社会特征

"思想政治教育是指社会或社会群体用一定的思想观念、政治观点、道德规范，对其成员施加有目的、有计划、有组织的影响，并促使其自主地接受这种影响，从而形成符合一定社会一定阶级所需要的思想品德的社会实践活动。"[3] 思想政治教育来源于社会，应用于社会，本身具有社会的特征。

孙其昂、叶方兴认为："思想政治教育的社会性指的是思想政治教育作为一项社会活动所体现出来的社会特征。它是思想政治教育在发生、运行以及变化过程中所体现出的与社会系统之间的相关性。"[4] 对思想政治教育的概念进行拆解，思想政治教育的主体是社会或社会群体，即教育者。思想政治教育的对象是社会成员，即受教育者。"一定的思想观念、政治观点、道德规范"主要是指一定社会中的政治意识形态；"促使其自主地接受这种影响"反映的是教育者与受教育者之间的社会关系，主要是思想层面的关系，彰显出受教育者内化互动的社会化实践过程。"符合一定社会一定阶级所需要的思想品德"则反映了思想政治教育在社会角色扮演、社会结

[1] 杨威.思想政治教育的社会学研究[M].北京：中国社会科学出版社，2014：48.
[2] 谢晓娟，王东红.多学科视角下的思想政治教育研究[M].北京：中国书籍出版社，2015：164.
[3] 陈万柏，张耀灿.思想政治教育学原理[M].北京：高等教育出版社，2015：4.
[4] 孙其昂，叶方兴.论思想政治教育的社会性[J].学校党建与思想教育，2013（2）：8-11.

构、社会变迁、社会动员、社会控制、社会管理、社会整合等功能方面的利益诉求和价值倾向。通过利益诉求的达成，思想政治教育在社会机体的运行之中发挥着积极的助推作用。作为一种社会实践活动，思想政治教育研究的是社会中的具体问题，伴随社会多元化发展，思想政治教育面临的现实问题更加复杂，需要将思想政治教育放置于社会系统中进行整体考察、分析。

社会的发展变化促进思想政治教育不断调适自身，进而进行相关的改革创新。思想政治教育的运行与发展也离不开社会的支持。可以说，思想政治教育的主体、对象、目的、内容、功能、运行过程等要素都表现出明显的社会性。当今思想政治教育的实效性逐渐式微，研究思想政治教育的社会性，从社会层面找寻思想政治教育实效性式微的根本原因，对提升思想政治教育实效性具有重要的方法论指导意义。

（二）思想政治教育具有明显的社会性功能

关于思想政治教育的功能划分，可以从不同的角度切入分析。学界一般将思想政治教育的功能划分为"个体性功能"和"社会性功能"。"所谓个体性功能，是指思想政治教育对教育对象个体产生的客观影响，表现为个体生存功能、个体发展功能和个体享用功能。社会性功能是指思想政治教育对社会发展发挥的客观作用，具体地说，就是指思想政治教育对社会政治、经济、文化、生态环境等发生的作用。"[1]思想政治教育作为社会运行系统的重要一环，对社会运行和社会发展具有积极功效。

思想政治教育的政治功能是指"思想政治教育通过培养具备良好思想政治素质的受教育者以推动政治发展的作用，具体表现在：一是传导主导意识形态，调节社会精神生产；二是传播主导政治意识，引导受教育者的政治行为；三是沟通社会信息，确保社会的有机联系，促进社会政治的稳定和发展"[2]。当下，我国高校思想政治教育立足于立德树人根本任务，主要通过对马克思主义和习近平新时代中国特色社会主义思想进行有效传播，进行具体化的理想信念教育、革命历史教育、爱国主义教育、法规法纪教育、心理健康教育等方式，对大学生进行世界观、人生观、价值观等方面的思想引领与价值引导，促使大学生保持正确的政治方向，纠偏错误的政治观点，形成较高的政治素养，努力成长为国家、社会所需要的时代新人，为助

[1] 陈万柏，张耀灿.思想政治教育学原理 [M].北京：高等教育出版社，2015：63.
[2] 陈万柏，张耀灿.思想政治教育学原理 [M].北京：高等教育出版社，2015：69-70.

力实现中华民族伟大复兴贡献青年力量。

　　思想政治教育亦具有经济功能，我国高校思想政治教育者通过协同配合专业教师、联动社会资源等方式，对大学生进行科学文化素养和劳动技能的提升训练，在实际的劳动教育、社会实践、创新创业、政产学研及相互之间的人际关系处理等指导过程中，调动起大学生的积极性主动性，促使大学生踊跃参与到社会主义市场经济的发展中。此外还有文化功能，我国高校思想政治教育在促进中华优秀传统文化、社会主义革命文化和现代文化的继承、传播、创新中同样发挥着重要作用。

　　（三）思想政治教育是一种社会化实践活动

　　综合来看，"社会化是指个体在与社会的互动过程中，逐渐养成独特的个性和人格，从生物人转变成社会人，并通过社会文化的内化和角色知识的学习，逐渐适应社会生活的过程。在此过程中，社会文化得以积累和延续，社会结构得以维持和发展，人的个性得以健全和完善"[1]。社会化是个体和社会相互作用的过程。对独立个体而言，社会化是自然人接受外在教化，适应、融入社会，内化社会行为准则和规范的过程；对人类社会而言，社会化是社会影响、塑造、控制个体保障社会良性运行的过程。社会是人的社会，人本身具有社会性，个体的人在社会结构中进行社会生活，产生社会关系，实现社会化。

　　"社会化的内容主要包括技能社会化、政治社会化、道德社会化和行为社会化。"[2] 政治和道德的社会化在思想政治教育的嬗变过程中产生重大影响。从社会学的角度进行观照，通过政治、道德的社会化实现自然人到社会人的转变，即思想政治教育的本质。思想政治教育是教育者有目的、有计划、有组织地向受教育者进行思想品德的社会传递和受教育者接受这种思想品德的个体体验相统一的过程，也就是个体逐渐实现道德社会化、政治社会化、行为社会化的过程。"通过有效的领导体制和运行机制，充分整合不同领域的社会文化资源，推进社会主义意识形态教育，培育社会主义建设者和接班人，是思想政治教育在促进个体社会化方面的显著特点。"[3] 人在社会中生存发展，在复杂多变的社会情境中，人们的思想行为伴随社会化过程动态演变。思想政治教育要面对的就是社会的发展要求与人们现实表现中的思想政治水平之间矛盾的问题，也就是让人学会社会行为规范的社会化。在这个

[1]　郑杭生 . 社会学概论新修 [M]. 北京：中国人民大学出版社，2019：119.

[2]　杨威 . 思想政治教育的社会学研究 [M]. 北京：中国社会科学出版社，2014：36.

[3]　杨威 . 思想政治教育的社会学研究 [M]. 北京：中国社会科学出版社，2014：48.

过程中"促使受教育者将社会所要求的思想道德规范转化为自己的思想品德意识并进一步外化为相应的行为"[1]。思想政治教育是在阶级形成和国家产生以来的社会环境条件下，所形成的一种特殊的促进个体社会化的实践活动。

家庭、学校、工作单位、同龄群体、大众传媒等作为社会化的主体，在人的社会化过程中各司其职。高校作为思想政治教育的主要阵地，要坚持把立德树人作为中心环节，把思想政治工作贯穿教育教学全过程，实现全员育人，全程育人，全方位育人。高校思想政治教育社会化的成效，一定程度上取决于大学生的社会化程度和社会实践能力。

二、社会学对思想政治教育研究的价值

思想政治教育作为社会系统中的重要一环，如何促进和实现个体的社会化，在社会运行中发挥什么作用，在现实运作时遇到怎样的矛盾和冲突，又运用什么方法来解决现实问题，对这些问题的解释，涉及思想政治教育的实质，属于思想政治教育的基础问题，也需要融入社会学的学理资源、研究范式和研究方法。从社会学的角度，分析思想政治教育问题产生的社会原因，探寻思想政治教育的社会介入模式，进而从社会学的宏观视野和微观触角推进思想政治教育研究的广度和深度。

（一）社会学对思想政治教育研究的理论借鉴价值

作为学科的社会学迄今为止已有 180 多年的历史，形成了自身较为系统、完善的理论体系和方法论。社会学理论在高度概括的水平上描述和解释社会现象，以抽象的概念说明社会现象的本质，以逻辑上相互联系的命题解释社会现象的产生和发展。社会学理论具有科学性、系统性、实证性的特点，对理解社会现象，解决社会问题具有重要的指导作用。社会学不同的研究范式，或着眼于社会事实，或着眼于社会行为，提供了极具参照意义的价值立场、理论取向。社会学不同的理论流派提供了丰富的概念体系和命题，这些作为重要的学理视角和学理工具，适用于观察分析具体社会、具体历史时期中的社会现象和经验规则。"运用社会学的基本理论、经典理论来解释思想政治教育现象，解决思想政治教育过程中遇到的重点难题、热点问题，可以更有效拓展思想政治教育研究的学理资源。"[2]

社会学理论对描述、阐释及解决思想政治教育过程中遇到的现实问题具有相

[1]　陈万柏，张耀灿．思想政治教育学原理 [M]．北京：高等教育出版社，2015：7.

[2]　杨威．思想政治教育的社会学研究 [M]．北京：中国社会科学出版社，2014：8.

当大的指导意义。社会学理论知识系统完整，学理意义深厚，诸如符号互动论致力于解释个体自我的基本构建、人际互动的原理，社会交换理论探讨人际交换的本质和社会结构的形成，结构功能主义理论揭示某一制度的运行和其社会功能，社会冲突理论着重探讨社会生活中的冲突现象及其根源，社会动员理论揭示社会活动的动员机制……这些理论深入社会生活运行的深层结构，反映了思想政治教育现象的本质，揭示了思想政治教育过程中的意识形态问题产生的社会渊源，从而为解决相关问题提供学理视角。

（二）社会学对思想政治教育研究的方法应用价值

社会学的研究模式、方法及思维逻辑对思想政治教育的理论研究和实际工作具有重要价值。社会学的具体研究方法主要有问卷调查法、田野调查法、实验法、历史比较法等，非常重视实证研究、个案研究。社会学的研究方法体系为研究思想政治教育现象提供可应用、可操作的精神指导、研究逻辑、研究方案、研究手段等，能够有效地帮助观察社会现象，收集经验资料，深入挖掘社会事实的本质。

纵观思想政治教育研究，一定程度上也在借鉴社会学的研究方法。但思想政治教育更多停留在现阶段学科体系和相关部门下行文件规定范围内进行固有范式的步骤操作，带有较为明显的国家强制力和行政化痕迹，较少涉及社会层面的实然叙事，实证研究缺乏，从而呈现出一种专业性欠缺的学科话语体系，导致不易被受教育者接受，从而减弱思想政治教育的实效性与针对性。即使涉及实然叙事的思想政治教育研究，"相关的问题意识与知识生产也经不起经济学、政治学、社会学等学科的推敲，更加谈不上对哲学社会科学的指导作用"[1]。因此，从社会学视角研究思想政治教育，可以运用社会学的研究体系及方法，规范、强化思想政治教育的实证研究，以此提升思想政治教育的科学引导力与解释力，深化思想政治教育方法论的价值。

（三）社会学对思想政治教育研究的实践操作价值

社会学是一门兼具基础理论研究和实践应用研究的学科，具有服务建设、人文关怀等社会功能，其中囊括的社会化、社会制度、社会结构、社会分层、社会变迁、社会控制、社会管理、社会角色、社会工作等社会运行与社会建设的相关理论议题，都对思想政治教育具有实践指导意义。目前思想政治教育的社会议题研究，

---

[1]　沈东，孙其昂.思想政治教育社会学：目标、问题及超越[J].思想教育研究，2018（4）：18-22.

有相当部分采用社会学的相关理论，来解释思想政治教育现实问题、热点问题。

随着我国现代化进程的不断推进和社会体制的转型，社会变迁导致社会结构的变动和利益格局的调整，社会矛盾和社会问题逐渐增多，社会出现了新的分层，我国的各项体制改革也进入攻坚阶段，加强和改进思想政治教育的呼声日渐高涨。运用社会角色、社会控制、社会管理、社会工作等议题中的价值理念、工作方法，寻找与其相契合的领域和路径，来更新思想政治教育理念，转换思维模式与工作方式，有利于增强思想政治教育的科学性、针对性和实效性。

三、发展中的思想政治教育社会学

伴随社会环境和社会结构的不断发展变化，各种新的社会问题、矛盾不断出现，思想政治教育需要跟上社会变迁的节奏，来应对和解决人们在社会观念、社会意识等方面出现的新问题、新困惑，需要不断调整自身的理论和方法以适应快速发展的社会。在此过程中，思想政治教育对社会学理论和方法的借鉴越来越多，社会学在社会转型中展现的思想政治教育成分也越加凸显，针对社会学与思想政治教育学学科交叉的研究愈发紧密，参照政治学领域的政治社会学，经济学领域的经济社会学，教育学领域的教育社会学，等等。一些专家学者逐渐萌生了创建思想政治教育社会学学科的想法和愿望，并为之不懈努力。

（一）思想政治教育社会学的学科发展

社会学与思想政治教育学的交叉研究经历了几个主要阶段：世纪之交，思想政治教育学初创过程中借鉴社会学，主要是借用社会学的知识理论和方法解读思想政治工作领域出现的新现象；进入21世纪，社会学与思想政治教育学深度结合，共同解决社会问题，主要是对思想政治教育实践中遇到的具体的现实问题进行交叉研究；近几年来进入融合学科构建阶段，努力尝试搭建社会学视域下的思想政治教育分支。

在社会学与思想政治教育学的交叉研究向着学科融合轨道步步推进的过程中，学术界对其已经进行了大量的探索，并产生了一批成果，代表性的学者有张耀灿、孙其昂、谢宏忠、苏振芳、李辽宁、周黎鸿、杨威、叶方兴、沈东等。"思想政治教育社会学是研究思想政治教育与社会、社会的思想政治教育功能（社会思想政治教育）和思想政治教育的社会功能（思想政治教育社会）规律的科学。其研究内容包括：思想政治教育的社会基础、社会功能、社会方法，社会的思想政治教育功能、机制，社会领域的思想政治教育，思想政治教育社会，思想政治教育要素社会学等。"[1] 其研究方法主要有系统分析法、学科交叉研究法等。思想政治教育社会学学科构建备受重视，除了大量开展学科理论和方法论层面的研究工作外，部分高校、研究机构也开展了思想政治教育社会学的学科建设。如河海大学等高校将思想政治教育社会学作为硕士研究生和博士研究生的一个培养方向，开设《思想政治教育社会学》硕士研究生课程，科研项目申报、会议研讨、论文发表、著作出版中亦多有聚焦思想政治教育社会学的学科建设。

（二）思想政治教育社会学的发展困境

作为一门新兴的分支学科，思想政治教育社会学还在努力创建过程中。寻求与社会学的联姻互动、交叉融合，已然成为思想政治教育发展的新方向与新路径。然而，随着思想政治教育社会学的推进，其研究也遇到了诸多困境需要突破。"思想政治教育社会学研究尚处于探索、起步阶段，相关的问题意识、分析视角、研究方法以及理论基础还没有得到明确认识，围绕思想政治教育社会学的学科设立、知识来源、目标取向以及理想图景仍然有待进一步规划，分支学科设立的合法性、合理性以及可行性有待进一步澄清。"[2]

思想政治教育社会学的研究受社会学与思想政治教育学科建设的双重影响，其所需的知识来源较为匮乏，理论准备还不够充分。目前对思想政治教育学的研究主要集中在为数不多的一些学者中，他们在将社会学理论和方法应用于思想政治教育的过程中，更多停留在社会学与思想政治教育的初步结合层面，且他们在思想政治教育社会学的研究对象、研究内容、研究方法等方面也存在分歧。目前，对思想政治教育社会学进行研究的学者大都不是来自社会学专业领域，其研究更多局限在将社会学套用、嫁接到思想政治教育学的宏观层面。

（三）思想政治教育社会学的学科展望

"明确地把思想政治教育社会学作为思想政治教育分支的学科最早的文献是在2009年。"[3] 思想政治教育社会学在一些学者的努力下逐步推动，是思想政治教育学和社会学的互动结合。无论是分支学科还是更加具体的研究领域，社会学研究的中

[1] 孙其昂. 思想政治教育社会学研究的回顾与展望 [M]. 河海大学学报（哲学社会科学版），2011（3）：16-19.

[2] 沈东，孙其昂. 思想政治教育社会学：目标、问题及超越 [J]. 思想教育研究，2018（4）：18-22.

[3] 孙其昂，叶方兴. 思想政治教育社会学的历史、现状及发展前路 [J]. 学校党建与思想教育，2016（22）：47-52.

心议题始终是社会良性运行和协调发展的方法。思想政治教育社会学应着重研究思想政治教育在社会良性运行和协调发展中的原理、作用和功能。在此思路下，思想政治教育社会学研究还可以进行更多拓展，运用社会学理论和方法，研究思想政治教育中的社会控制、社会团结、符号互动、社会冲突、社会治理等问题。

作为一个庞大的学科体系，社会学本身就很复杂，社会学的分支学科也很发达，这就要求研究者对社会学非常熟悉，能够充分驾驭社会学方法。从最初的借鉴社会学知识构建思想政治教育社会学学科，就彰显了研究者自觉的学科意识和观照社会现实的学术责任。思想政治教育社会学要继续努力通过思想政治教育学与社会学的互动寻找解决方法，深入挖掘和借鉴社会学的理论和方法，在融会贯通中加强对基础问题的研究，在学理自信中加强学科的发展建设。同时，思想政治教育社会学的发展离不开良好的社会环境和人文环境，需要创设更加有效的研究保障机制。

第三节　社会学视角下高校思想政治理论研究的热点问题

运用社会学的理论和方法，对思想政治教育领域一些现实、前沿、热点的具体社会问题聚焦研究，促使高校思想政治理论研究不断形成与社会发展同步的更加敏锐的问题意识和研究机制。

一、整合与维护：全媒体时代大学生意识形态教育研究

高校是多种意识形态交汇、交融、交锋的重要场域，是实现社会整合与维护社会主义意识形态的前沿阵地，对大学生进行意识形态教育是高校思想政治教育的主要任务。全媒体时代为大学生意识形态教育带来更多挑战，意识形态安全风险加剧。从社会学社会控制理论的视角审视高校意识形态教育，对大学生意识形态教育的目的、手段、内容、过程、作用等进行分析，会发现二者之间具有很多一致性。社会控制理论可以为意识形态教育的相关研究提供一种新的理论视角和实践方法。

（一）意识形态教育是一种特殊的社会控制方式

"广义的社会控制是指社会组织体系运用社会规范以及与之相应的手段和方式，对社会成员（包括社会个体、社会群体及社会组织）的社会行为及价值观念进行指导和约束，对各类社会关系进行调节和制约的过程。狭义的社会控制是指对社会越

轨者施以社会惩罚和重新教育的过程。"[1] 本书采用的是"广义的社会控制"概念。社会控制是社会良性运行和协调发展的重要条件和保障机制。社会控制的基本功能是采用多种控制手段保证社会成员的行为方式与社会既定的核心价值观一致，并能够将这种一致性延续下去。社会控制通过为社会成员提供符合社会目标要求的社会价值观和社会行为规范，制约和引导社会成员的社会行为，维护社会秩序正常运转。社会控制的方式主要有政权、法律、信仰、道德、教育、舆论、宣传、暗示、惩罚、风俗习惯、典型示范、社会价值观等，主要涉及制度、组织、文化等不同层面的控制手段和方法。

意识形态层面的控制是保障社会有序运行的精神内核，掌握意识形态领域的话语权、主导权，才可以为现有的社会秩序提供合法性、权威性支撑，才可以有效控制社会风险，防止社会失序，更有效地实现社会整合，促使社会有序运行和协调发展。"意识形态作为人类思想和行为定向的价值体系，提供着为人类所追求以至献身的目标和理想，对每一个人的思想与行为都具有强大的约束力，促使个人朝向集体价值的方向努力发展。"[2] 意识形态教育是一种具有特殊社会控制功能的社会控制方式。通过意识形态教育可以整合多元文化、多种社会意识结构，对不同的社会意识形态进行分析判断、选择提炼，形成社会所需要的主流意识形态；通过意识形态教育可以向社会成员灌输主流价值观念与思想行为方式，促使社会全体成员形成共同的价值观和信仰，以此实现社会成员的政治认同、思想认同、情感认同；通过意识形态教育对各种社会资源的整合，对不同利益主体之间的矛盾冲突调适和化解，可以更有效解决社会变迁引发的社会问题和社会风险。

当今世界意识形态格局更加复杂、多元、多变，意识形态领域的矛盾和斗争层出不穷，社会风险不断升级，社会秩序的稳定性受到多重挑战。加强意识形态教育的控制功能不可松懈。大学生是意识形态领域的重要争夺对象，加强全媒体时代大学生意识形态教育的社会控制功能，非常必要。

（二）全媒体视域下大学生意识形态教育社会控制的途径

全媒体时代，意识形态的教育效能不可仅仅依赖于自上而下的直接灌输。如何把握当代大学生的成长规律与性格特点，改进灌输教化的方式方法，积极探寻适于其思维模式和行为方式的社会控制手段和方法至关重要。

---

[1] 郑杭生. 社会学概论新修 [M]. 北京：中国人民大学出版社，2019：431.

[2] 李合亮. 意识形态·意识形态控制力·思想政治教育 [J]. 马克思主义研究，2011（8）：121-128.

1. 注重文化整合与创造，提升意识形态教育的文化力量

文化是一种柔性的力量，可以以"润物细无声"的方式融入人们的精神深处。文化软控制也是一种社会控制方式。意识形态教育是具有文化底蕴、文化内涵的系统工程。大学生作为中华民族传统文化和现代文化的传承者、创造者，是拥有高等教育知识与技能的特殊群体，其思维活跃，接触信息途径广泛，本身具有文化接受与认同的条件，但缺乏文化整合与文化应用的能力。对大学生进行意识形态教育，改变大学生对主流意识形态的刻板印象，关注其深层次的精神文化需求，提升意识形态教育中的文化整合与创造力，整合全媒体时代的价值理念，创新主流意识形态教育的文化载体，引导大学生形成核心价值观，增强文化自信，可以提升意识形态教育的成效。

全媒体时代，意识形态教育可以利用大数据技术有效整合碎片化的知识信息、片面性的网络言论，可以紧跟全媒体时代的网络传播方式，创设更加丰富多样的文化教育载体，充分发挥文化育人的优势，在高校校园内外、课堂内外形成意识形态教育的文化体系、文化氛围，如结合专业文化、校园文化、行为文化、环境文化、精神文化、社会心理文化等，让意识形态教育成为文化建设与发展的一部分，融入大学生文化教育的方方面面，建立起意识形态教育文化话语新阵地。

2. 注重资源协调与搭建，丰富意识形态教育的内容与方法

系统构建全员全程全方位的育人机制和大思想政治格局的高校思想政治教育取向，对做好大学生意识形态教育来说是及时融入、有效提升的重要契机。整合当前高校思想政治教育的各项社会资源，搭建意识形态教育的多种载体，构建起意识形态教育的社会控制网络，从各项模块中优化意识形态教育内容与形式，形成社会控制的体系。形成意识形态教育的协同育人机制，构建由学校、家庭、社会、政府、大众传媒等各类社会组织形成的意识形态教育共同体。

将意识形态教育作为高校课程、科研、实践、文化、网络、心理、管理、服务、资助、组织等育人体系的统领。如在思想政治课程、科研创作中合理恰当地强化主流意识形态的话语转化与表达；在社会实践中增强大学生对国情省情民情的情感体验，引导学生对意识形态的辨别力、判断力、学习力、宣传力；在网络空间中，利用大数据的分析和预测功能，及时掌握大学生在网络空间所展现的思想动态，进而优化意识形态教育方式方法，引导学生对主流意识形态的认同；在心理育人中面向全体大学生探索行之有效的社会心理转化机制，引导大学生将核心价值观念转化

为自身的思想意识；在管理育人中增强法治思维，坚决维护法规法纪底线，以法治保障意识形态教育的运行；在组织育人中，提高意识形态教育主体的组织化水平，增强其进行意识形态教育的执行力与创造力，为意识形态教育提供切实的服务。

3. 注重理论教育与实践，提升意识形态教育工作队伍的水平

全媒体时代的大学生意识形态教育对高校意识形态教育工作队伍的能力水平要求更高更多样，意识形态教育工作队伍的政治责任感、政治敏锐性要更强，网络媒介素养、意识形态风险防控能力要更高，网络技术使用要更熟练，协同育人的力度要更大，对社会控制的手段方式要更熟悉。

意识形态教育工作队伍首先需要自身认同理论解读、理论传播与应用，对不同意识形态的辨识、整合、加工都需要自身创新编制，如何进行高效、正向、学生易于接受的意识形态教育，是对教育工作者自身能力的考验。意识形态教育面临的形势复杂多变，要求工作队伍要能因事而化，因时而进，因势而新，高校需要注重提高其理论素养、政策水平、现代信息技术水平、风险研判意识等，坚持问题导向，分层分类提高工作队伍的能力水平。除此之外，也要加强高校舆情监督队伍建设，增强其敏锐性，能对网络传播内容、传播渠道加以识别与控制。意识形态教育工作队伍能力水平的提升还需要国家政策在物质待遇、社会地位、精神升华等方面的激励支持，也需要学校在意识形态教育工作责任、工作纪律等方面强化执纪问责。

社会控制的手段方式多种多样，意识形态教育工作队伍只有选择适合大学生意识形态教育的手段方式，并掌握好意识形态教育社会控制功能的合理限度，才能更有利于提升大学生意识形态教育的针对性、有效性。

二、沟通与引导：情感社会学视域中的高校网络舆情研究

互联网时代，网络已成为人们情感表达与传播的首选场域。互联网空间生成的舆情是网民情绪、态度的外露，是现代社会中人类特有的一种传播现象，蕴含着人们丰富的情感内容。情感是营造社会秩序的重要元素，是人们在社会互动中的符号表征与交流手段。情感研究对构建网络舆论生态与社会话语秩序具有非常重要的作用。全媒体传播环境下，高校师生通过网络表达观点、意见和情绪已经成为常态，高校网络舆情事件频发，高校网络舆情也变得更加复杂多样，从情感社会学的视角探讨网络舆情治理已经成为网络舆情研究的必然取向。

（一）网络舆情研究的情感社会学视角

网络舆情是社会成员通过网络手段表达情绪、意见和态度的一种方式，智能媒介平台使得舆论传播具有自主性、即时性、随意性、交互性、隐蔽性、复杂性、多元性、虚拟性等特点。具体到高校网络舆情，则主要是高校师生借助网络平台表达看法、意见、态度或情绪，其关注点除了与自身利益直接相关的教育政策、学校制度、校园生活等方面的内容外，也会涉及对社会舆论热点事件、时事政治等的参与表达；其传播途径一般聚集在校园媒介或微博微信朋友圈中，也不乏与校外媒体的互动。高校网络舆情除具备一般社会网络舆情的共性特点外，也具有自身的特殊性。作为社会主义建设者和接班人的培育基地，高校在网络舆情方面相对于社会来说，传播速度更快、影响范围更广，且更容易造成情绪感染，舆情治理更加困难。

情感是在社会互动中生成的，伴随个人的观点立场和社会经历而变化，并通过具体的社会行动进行表达，是社会结构和社会系统中的重要元素。情感作为一种非理性的力量，也具有建构能力，深深根植于经济建设、政治建设、文化建设、社会建设、生态文明建设中，形成了特定社会范围内的政治情感、道德情感、文化情感等。情感受到社会制度与社会变迁的影响，同时影响着社会结构和社会系统的生产与再生产。如政治情感认同促进社会主义核心价值观内化于心，外化于行，道德情感认同促进社会成员自觉遵守与传承社会规范，民族情感认同促进各民族凝聚与团结等。作为"探索情感现象、情感行动与社会协调发展规律的一门应用社会学"[1]，情感社会学关注情感生成与发展的社会环境，情感的社会性质和情感在社会中的发展过程，情感的社会化功能等，形成了自身完备的理论体系。微观层面，情感社会学形成了情感的社会行为和情感的符号方式研究模块，重点关注社会成员个体在符号互动中的情感过程和情感控制，情感具有符号象征意义，强调人在情感体验与控制中的主观能动性；宏观层面，情感社会学形成了情感的社会生产研究模块，重点关注情感在社会生产与社会变迁中的生成机制与社会影响，情感具有建构能力，强调情感与社会系统、社会秩序的辩证关系。

在面对网络舆情对社会秩序的影响时，除了要从社会层面挖掘其社会根源外，也要从情感层面了解其情感生成的动机、情感表达背后的深层含义、情感的传播机制等，采取适当的方式疏导社会成员的消极情感。情感社会学认为"认识网络舆情就要对网民的情感去向有很好的把握，情感因素是支持网民介入舆情事件，并保持

---

[1] 郭景萍.情感社会学：历史·理论·现实[M].上海：上海三联书店，2007：17.

持续关注的关键，直接影响舆情事件的结果"[1]。情感社会学认为情感具有社会共同性，是可以沟通，可以调控的。情感社会学可以为网络舆情研究和网络舆情治理提供理论支撑与方法启迪。

（二）基于情感社会学的高校网络舆情应对策略

情感社会学是社会学的一个分支学科，除了从社会学的视角探索情感现象外，也试图通过透视人类情感对社会进行更深刻的考察。高校网络舆情折射出的情感因素是其应对的突破口。

1. 转变思维认知逻辑，注重网络舆情的情感治理

传统的舆情治理思维主要是基于"危机管理""应急管理"的模式，注重对舆情的预防、监控、研判、事后干预和处置等，具有明显的社会控制色彩，是一种典型的"事后诸葛亮"解读模式。高校网络舆情可能是突发的，也可能是潜舆论长期积压而逐步形成的，主要是受到师生自身问题、学校内部问题、外部社会环境等相关因素的刺激而出现，本身具有特殊性，一旦被不法分子恶意利用可能会产生难以预测的不良后果，影响高校治理。相比传统的舆情治理思维，情感治理具有超前性、可预见性，在舆情发生之前，注重对社会潜舆论的细致观察和情感体察，并借助现代信息技术对可能发生舆情的信息进行采集、分析、反馈，提早进行有效的情感介入，找寻潜舆论背后的情感逻辑与社会动因，通过分析为什么会产生这样的情绪，强化情感共鸣，发挥情感的柔性力量，可以为网络舆情治理提供范式。

2. 加强网络思想政治教育，注重情感的深层次沟通

注重情感方面的深层次沟通、引导与治理，启动主流价值观的情感传递模式，建构网络舆论共同体，打造立体的情感治理体系，是做好网络思想政治教育的有效途径。高校网络思想政治教育中需要把握大学生成长规律尤其是心理成长规律，组织多方面多层次的网络思想政治教育活动。高校思想政治工作者、网络舆情队伍要注重以"情感"为突破口，在日常的思想政治教育中，注重学校与师生之间、学校与家长之间、学校与社会之间、教师与学生之间、学生与学生之间的情感沟通与互动，建立起以情感为基础的友好互动关系，增进彼此间的信任，形成情感层面的向心力和凝聚力；在传播社会主义核心价值观的过程中注重情感体验，激活师生的积极情绪，促进更多正面情感的产生；根据网络舆情的内容和诉求，对具有建设性意

[1] 彭广林. 潜舆论·舆情主体·综合治理：网络舆情研究的情感社会学转向 [J]. 湖南师范大学社会科学学报，2020（5）：142-149.

义的舆情诉求可以及时采纳、落实，对表达诉求愿望的舆情进行及时反馈对纯粹情感宣泄的非理性表达及时进行情感介入、沟通与引导。

3. 加强网络舆情综合治理，注重社会合理性与社会合情性的结合

在情感社会学理论议题中，理想的人性化社会具有社会合理性与社会合情性两种性状，合理合情的社会才是人们展开良好互动，维系社会秩序的基础。但现实社会中，合理与合情之间也存在矛盾冲突，社会情感失衡就成了网络舆情产生的重要因素。网络舆情治理需要形成协同治理的观念，调动各种社会资源，观察网络舆情中的情感表达，借助情感体验、情感测量、情感数据分析技术等分析情感倾向及其演变趋势，并运用社会理性调控、法律调控、道德调控、文化调控、社会团体调控等手段，对网络舆情进行综合治理，并注重社会合理性与社会合情性的结合；在合理合情的平衡中，通过社会共同价值观念的引导，社会规范的公平执行，提高人们的情感满意度，构建和谐美好的情感关系，才能保障社会的良性运行和协调发展。

说到底，网络舆情反映的是人心问题，情感则是人的内心世界的真实体现。借鉴情感社会学的理论和方法，加强网络舆情的情感建设与治理，最终目的是化解消极情绪为社会正常运行赢取人心。

三、转变与重塑：高校思想政治工作者的社会角色建设研究

高校思想政治工作者是高校思想政治教育活动的领导者、发动者、承担者、组织者和实施者，是影响大学生思想道德品质的重要主体，在高等教育体系中扮演着重要的社会角色。新时代赋予了高校思想政治工作者新的要求和历史使命，高校思想政治工作者需要主动适应新的社会角色期望，积极进行角色转型与建设。

（一）高校思想政治工作者的研究视角——角色理论

角色理论是社会互动领域非常重要的一个理论，侧重研究个体在社会互动过程中所扮演的角色及其角色行为，其核心概念是角色扮演，主要包括结构角色理论和过程角色理论。本书重点采用过程角色理论来研究高校思想政治工作者这一重要社会角色。

美国著名社会学家拉尔夫·H.特纳的过程角色理论认为，角色是一个互动框架，角色扮演的过程也是角色创造的过程，角色扮演分为个体采取他人角色观点的角色扮演和个体不采用他人角色观点的角色扮演。"角色扮演的成功程度取决于个体对所处地位和社会期望的内在解释、传递与选择，取决于行为受社会期望调节的

程度和角色扮演的技巧和能力，取决于角色扮演的社会环境和情景状况等。"[1] 角色
扮演是一个动态的过程，主要历经五个阶段。一是角色定位，即个体在综合考量自
身条件和社会需求的基础上，选择适合自身扮演的角色。二是角色领悟，即个体对
社会、组织或他人对个体承担一定角色的不同层面期望的理解领会程度。三是角色
学习，即个体通过多种途径了解与掌握其所要扮演的社会角色所需要的权利义务、
行为准则、价值观念、实践技能等，以提高角色认知水平与实践能力。四是角色实
践，即个体找准角色定位，实践角色期望，创造角色行为的过程。五是角色评价，
即对个体角色扮演实际效果的评价。个体在角色定位与角色领悟，角色领悟与角色
实践中可能会存在角色偏差，个体在同时承担多种角色时可能不能同时满足不同角
色的期望和要求，社会对个体的角色认知可能不够全面深刻，这些都会导致个体的
角色冲突。

党的十九届五中全会提出要建设高质量教育体系。培养德智体美劳全面发展的
社会主义建设者和接班人，是新时代教育改革发展的坐标方位。高校思想政治工作
者扮演着落实立德树人根本任务的"承担者"与"组织者"角色、高校扮演着加快构
建思想政治工作体系的"整合者"与"引领者"角色、构建高质量教育体系的"协同
者"与"管理者"角色。高校思想政治工作者在思想政治教育中扮演着重要的社会角
色，具有自身的角色义务，承担着来自学校、学生、家长、国家、社会等的角色期
望，只有完成好自身的角色行为，才能发挥好思想政治教育的社会化功能。但是，
在现实教育情境中，受到各种主客观因素的影响，高校思想政治工作者在角色实践
中可能达不到国家、社会、学校、学生等及其自身对其理想角色的要求，而产生角
色冲突。新时代新形势新任务新定位，给高校思想政治工作者的角色扮演提出了新
的要求，高校思想政治工作者只有主动适应变化了的角色期望与角色义务，才能更
好发挥其角色功能。

（二）高校思想政治工作者的角色建设

"角色建设是指社会或组织引导个体按照社会期望与要求，加强自身担当角色
所具有的意识、规范、形象、机制及方法等方面的建设，并使之内化为自己的行为
模式。"[2] 建设高质量教育体系的新时代背景，高校思想政治工作顶层设计的相关政
策制度更新，要求高校思想政治工作者必须积极进行角色建设，提高自身素质，彰

---

[1] 于洪生. 社会角色理论视野下中国共产党领导理念的发展 [J]. 领导科学论坛，2013（8）：4-8.

[2] 奚从清. 角色论——个人与社会的互动 [M]. 杭州：浙江大学出版社，2010：174.

显高校思想政治工作的水准，助推高质量教育体系建设。高校思想政治工作者要因事而化，因时而进，因势而新，重新审视自身的角色定位，努力扮演好先进思想文化的传播者、一党执政的坚定支持者、学生健康成长的指导者和引路人的社会角色，需要从自我内部建设与社会环境外部建设等方面下功夫。

1. 聚焦内生要素，促进高校思想政治工作者质量提升

良好的素质是高校思想政治工作者充分发挥其主体作用的基础，也是影响高校思想政治教育成效的重要因素。要在建设高质量教育体系中有所作为，高校思想政治工作者首先需要增强对自我角色的认同，有效运用国家提供的政策制度在各方面提升自身素质，同时通过深度的理论学习与实践应用消除不良的角色认知，努力调适自身内部、个人与社会之间现存的角色冲突，全方位提升自身的角色扮演能力，展示出符合期望的角色形象。一是要形成角色意识，增强对自身角色的认同。现实生活中，由于角色认知偏差，高校思想政治工作者对自身的角色定位往往比较低，在对外形象展示中容易导致角色自卑，在工作中也容易产生角色倦怠。社会对高校思想政治工作者的角色认知也存在一定程度的刻板印象。伴随国家对高校思想政治工作及其质量评价体系的日益重视，党中央、国务院通过制定规划纲要，出台规范制度等形式，为高校思想政治工作者的角色扮演提供了大量的支持。高校思想政治工作者要以更加科学的态度看待自身的角色定位，从内心深处增强对自身角色的认同，形成角色建构、角色表达的意识，围绕合理的角色目标不断增强角色效能感。二是要强化专项知识，提升角色的社会底气。高校思想政治工作者自身的学科知识背景各异，在具体的思想政治工作中又接触了不同的学科知识，知识面广博，但囿于烦琐的事务性工作难以形成深度的专业认知。思想政治教育与教育学、心理学、社会学、管理学、伦理学、传播学、历史学等学科都具有交叉性，为高校思想政治工作者的理论提升提供了不同的学术视野；国家出台的一系列关于提升思想政治工作者内涵式发展的政策文件规定，为高校思想政治工作者的专业化、职业化提供了条件保障。高校思想政治工作者要充分运用好理论提升的各种平台机会，实时更新相关的专业知识与技能，提高专业理论水平与实践能力，树立专业自信与自豪感，提升自身角色的社会底气。三是坚持系统思维，形成角色扮演的合力。大思想政治格局的构建、三全育人机制的推进，为高校思想政治工作者的角色扮演提供了新机遇。在培养时代新人的整体力量架构中，高校思想政治工作者要找准自身的角色定位，积极适应环境变化，调适好自身角色，既要发挥好思想政治教育工作的主导作

用，又要在资源整合与运用，构建协同育人共同体中做好整合者与协调者，形成角色扮演的合力，以系统化的思维方式，推动高校思想政治工作提质增效。

2. 优化外在变量，强化对高校思想政治工作者的角色认同

国家、社会、学校在高校思想政治工作者的角色建设中也发挥着非常重要的作用。国家是高校思想政治工作者角色生成、发展的基础与保障，社会对高校思想政治工作者的角色认知与评价是其角色发展的重要动力，学校是高校思想政治工作者角色落地生根的土壤。优化高校思想政治工作者的社会环境，强化对其的角色认同，并形成合理的角色期望，有利于提升高校思想政治工作者的工作成效。一是要加强培育激励措施，创建高校思想政治工作者角色建设的条件保障。高校思想政治工作者是高校人才引进、师资队伍建设的重要组成部分，高校思想政治工作者的角色建设同样需要大量的人力、物力、财力作为支撑。在条件允许的情况下，提高高校思想政治工作者的物质待遇与精神保障，提供专业培训与提升的多种平台机会，使其享受到的待遇与创造的社会价值、形成的社会地位相匹配，从而提高其队伍建设稳定度和工作效能，增强职业价值感、获得感和自豪感。二是要创设良好社会氛围，建立高校思想政治工作者、校园环境、社会环境三位一体的社会支持闭环。社会对高校思想政治工作者的刻板印象和片面评价，是导致其角色冲突的外在因素。要引导社会对其正确的角色认知，国家、高校等可以通过媒介宣扬其职业价值和社会价值，形成有利于其角色建设的良好社会氛围；在政产学研合作、社会服务等模块中，给予高校思想政治工作者更多展示平台，让社会更加了解高校思想政治工作者的角色功能，形成高校思想政治工作者良好的社会角色形象和社会认可与支持。三是要改善高校思想政治工作者角色建设的评价机制。传统的高校思想政治工作者评价办法多是对日常性、基础性的工作进行定量评价，已经落后于新时代建设高质量教育体系的步伐。对高校思想政治工作者的评价机制应该更多地侧重于定性的质量评价，从育人根本、育人成效等方面形成更具激励性的评价机制。

3. 借助数字技术，提升高校思想政治工作者的工作效能

高校思想政治工作者要做好理想信念教育、爱国主义教育、道德教育、素质教育等，担负起培养时代新人的重任，不仅需要掌握思想政治教育知识，还要具备教育学、心理学、管理学、传播学、社会学等不同学科的知识，在日常管理与服务中还应具备良好的人际沟通能力、组织协调能力、信息技术应用能力等。这些要求将高校思想政治工作者定位在了"全知全能"的角色类型。然而，现实中人的认知

能力和实践能力是有限的，无所不能的要求反而限制了高校思想政治工作者对学生个性化的培养。数字化时代的到来，将高校思想政治工作者从烦琐的日常事务中解放出来，为其提供更为广阔的发展空间。适应数字化时代的教育要求，需要了解数字化时代的发展规律和特点，高校思想政治工作者要主动了解数字技术，培养数字意识和数字管理能力，并借助数字技术突破自身认知局限，将人工智能运用到工作实践中，结合人的主观能动性创新教育模式，从而提升高校思想政治工作者的工作效能。

社会化的最终目标是培养可以胜任多种角色的合格社会成员。高校思想政治工作者的角色对于培养德智体美劳全面发展的时代新人具有重要社会价值。角色理论及其关于角色扮演、角色冲突、角色调适的研究，可以为高校思想政治工作者的角色建设提供借鉴。

第四节　案例：移动三脚架——镜头里的爱与力量

《高校思想政治工作质量提升工程实施纲要》（教党〔2017〕62号）对构建课程育人、科研育人、实践育人、文化育人、网络育人、心理育人、管理育人、服务育人、资助育人、组织育人等十大育人体系进行了总体部署，并要求培育一批全国精品示范项目，推广典型经验。高校思想政治工作精品项目的建设具有重要的时代价值和现实意义。

作为目前培养广播影视专门人才的国家主要基地之一，浙江传媒学院紧跟时代发展步伐，积极探索实践育人建设之路，通过"三脚架"的移动，让学生走出课堂，了解社会生活，感受影像艺术，提升社会责任担当，着力培养高素质的影像文化人才，以此打造富有传媒特色的实践育人品牌。"移动三脚架"专业志愿服务队成立于2014年，主要为边远山区村民、少数民族等拍摄证件照、全家福、全村福，为新农村建设提供公益摄影，传播影像文化。紧跟时代发展步伐，公益影像服务逐渐扩大到为乡村振兴、精准扶贫、生态保护制作影像档案与宣传资料。目前足迹已遍及浙江、甘肃、江西、广西、四川、贵州、湖南、安徽、山东、海南等10省（自治区）25市县山区（其中包括16个贫困村、6个少数民族聚集地），参与师生千余人次，为近万名山区百姓免费拍摄打印塑封证件照、全家福、全村福等，产出人像、建筑、风光、商业等摄影作品数万张，摄制专题片5部。团队还参与了G20杭州峰会、连续六届世界互联网大会、全国学生运动会等重要会议的摄制工作，开办了5

次公益摄影展。形成了"镜头里的文化寻根""镜头中的社会温度""镜头内的时代剪影""镜头下的绿色传承""镜头后的别样人生"五大活动板块。项目荣获省部级奖项 9 项，有主流媒体宣传报道 100 余篇。在校内外引起强烈反响，形成了"移动三脚架"实践育人品牌。

一、"移动三脚架"实践案例

（一）项目主题与思路

项目坚持"立德、立学、立人"的理念，致力于将影像文化融入实践育人，发挥思想政治教育工作者与专业教师、业界导师、政府工作人员等的主导性，打造"实践育人共同体"，利用协同育人优势，引导学生用镜头记录社会万象，以影像呈现青春梦想与人文关怀，涵养公益情怀、提高专业技能、实践核心价值。

"移动三脚架"以培养团队骨干、举办道德讲堂、开展校内实训、开拓校外服务、参与摄影竞赛、举办成果展览、拓展主题项目等环节推动项目实施，坚持按需设项，据项组团，系统形成了"镜头里的文化寻根""镜头中的社会温度""镜头内的时代剪影""镜头下的绿色传承""镜头后的别样人生"五大活动板块。

（二）实施方法与过程

1. 培养团队骨干

项目采用"核心成员＋固定成员＋体验成员"的包心菜式选拔模式，形成全员联动架构将志愿资源互通，实现人员与资源双联动，重点培养成员思想意识、专业水平、奉献精神、合作能力、身体素质等。

2. 举办道德讲堂

榜样师生和业界达人担任主讲人，引导学生"道德训练"，侧重培育学生的新闻伦理道德、摄影职业道德、公益服务精神等。

3. 开展校内实训

以"百日练内功，百时做奉献"的形式开展实操实训，每位队员要完成不少于 100 小时的专业志愿服务，表现优异者可推荐入党。队员在"入学第一课"新生全家福、"我眼中的橄榄绿"军训特色影像、"我和你"毕业纪念照等特定项目，晚会、讲座、会议等特定场合为校内外媒体供图。

4. 开拓校外服务

调研社会实际需求，形成多层次、多维度的社会实践与志愿服务思路，鼓励学生开拓校外服务，带领学生参与到项目化、主题化创作中。形成"前期策划—活动实施—影像产出—产品去向—后期反馈"的项目运营模式，从需求端（服务对象）和供给端（学生团队）两个端口扩大校外服务版图。

5. 参与摄影竞赛

搭建分享交流平台，以"爱心奉献社会，影像阐释担当"为主题，举办系列新闻与公益摄影大赛；推荐优秀作品参加学科竞赛、专业竞赛、行业竞赛和地方性竞赛，将实践项目与竞赛主题对接，多名学生在国际、国内各类摄影竞赛中摘金夺银。

6. 举办成果展览

推出了"镜头里的文化寻根"——探索中华传统文化，"镜头中的社会温度"——关照社会弱势群体，"镜头内的时代剪影"——展现时代发展自信，"镜头下的绿色传承"——定格绿水青山，"镜头后的别样人生"——展示青春力量五大类型展览，引导学生总结、分享成长经验，见证国家发展、社会进步，进一步激发其对"立德、立学、立人"理念的认同和思考。除举办校内主题展览外，也将学生作品提交校外展览，如丽水国际摄影节、平遥国际摄影节、上海国际摄影节等专业展览，及地方性摄影文化节等。

7. 拓展主题项目

用影像档案的形式助力脱贫攻坚、乡村振兴、绿色环保，为学校和当地政府利用本地资源大力发展新农村提供一手资料和建设性思路；探索公益创业项目，以影像文化作为公益创业方向，形成"红色"——建立精准扶贫影像档案；"绿色"——着力绿水青山影像宣传；"蓝色"——打造影像技术与作品服务等主题项目。

（三）主要成效及经验

1. 创新理念，以影像文化"活化"思想政治教育

影像文化是学校在长期办学的过程中不断挖掘、提炼、引导、培育而逐步形成的一道靓丽风景。项目将"立德、立学、立人"理念以影像文化的表现形式潜移默化地融入社会实践与志愿服务中，发挥思想政治工作者与学生、学校、地方、社会、家庭等协同育人主体的积极作用，以"爱"贯穿"移动三脚架"影像实践育人建设，引导学生传播正能量，践行社会主义核心价值观，用镜头呈现对人类命运的终极关怀，让影像成为民族精神的强大引擎，是"移动三脚架"背后的深刻内涵。

2. 结合专业，积累影像文化专业优势

专业是实践育人建设的基石。浙江传媒学院的摄影专业是国家一流专业、省级新兴特色专业，3门课程入选国家一流专业课程，具备雄厚的师资力量；承办多种学科竞赛、专业竞赛，承接多个国家、省市地区重大项目，建立多个省级实践基地，成为影像实践育人项目的有力依托。

3. 巧设载体，搭建影像实践平台

学校高度重视实践育人的整体建构。通过教学实践基地的建设，使学生专业成才与社会市场需求接轨；通过搭建志愿实践平台，实现学科专业与地方文化、经济建设有机结合，以暑期影像公益实践、校内外影像志愿服务等为影像教育载体，用实践的力量来培养学生能力的发展。

4. 建构机制，以制度保障项目"持久化"成效

学校以培养复合型、创新型、应用型人才为目标。政产学研合作的协同育人机制，影像志愿服务机制的构建，"双导师制"的项目化指导，为学生参加社会实践、志愿服务、竞赛展览、创新创业等带来丰富的智力资源、物质资源、技术资源、媒介资源、政策资源等，保障了项目的可持续性。

5. 管理精细，注重项目运行过程管理

综合考虑项目运行的各项要素，精心设计七环节，构建项目团队层级，设立不同职能小组，并以"移动三脚架通关文牒"记录每一次的专业志愿服务过程，踏实做精做细，提高了项目实施的效果。通过微博、微信等平台，实时上传志愿者们的成长点滴，分享志愿服务的故事，不断向社会媒体推送，并参与多种志愿者交流会，营造品牌效应。

6. 典型示范，聚焦目标导向培育重点方向

项目运行六年来，紧跟国家政策导向和时代发展定位，聚焦人才培养目标，在项目主题选取、工作方案制定中聚焦重点任务、重点群体、重点领域，实践主题明确，育人导向正确，进一步深化"移动三脚架"育人模式。

二、案例中涉及的社会学理论分析

生活即教育，社会即学校。实践是最好的教育场景和教育素材，以实践育人为载体推动全面深化教育改革，引领大学生为实现中华民族伟大复兴贡献更多力量，这也是高校思想政治教育的重要任务。实践育人是大学生社会化的重要途径，高校

在社会互动中可以更好地培养大学生的社会责任感、创新精神和实践能力。在建设高质量教育体系的背景下，深入推进实践育人共同体建设，对于构建实践育人体系具有重要意义。从社会学相关理论的视角来观察"移动三脚架"实践育人项目，可以为我们更深入地研究实践育人提供有力的理论工具和独特的研究视角。

（一）实践育人是大学生社会化的重要途径

"社会化不仅是个体走向社会公共生活，融入现实社会的起点，更是个体在社会文化的熏陶下，使自然人转变为社会人的过程。"[1] 在人的社会化过程中，学校是社会化的重要载体之一。学校在专业知识体系教育的同时向学生传授社会规范、社会价值观念。实践育人就是学校促使学生实现个体社会化的重要途径，引导学生在实践中从"自然人"向"社会人"转化。在实践参与体验中，学生将从学校获得的知识通过具体的行动表现出来，一方面训练自身的知识转化能力，学习课堂外的知识技能和社会的价值观念；另一方面能动作用于社会，用自身的知识技能创造社会所需。"移动三脚架"每一次具体项目的实施，从主题选取、区域规划到影像成果产出，师生共同参与，教学相长，将第一课堂的理论教学与第二课堂的实践教学紧密结合，将教学过程中遇到的技术难题、成果转化问题等逐一化解，拓宽了师生的学术视野和实践认知。项目不仅满足了当地村民的影像需求，助力当地乡村振兴影像档案建设，高密度的媒介推广更是为当地带来了深层次的社会效益（建立宣传名片，扩大文旅产品知名度等）、经济效益（促进农旅产品售卖，打造特色旅游增长点等）、文化效益（少数民族文化影像档案建立，传统文化记忆名片留存等）。

实践育人作为高校思想政治教育的重要面向之一，具有以主流文化塑造大学生，形成大学生的文化认同、文化自信的职能。"移动三脚架"实践育人项目坚持"立德、立学、立人"的理念，致力于将中华优秀传统文化、社会主义核心价值观通过影像文化的形式融入实践育人，引导学生用镜头记录社会万象，以影像呈现青春梦想与人文关怀，涵养公益情怀，提高专业技能，实践核心价值。在"移动三脚架"影像实践中，师生一起坐绿皮火车，住帐篷，自带相机、三脚架、打印机、塑封机等物品，参与到当地百姓生活中，记录脱贫攻坚历程，反映乡村振兴成果，更加了解国情省情民情，在亲身参与实践中增长智慧才干，提升社会责任感，在艰苦奋斗、吃苦耐劳中锤炼意志品质，培育家国情怀。在 G20 杭州峰会、世界互联网大会、大学生运动会等大型活动的摄制，《运河影像志》等影视作品的拍摄，浙江省

---

[1] 孙作青，等.高校思想政治教育的社会学分析 [M].石家庄：河北人民出版社，2019（5）.

诗路文化带等文化品牌建设，以及各项赛事、展览、科研、创新创业、社会服务活动的参与中，见证时代发展，体验国家强大，进一步验证学习成果，提升实践能力与报效家国的过硬本领。师生的主观意识在项目参与过程中逐渐发生变化，自我概念、自我认同、志愿动机、效果评价等方面发生积极变化，提升了专业满意度、育人满意度、职业幸福感。

（二）符号互动论视野下的实践育人解析

符号互动论认为，人们在社会互动过程中，会根据自身对事物所赋予的意义采取相应的行动。"受教育、长才干、做贡献"的社会实践目标，"奉献、友爱、互助、进步"的志愿服务精神等都具有道德符号和社会价值符号的意蕴，同时蕴含着交往、合作的思想政治教育理念，可以调动起大学生潜在的道德素养和责任担当意识，促使学生热衷于发挥自身的专业能力，积极投身到志愿服务、社会实践中。"移动三脚架"实践育人项目将志愿服务精神、社会实践目标符号化，充分发挥符号的象征意义和时代价值，根据时代变化采取不同的实践方式，促使实践育人常做常新。项目将影像文化实践育人作为开展思想政治教育工作的突破口，促使师生在生动的专业实践中呈现自我与他者之间的互动关系，在符号互动中提升自我认同、专业认同、国家认同、文化自信。

"人不仅生存在自然环境中，还生存在人造的符号环境中。驱使人从事活动的不单单是生理上的欲望和需要，还有从前曾一度感受过的刺激因素的符号。"[1] "移动三脚架"实践育人项目是在长期的志愿服务基础上发展起来的。项目根据人才培养方案设定，在理论教育之余辅以专业性强的育人活动实践。学院在思想政治课程、实习实践等方面形成了业界名家工作室、教学实训工作室、社会服务工作室互相补充的工作室群，思想政治工作者积极参与其中，与专业教师联合打造出了依托摄影专业的实践育人品牌"移动三脚架"专业志愿服务队。在一次次实践中，学生们使用、解释"移动三脚架"这一概念，并在与他人的交往互动中传播其价值，将其逐渐化为有形的实体和实践育人符号影响着更多的学生，吸引他们不断加入，并用自己的实际行动继承、传播其理念。

---

[1] 鄯显俊，李静，等．多维学科视野下的思想政治教育创新研究——学术创新篇 [M]．北京：科学出版社，2018：55.

（三）实践育人共同体的社会学观照

"共同体"的概念在日常生活中已随处可见，如命运共同体、利益共同体、政治共同体、经济共同体、学习共同体等。"共同体"是社会学中一个非常重要的概念，从早期"共同生活"到当代"一个基于目标共同、价值共同、利益共赢的特殊群体、组织或团队"[1]，"共同体"越来越具有现代意义。德国古典社会学家滕尼斯将共同体划分为血缘共同体、地缘共同体、精神共同体三种类型。在全球化建设背景下，共同体的概念越来越引起政府人员、社会人士、专家学者的重视。在国家对政产学研合作的日益重视中，"实践育人共同体"概念逐渐引起关注。实践育人共同体"是指政府、学校、社会等要素以培育和践行社会主义核心价值观，提升大学生创新实践能力为核心目标，以实践为载体和途径，按照'目标共同、机制共建、资源共享、多方共赢'的原则建立起来的群体、组织或团队"[2]。"移动三脚架""专业＋公益"的实践育人模式很容易调动学校、社会、政府乃至家庭的育人资源，构建协同育人体系。项目指导采用"双导师制"，将学院不同学科背景的专业教师、管理人员与企业的研究者、生产者、管理者和政府人员、家庭资源联系到一起，为学生参加社会实践、志愿服务、竞赛展览、创新创业等投入各自的智力资源、物质资源、技术资源、媒介资源等。协同育人成效更加显著。

"共同体"的形成需要一个建构的过程。政府、学校、社会、家庭等要素在价值导向、育人目标、资源协调、利益追求等方面，可以基于各自的立场、需求达成一致意向，从而有效集聚在一起，形成实践育人共同体。"移动三脚架"实践育人项目通过建立志愿服务基地、实践实习基地，搭建展览、赛事平台，承担国家、地方重大项目，扩充媒体宣传平台，营造实践育人氛围等方式，着力构建实践育人共同体，取得了多方共赢的成效。除此之外，项目积极整合育人要素，以体系化思维构建完备的"移动三脚架"实践育人体系。共同体的打造，体系化思维的建设路径，共同推动了"移动三脚架"项目各方和谐有序的良性互动。

[1] 朱华.实践育人共同体的构建与实践探索[J].学校党建与思想教育，2016（22）.
[2] 朱华.实践育人共同体的构建与实践探索[J].学校党建与思想教育，2016（22）.

参考文献
REFERENCES

［澳］露丝·阿比.查尔斯·泰勒 [M].韩升,译.上海:复旦大学出版社,2013.

［德］恩斯特·卡希尔.人论 [M].甘阳,译.上海:上海译文出版社,2017.

［德］斐迪南·滕尼斯.共同体与社会 [M].林荣远,译.北京:商务印书馆,2019.

［德］哈贝马斯.后形而上学思想 [M].曹卫东,等,译.南京:译林出版社,2020.

［德］黑格尔.精神现象学 [M].贺麟,译.上海:上海人民出版社,2013.

［德］黑格尔.精神哲学 [M].杨祖陶,译.北京:人民出版社,2006.

［德］康德.法的形而上学原理 [M].沈叔平,译.北京:商务印书馆,1991.

［德］鲁道夫·奥伊肯.生活的意义与价值 [M].赵月瑟,译.上海:上海译文出版社,2005.

［德］马克斯·舍勒.人在宇宙中的地位 [M].李伯杰,译.贵阳:贵州人民出版社,1989.

［德］尤尔根·哈贝马斯.交往与社会进化 [M].张博树,译.重庆:重庆出版社,1989.

［俄］阿尔汉格尔斯基.伦理学研究方法论 [M].赵春福,译.北京:中国广播电视出版社,1992.

［俄］季塔连科.马克思主义伦理学 [M].黄其才,译.上海:上海译文出版社,1981.

［法］埃德加·莫兰.伦理 [M].于硕,译.上海:学林出版社,2017.

［古希腊］色诺芬.回忆苏格拉底 [M].郑伟威,译.北京:台海出版社,2016.

［古希腊］亚里士多德.尼各马可伦理学 [M].廖申白,译.北京:商务印书馆,2003.

［古希腊］亚里士多德.政治学 [M].吴寿彭,译.北京:商务印书馆,1997.

［荷兰］简·梵·迪克.网络社会新媒体的社会层面[M].蔡静,译.北京:清华大学出版社,2014.

［加］凯·尼尔森.马克思主义与道德观念——道德、意识形态与历史唯物主义[M].李义天,译.北京:人民出版社,2014.

［加］罗伯特·韦尔,［加］凯·尼尔森.分析马克思主义新论[M].鲁克俭,等,译.北京:中国人民大学出版社,2002.

［加拿大］威尔·金里卡.当代政治哲学[M].刘莘,译.上海:上海译文出版社,2015.

［美］A·J.赫舍尔.人是谁[M].陈维政,安希孟,译.贵阳:贵州人民出版社,2019.

［美］艾尔·巴比.社会研究方法(第11版)[M].邱泽奇,译.北京:华夏出版社,2009.

［美］艾尔·巴比.社会研究方法基础[M].邱泽奇,译.北京:华夏出版社,2002.

［美］爱德华·希尔斯.教师的道与德[M].徐戈,等,译.北京:北京大学出版社,2010.

［美］博登海默.法理学、法律哲学与法律方法[M].邓正来,译.北京:中国政法大学出版社,2017.

［美］布鲁纳.布鲁纳教育论著选[M].邵瑞珍,等,译.北京:人民教育出版社,2018.

［美］布鲁纳.布鲁纳教育文化观[M].宋文里,黄小鹏,译.北京:首都师范大学出版社,2011.

［美］布鲁纳.教育过程[M].邵瑞珍,译.北京:文化教育出版社,1982.

［美］道格拉斯·C.诺思.制度、制度变迁与经济绩效[M].杭行,译.上海:格致出版社,2014.

［美］德弗勒,鲍尔.大众传播学诸论[M].杜力平,译.北京:新华出版社,1990.

［美］哈罗德·丁·伯尔曼.法律与宗教[M].梁治平,译.北京:中国政法大学出版社,2003.

［美］哈瑞·刘易斯.失去灵魂的卓越[M].侯定凯,译.上海:华东师范大学出版社,2012.

［美］卡罗林·奥林奇.塑造教师——教师如何避免易犯的25个错误[M].吴海

玲，译．北京：中国轻工业出版社，2002.

［美］科尔伯格．道德教育的哲学 [M].魏贤超，柯森，等，译．杭州：浙江教育出版社，2000.

［美］理查德·沙沃森，[美]丽萨·汤．教育的科学研究 [M].刘丽萍，译．北京：教育科学出版社，2006.

［美］罗伯特·诺齐克．无政府、国家与乌托邦 [M].何怀宏，等，译．北京：中国社会科学出版社，1991.

［美］罗杰斯．自由学习 [M].伍新春，等，译．北京：北京师范大学出版社，2006.

［美］罗纳德·德沃金．民主是可能的吗？ [M].鲁楠，王淇，译．北京：北京大学出版社，2012.

［美］玛莎·C.纳斯鲍姆．正义的前沿 [M].陈文娟，谢蕙媛，朱慧琳，译．北京：中国人民大学出版社，2016.

［美］迈克尔·桑德尔．公正：该如何做是好 [M].朱慧玲，译．北京：中信出版社，2011.

［美］迈克尔·斯洛特．从道德到美德 [M].周亮，译．南京：译林出版社，2017.

［美］迈克尔·沃尔泽．正义诸领域 [M].褚松燕，译．南京：译林出版社，2002.

［美］迈克尔·沃尔泽．正义诸领域 [M].褚松燕，译．南京：译林出版社，2009.

［美］内尔·诺丁斯．培养有道德的人：从品格教育到关怀伦理 [M].汪菊，译．北京：教育科学出版社，2017.

［美］诺丁斯．关心：伦理和道德教育的女性路径 [M].武云斐，译．北京：北京大学出版社，2014.

［美］诺奇克．无政府、国家和乌托邦 [M].姚大志，译．北京：中国社会科学出版社，2008.

［美］乔伊斯·P.高尔，等．教育研究方法：实用指南 [M].屈书杰，等，译．北京：北京大学出版社，2007.

［美］斯蒂芬·斯蒂克，特德·沃菲尔德．心灵哲学 [M].高新民，等，译．北京：中国人民大学出版社，2014.

［美］特里·L.库珀．行政伦理学：实现行政责任的途径（第四版）[M].张秀琴，译．北京：中国人民大学出版社，2001.

［美］托马斯·库恩，[美]伊安·哈金．科学革命的结构 [M].金吾伦，胡新和，译．北京：北京大学出版社，2012.

［美］约翰·杜威.学校与社会·明日之学校[M].赵祥麟，等，译.北京：人民教育出版社，2005.

［美］约翰·罗尔斯.正义论[M].何怀宏，等，译.北京：中国社会科学出版社，2009.

［日］川岛武宜.现代化与法[M].申政武，王志安，渠涛，等，译.北京：中国政法大学出版社，1994.

［日］久下荣志郎，等.现代教育行政学[M].李兆田，等，译.北京：教育科学出版社，1981.

［瑞典］托尔斯顿·胡森.平等—学校和社会政策的目标[M].张人杰，译.上海：华东师范大学出版社，1989.

［苏联］苏霍姆林斯基.给教师的建议[M].杜殿坤，编译.北京：教育科学出版社，1984.

［新西兰］罗莎琳德·赫斯特豪斯.美德伦理学[M].李义天，译.南京：译林出版社，2016.

［意］卡洛·安东尼.历史主义[M].黄艳红，译.上海：格致出版社，2010.

［英］安东尼·吉登斯、菲利普·萨顿.社会学（第七版）[M].赵旭东，等，译.北京：北京大学出版社，2015.

［英］彼得斯.伦理学与教育[M].朱镜人，译.北京：商务印书馆，2019.

［英］大卫·米勒.社会正义原则[M].应奇，译.南京：江苏人民出版社，2008.

［英］伦纳德·霍布豪斯.社会正义要素[M].孙兆政，译.长春：吉林人民出版社，2011.

［英］麦金太尔.德性之后[M].龚群，等，译.北京：中国社会科学出版社，1995.

［英］麦金太尔.追寻美德[M].宋继杰，译.南京：译林出版社，2011.

［英］史蒂文·卢克斯.马克思主义与道德[M].袁聚录，译.北京：高等教育出版社，2009.

［英］亚当·斯密.国富论[M].富强，译.北京：北京联合出版公司，2014.

［英］伊丽莎白·安斯库姆.现代道德哲学[M].谭安奎，译.南京：江苏人民出版社，2008.

《思想政治教育学原理》编写组.思想政治教育学原理[M].北京：高等教育出版社，2016.

陈秉公 .21 世纪思想政治教育工作创新理论体系 [M]. 长春：吉林教育出版社，2000.

陈秉公 . 思想政治教育学 [M]. 长春：吉林大学出版社，1992.

陈华洲 . 思想政治教育方法论 [M]. 武汉：华中师范大学出版社，2010.

陈丽荣 . 高校网络思想政治教育工作新探 [J]. 学校党建与思想教育，2018（24）.

陈万柏，张耀灿 . 思想政治教育学原理 [M]. 北京：高等教育出版社，2015.

陈万柏 . 思想政治教育学原理 [M]. 北京：中国人民大学出版社，2013.

陈燕 . 思想政治教育社会治理功能研究 [D]. 苏州：苏州大学，2017.

程太生，张峰 . 高校思想政治教育的四个关系及其教育学反思 [J]. 高等教育研究，2011（2）.

戴钢书 . 高校思想政治理论课教学跨学科研究方法论 [M]. 北京：中国人民大学出版社，2017.

单纯 ."知识沟"理论的演变及其社会意义 [J]. 社会科学，1993（8）.

邓小平 . 邓小平文选：第 2 卷 [M]. 北京：人民出版社，1993.

董治良 . 中国政治伦理研究 [M]. 昆明：云南民族出版社，2006.

段鑫星，程婧 . 思想政治教育的心理视野 [M]. 徐州：中国矿业大学出版社，2016.

方展画 . 罗杰斯"学生为中心"教育理论述评 [M]. 北京：教育科学出版社，1990.

冯刚，史宏月 . 新时代高等学校思想政治教育质量评价科学化 [J]. 教育研究，2021（10）.

冯刚 . 改革开放以来高校思想政治教育发展史 [M]. 北京：人民出版社，2018.

冯秀军 . 论思想政治教育的整体性视野 [J]. 教育研究，2017（8）.

甘绍平 . 伦理学的当代建构 [M]. 北京：中国发展出版社，2015.

葛洪义 . 法与实践理性 [M]. 北京：中国政法大学出版社，2002.

顾明远 . 教育大辞典 [M]. 上海：上海教育出版社，1998.

顾相伟 . 高校道德教育与法制教育的发展、关联与融合 [J]. 思想教育研究，2012（1）.

郭庆光 . 传播学教程 [M]. 北京：中国人民大学出版社，2011.

国家教委思想政治工作司 . 思想政治教育方法论 [M]. 北京：高等教育出版社，1992.

何桂美 . 对高校法治环境与思想政治教育深度融合的思考 [J]. 学校党建与思想教育，2015（22）.

胡锦涛 . 胡锦涛文选：第 3 卷 [M]. 北京：人民出版社，2016.

胡玉宁 . 思想政治教育话语传播要素的协同性分析 [J]. 学校党建与思想教育，

2021（7）.

贾春增.外国社会学史 [M].北京：中国人民大学出版社，2018.

教育部思想政治工作司.大学生思想政治教育研究方法 [M].北京：高等教育出版社，2010.

教育部思想政治工作司.加强和改进大学生思想政治教育重要文献选编（1978—2014）[M].北京：知识产权出版社，2015.

金生鈜.德性与教化 [M].长沙：湖南大学出版社，2003.

金生鈜.教育与正义 [M].福州：福建教育出版社，2012.

靳诺.法德并治 协同推进 [J].中国高等教育，2017（10）.

靳玉军，罗春艺.青年思想政治教育话语发展研究 [J]中国青年社会科学,2018（3）.

李光伟.第四代人之梦——自我实现与超越 [M].天津：天津人民出版社，1991.

李嘉莉，马学思.高校思想政治课教师的网络舆论"把关人"角色刍议 [J].思想理论教育导刊，2019（2）.

李龙.西方法学名著提要 [M].南昌：江西人民出版社，1999.

李沛雨，田浩.大学生媒介素养教育的社群路径研究 [J].青年记者，2021（16）.

李太平.全球问题与德育 [M].武汉：华中科技大学出版社，2002.

李颖，靳玉军.网络空间视域下高校思想政治教育治理的创新发展研究 [J].重庆大学学报（社会科学版），2020（3）.

联合国教科文组织.学会生存——教育世界的今天与明天 [M].北京：教育科学出版社，1996.

刘树明，李少华.高等学校目标管理 [M].北京：北京师范大学出版社，1988.

刘效非.法治方略对思想政治教育的启示 [J].学校党建与思想教育，2011（3）.

刘云林.思想政治教育内容的合理性探析 [J].学校党建与思想教育，2009（23）.

马超，娄淑华.国家治理现代化视域下思想政治教育功能转换研究 [D].长春：吉林大学，2007.

齐琳琳.全面依法治国背景下大学生法治素养的提升 [J].中国高等教育,2016（2）.

任俊.积极心理学 [M].北京：开明出版社，2012.

任艳妮.大学生思想政治教育传播有效性研究 [M].北京：中国社会科学出版社，2019.

宋希仁.西方伦理思想史 [M].北京：中国人民大学出版社，2003.

孙作青，等.高校思想政治教育的社会学分析 [M].石家庄：河北人民出版社，2019.

田晶.高等教育公平问题研究 [M].北京：中国水利水电出版社，2013.

外国教育丛书编写组.业余教育的制度和措施 [M].北京：人民教育出版社，1979.

汪丽华，何仁富.大学生心理健康与生命教育 [M].北京：北京师范大学出版社，2014.

王畅.以人为本指导下大学生思想政治教育方法研究 [D].沈阳：辽宁大学，2014.

王承绪.现代西方教育思想流派论著选 [M].北京：人民教育出版社，1980.

王淑芹，李文博."思想政治教育"概念的廓清与释义 [J].思想政治教育研究，2018（8）.

王威峰，秦在东.思想政治教育质量的管理学思考 [J].理论月刊，2018（10）.

王新生.马克思政治哲学研究 [M].北京：科学出版社，2018.

吴式颖.外国教育史教程 [M].北京：人民教育出版社，1999.

吴志宏，冯大鸣，魏志春.新编教育管理学（第 2 版）[M].上海：华东师范大学出版社，2008.

奚从清.角色论——个人与社会的互动 [M].杭州：浙江大学出版社，2010.

习近平.习近平谈治国理政：第 2 卷 [M].北京：外文出版社，2018.

习近平.习近平谈治国理政：第 3 卷 [M].北京：外文出版社，2018.

习近平.习近平谈治国理政：第 1 卷 [M].北京：外文出版社，2018.

谢晓娟，王东红.多学科视角下的思想政治教育研究 [M].北京：中国书籍出版社，2015.

辛辰.对"思想政治教育心理学"研究中所存争议和问题的几点思考 [J].首都师范大学学报（社会科学版），2004（S2）.

徐汉明，张新平.网络社会治理的法治模式 [J].中国社会科学，2018（2）.

徐小洲.高等教育论：跨学科的观点 [M].北京：人民教育出版社，2010.

徐志远.论思想政治教育学基本范畴的逻辑特征 [J].求实，2001（12）.

鄢显俊，李静，等.多维学科视野下的思想政治教育创新研究——学术创新篇 [M].北京：科学出版社，2018.

鄢显俊，周楚婷，等.多维学科视野下的思想政治教育创新研究——实践创新篇 [M].北京：科学出版社，2018.

杨威.思想政治教育的社会学研究 [M].北京：中国社会科学出版社，2014.

杨小芳 . 教育学视界中的高校思想政治教育 [J]. 思想教育研究，2013（6）.

杨芷英 . 思想政治教育心理学 [M]. 北京：中国人民大学出版社，2019.

杨芷英 . 思想政治教育心理学研究综述 [J]. 思想政治教育研究，2007（11）.

叶进，董育余 . 新时代大学生网络思想政治教育的现势及对策 [J]. 云南农业大学学报（社会科学），2020（3）.

叶澜 . 教育学原理 [M]. 北京：人民教育出版社，2007.

叶奕乾，何存道，梁宁建 . 普通心理学 [M]. 上海：华东师范大学出版社，2004.

易皓华，武丽丽 . 大学生思想政治教育法治化的构建途径研究 [J]. 理论与改革，2015（3）.

于海 . 西方社会思想史 [M]. 上海：复旦大学出版社，2010.

袁祖社 . 文化与伦理——基于公共性视角的研究 [M]. 北京：人民出版社，2016.

曾长秋，凡欣 . 积极心理学与高校思想政治教育 [J]. 河南师范大学学报（哲学社会科学版），2015（1）.

张北坪，崔靖坤 . 传播媒介对思想政治教育的价值分析 [J]. 教学与研究，2015（12）.

张丹丹，刘社欣 . 高校意识形态话语权建构系统研究 [J]. 系统科学学报，2019（4）.

张雷 . 传播理论与大学生思想政治教育有效接受研究 [M]. 杭州：浙江大学出版社，2015.

张莉琴，等 . 全媒体时代媒介素养教育的博弈与重构 [J]. 传媒，2015（14）.

张玲 . 媒介素养教育——一个亟待研究与发展的领域 [J]. 现代传播，2004（4）.

张麦兰，刘建军 . 关于思想政治教育学科定位的思考 [J]. 思想·理论·教育，2006（17）.

张清 . 做好全媒体时代的"把关人" [J]. 新闻战线，2019（16）.

张舒予，等 . 视觉—媒介信息素养：新综合性素养的概念提出与教育实践 [J]. 现代远程教育研究，2021（16）.

张微 . 心理学视域下的思想政治教育方法论研究 [D]. 哈尔滨：哈尔滨工程大学，2015.

张文显 . 法治与国家治理现代化 [J]. 中国法学，2014（4）.

张耀灿，郑永廷，等 . 现代思想政治教育学 [M]. 北京：人民出版社，2006.

张耀灿 . 思想政治教育学前沿 [M]. 北京：人民出版社，2006.

张耀灿 . 现代思想政治教育学科论 [M]. 武汉：湖北人民出版社，2003.

张艺 . 人本主义教育思想在高中思想政治课中的运用 [D]. 重庆：重庆师范大学，2014.

张瑜 . 论思想政治教育传播媒介的主要特征、历史发展及其影响 [J]. 思想理论教育导刊，2020（12）.

章志光，金盛华 . 社会心理学 [M]. 北京：人民教育出版社，1996.

赵磊磊，梁茜，吴学峰 . 教育治理信息化：价值、结构及实施路径 [J]. 现代远距离教育，2019（1）.

赵汀阳 . 坏世界研究：作为第一哲学的政治哲学 [M]. 北京：中国人民大学出版社，2009.

赵汀阳 . 论可能生活 [M]. 北京：中国人民大学出版社，2010.

赵志军，等 . 思想政治教育管理学 [M]. 北京：中国社会科学出版社，2009.

郑杭生 . 社会学概论新修 [M]. 北京：中国人民大学出版社，2019.

郑敬斌 . 思想政治教育学科交叉研究的现状评价 [J]. 学术论坛，2020（5）.

郑永廷 . 思想政治教育方法论（修订版）[M]. 北京：高等教育出版社，2014.

中共中央马克思恩格斯列宁斯大林著作编译局 . 列宁全集：第 25 卷 [M]. 北京：人民出版社，1988.

中共中央马克思恩格斯列宁斯大林著作编译局 . 马克思恩格斯选集：第 1 卷 [M]. 北京：人民出版社，2012.

中共中央马克思恩格斯列宁斯大林著作编译局 . 马克思恩格斯选集：第 2 卷 [M]. 北京：人民出版社，2012.

中共中央马克思恩格斯列宁斯大林著作编译局 . 马克思恩格斯选集：第 3 卷 [M]. 北京：人民出版社，2012.

中共中央马克思恩格斯列宁斯大林著作编译局 . 马克思恩格斯选集：第 4 卷 [M]. 北京：人民出版社，2012.

周海燕，2019. 高校思想政治教育精细化管理 PSR 模型的指标体系研究 [J]. 教育学术月刊，2019（7）.

周三多，等 . 管理学：原理与方法（第七版）[M]. 上海：复旦大学出版社，2018.

周伟 . 试论法治理念与思想政治教育创新 [J]. 理论导刊，2012（1）.

周晓东，马玲 . 法治背景下高校思想政治教育体制的完善 [J]. 黑龙江高教研究，2013（6）.

周艳敏 . 道德教育与法治教育相融合，促进大学生全面发展 [J]. 北京教育（德育），2017（1）.

朱松柏. 基于"主体间性"思想政治教育建构与功能 [J]. 理论月刊，2012（4）.

诸凤娟. 中美高校思想政治教育的差异及启示 [J]. 教学与研究，2019（2）.

訾小南. 传播学视域下的社会主义核心价值观教育 [J]. 新闻世界，2015（8）.

后　记
AFTERWORD

2003 年，我本科毕业参加辅导员面试，在被问到为什么要报考辅导员的时候，我说我没有太多理性的思考，纯粹就是热爱。

参加工作后，从二级学院到学工部，再到宣传部、团委，如今又回到学工部，我已在高校思想政治工作战线工作了整整 18 年。这 18 年，没敢说取得了多大的成绩，但切切实实地做到了不忘初心，一直对学生工作充满了热爱。

工作之初，我全身心地投入与学生交流和组织学生活动中。当时学校还是新建本科，学术氛围并不浓厚，大家都在忙着干事创业，没有人提醒我要重视科研，也没有人指导我怎么做好研究，全靠自己一路磕磕碰碰地摸索。当时的我，写的论文类似工作总结，没有理论没有方法没有学理性，也没有想过要去申报高层次课题。直到工作的第十年，才有了第一个厅级课题和第一篇核心期刊论文。读研究生的时候，导师说："不要让大家觉得行政人员就可以不做研究，高校里容不下不学无术的人。"这句话一直深深印在我的脑海里。当时学校分管学生工作的宣裕方副书记也一直提醒我要注重提升自己的理论素养，所以后来即使工作越来越忙，我也从未停下学术研究的步伐。因为我非常清楚眼里不能只有具体的工作，还应该有深层次的思考，要寻找工作背后的规律以及和万物的联系。刚开始的时候，研究主题仅仅限于学生工作，到后来慢慢地扩大到大思想政治领域，再自学学校主流学科的理论，将思想政治和传播研究相结合。在学业上，从本科的汉语言文学，到硕士的公共管理，再到现在博士的教育领导与管理，近期还在自学社会学和戏剧影视学，我也在不断尝试拓宽自己的学术眼界。

2017 年，我的课题"网络公共事件的话语共识研究——以教育类网络公共事件为例"获教育部人文社会科学研究专项任务项目（高校思想政治工作）立项，在做这个项目的时候，十分深切地感受到多学科多领域交叉融合研究的重要性和必要性，也认识到自身和项目团队成员在理论水平上还有很大的上升空间。

2019年7月，我又回到了学工部担任部长，除了做好工作外，我想得最多的是如何提高辅导员队伍的综合素质，帮学校培养更多的后备干部。经过两年的实践，辅导员论坛、辅导员工作室、辅导员素质能力大赛、辅导员杂志、辅导员篮球队、辅导员原创歌曲……一个个辅导员队伍建设的品牌项目被中国教育发布、中国新闻网等媒体报道，在探索中逐渐具有"显示度"。尤其是辅导员论坛，对学校辅导员科研意识和科研能力的促进作用十分明显，多名辅导员拿到教育部和省哲学社会科学规划课题。但是，我依然觉得这些项目的深度和广度不够，我希望能有一个项目从更深层次上给辅导员带来长远的益处，并且希望有更多的辅导员受益，于是我想到了要出版一本带领新辅导员开展多学科研究的理论著作。

这本书的写作，要感谢浙江传媒学院的吴霞、林立荣、谢伟旋、刘召鑫、杨玉奇、陆东亮、甘泉、陈文耀、李林青、陈晨等学工同仁协助我搜集资料，完成初稿，也感谢沈丽超老师、施卫强老师帮我校对书稿。更要感谢冯刚、曲建武两位大咖为本书作序，感谢浙江传媒学院党政领导对辅导员队伍建设的重视和对我本人的支持。

我们学工人都有一份共识：学生工作是一份良心活。虽然身心压力巨大，但依然有那么多学工同仁任劳任怨地坚守在育人一线，只管耕耘，不计得失。我想我们热爱学生工作最主要是享受到了给青年学生带来积极影响的成就感，所以，我们自身更要保持一种积极向上的姿态。只要方向对了，精耕细作，一切都会水到渠成，一切都会变得美好。

袁蕾

2022年2月25日